U0136032

宜蘭古蹟揭密

－古道‧寺廟與宜蘭人

卓克華　著

蘭臺出版社

謹以本書敬獻給兩位好友：
一位是
李乾朗教授
恭賀他榮獲第 35 屆行政院文化獎

一位是
唐山出版社陳龍昊先生
恭賀他榮獲
行政院第 40 屆金鼎獎特別貢獻獎
與
台北市第 18 屆台北文化獎

目　錄

陳序

得知克華兄又要出書了，真替他感到高興，又表佩服，不意竟要我寫序，讓我頓覺為難，然思之再三，終於應允。眾所周知，克華兄學養深厚，著述等身，其大作專書佳評如潮，早有定評‧無須我來續貂添足，但繼而一想，這本新著的內容，均為宜蘭史的議題，我個人身為宜蘭人，又研究宜蘭史，基於以上理由，不便推辭，遂有此序之作。

論及地方史研究，很多人認為區域小，時間短，資料缺，史事少，不必耗神費時，用力於此。但事實不然，他是麻雀雖小，五臟俱全，包括文獻、口述、實物，影像等種種相關資料，豐富而多元，有待發掘，尚須釐清。因此地方史研究還有很大的論述空間與發展潛力。愈研究，問題愈多，卻有做不完的題目。幾乎地方史的專家學者，均有同感。

再者，地方史研究固然當地人的參與，最稱便捷，易顯效益，蓋環境的熟悉，近距的觀察，資料的搜集、田野的訪查，

史事的認識等有助研究的進行。但相對而言，在地人的研究，可能會有疏忽與盲點，即所謂的「不識廬山真面目，只緣身在此山中。」所以地方史研究，非常需要境外學者的投入，因會引進不用的視野、觀點與看法，在相互激盪啟發之下，使地方史研究得以走向更開闊、宏觀與拓深路徑。

作為地方史一環的宜蘭史，多年來的發展已有良好績效，在宜蘭縣史系列編纂的年代，由於多位縣外學者的協助，參與撰述，因而掀起研究熱潮，博得「地方史研究先河」的雅譽。然近年來事過境遷，這些學者紛紛轉移陣地，致使宜蘭史研究似有降溫之勢，除原有在地文史工作者，仍堅守崗位外，新血輪的填補，新伙伴的加入，仍感不足，斯為宜蘭史研究的無奈與惋惜。適在此時，任教宜蘭礁溪佛光大學歷史系的克華兄，在地利之便與其他條件配合的情況下，研究觸角已伸展到蘭陽平原，因而先後著述多篇擲地有聲的宜蘭史論文，今將這些篇章集結出版，為宜蘭史研究添加異彩。

此書之刊印，見證已屆耳順之年的克華兄，猶勤奮好學，筆耕不輟，更難得的是他夙染中風，不良於行，仍眷念學術，殊足可貴。復次，這本專著，不僅為宜蘭史研究添注活水，由於內容詳實，立論精闢，可備為地方史研究的參考，且樹立宜蘭史研究的標竿。忝為多年摯友，且是學校同事，兼為治學同道，並表示敬意與祝賀，樂見其刊印以饗學界及學子。克華兄幸甚，宜蘭史幸甚。

宜蘭佛光大學教授

陳　進　傳

林序

　　卓克華教授的新書《宜蘭古蹟揭密──古道・寺廟與宜蘭人》，囑咐我這個後學作序，雖然誠惶誠恐，又不敢不從，因而奉命為讀者先作一解題。

　　卓教授的研究功力，人盡皆知，不需贅述，從本書標題及副題，可知是將與宜蘭有關的論述，集於一冊，以方便讀者索閱，在交通方面有淡蘭古道與金字碑的研究，寺廟有碧霞宮、震安宮，人物有黃纘緒舉人、周振東舉人，在產業方面有新長興樹記。卓教授在糾葛不清的傳說、史料中爬梳，言人所未能言，發人所未曾發，一槌定音，不但釐清史實、免去了眾說紛紜，也指出了新方向。

　　所以，一旦卓教授的研究出爐，通常後續的行政作業也會緊接著手，這些研究的標的物，通常會被指定或登錄為古蹟或歷史建築，得到最周詳的保護或修護，以此看來，的確是功在宜蘭。

　　進而言之，《宜蘭古蹟揭密——古道‧寺廟與宜蘭人》只不過是卓教授浩繁的研究成果的一小部份，台灣各處都有卓教授的調查足跡，各縣市也都可以找到他的研究成果，雖然近十七來年他的身體稍為不方便，但是，學術成果依然傲人，這都十分令人佩服的。

　　作為卓教授的後學兼粉絲，在此透露我對本書的使用方式，我通常是粗粗讀一遍，有個大概的了解，在記憶猶新的時候，到研究主題的現地去看看，回家後，再把文章翻出來細細地看，內服兼外用，效果奇佳。

宜蘭縣立蘭陽博物館助理研究員

林　正　芳

楊序

　　卓師自 1990 年出版《清代台灣的商戰集團》，繼又著《從寺廟發現歷史》、《寺廟與台灣開發史》、《竹塹媽祖與寺廟》、《民間文書與媽祖廟之研究》……等書，至 2015 年《臺灣古道與交通研究 ： 從古蹟發現歷史卷之二》共出版十餘專著，今年又完成《宜蘭古蹟揭密──古道·寺廟與宜蘭人》乙書，完成排版，即將付梓。老師已過耳順之年，在教學、治學、著作各方面還是努力不懈，作為學生，自感汗顏。

　　我個人在職場退休後，有意於陳定南研究，欲為陳定南立傳，要增長學能，乃分別報考成大與中正歷史研究所，雖通過筆試，但因研究計畫中之研究對象，被指為無研究價值，致未被錄取。而在 2002 年佛光大學開辦歷史所，遂進入是所進修。在佛光受到諸多良師的教誨，其中影響最深的有指導教授陳捷先老師，指導我進入清史及清代台灣史領域，且他是經師也是

人師，其謙謙君子及煦煦長者風範，至今猶沐其風。而宜蘭研究巨擘陳進傳教授，雖不在歷史所專任，但對他景仰已久，經由跨系選修，與陳老師學習宜蘭史，深受老師淵博學識所折服，畢業後也一直追隨陳老師，擔任其助理，從事宜蘭研究。

卓克華教授是我在佛光求學至今接觸最密切的老師，在歷史所修習五十一學分，有一半是卓老師的課程，老師所開的每一門課，無論必修、選修全數修習，且不缺課，自己可以說是「卓克華學程」的第一個結業生，也因此，在老師研究室或課堂，每星期都有機會向老師請益或接受老師指正，老師是嚴師，每門課每星期都有指定的研討進度，也就是在老師的精實訓練下，台灣史、古蹟史、宗教史都有所涉獵。

每次進入老師研究室，老師都在看書，整個研究室，書滿為患。每次見面老師都會評點，正在或最近閱讀的各家著作，老師讀書範圍廣泛，又必眉批，所以學識廣博，又有自己獨到見解。老師上課條理清晰，綜整史料能夠提綱挈領，下筆又快，每年都有數個研究案在進行，也因此累積大量研究成果，這幾年整理出其中部分出版。

這也展現老師對學問追求的熱誠，及對學術研究的企圖，《宜蘭古蹟揭密——古道‧寺廟與宜蘭人》是其宜蘭研究的部分集結，其中收有研究古道論文一篇〈淡蘭古道與金字碑之研究〉，宜蘭研究最權威學者陳進傳教授，就多次讚譽〈淡蘭古道與金字碑之研究〉一文，能綜合各家之言，且論述非常清楚，推薦研究淡蘭古道或對古道有興趣者，一定要去參考。有關寺

廟論文二篇,分別是〈宜蘭碧霞宮——一場論戰之平息〉及
〈羅東震安宮建置沿革小考〉。台灣鸞堂信仰源於晚清新民
堂,並在宜蘭形成鸞堂群,碧霞宮就是其中之一,現被列為縣
定古蹟。〈宜蘭碧霞宮——一場論戰之平息〉是對碧霞宮碧歷
史沿革、組織、祭典、代天宣化等作深入的調查與研究,並對
王見川與林靜怡的爭論有所評議,是研究鸞堂者必須參考的論
著。而〈羅東震安宮建置沿革小考〉是對羅東媽祖廟鎮安宮沿
革進行考述,宜蘭寺廟一般不重視文物保存,且宜蘭又多雨、
多颱,史料飽受摧殘,留存史料無多。〈羅東震安宮建置沿革
小考〉詳盡蒐集史料,重建震安宮建廟沿革,足為研究寺廟者
借鏡。

　　有關人物家族研究有三篇分別是〈頭城陳家新長興店舖的
歷史研究——兼及和平老街的興衰〉、〈清代宜蘭舉人黃纘緒生
平考——從平民到舉人的傳奇〉、〈清代宜蘭周振東家族與古宅
的歷史研究〉,這三篇分別對頭城陳家、宜蘭黃家、員山周家,
三個地區三大家族進行研究。頭城陳家是以商業起家,宜蘭黃
家是因科舉,員山周家是以拓墾轉而科舉。每個家族在各自所
在,各自領域發展,在老師的條理論述,流暢文筆帶領下,輕
鬆帶領讀者進入宜蘭歷史情境

　　《宜蘭古蹟揭密——古道·寺廟與宜蘭人》全書,是以古
蹟連結古道、寺廟與人物家族,對宜蘭的三面向,作精闢的論
述,為宜蘭研究的累積,又添一成果,並為後學者提供研究典
範。而以該書行文的流暢,深入淺出的論述,是書也可為宜蘭

旅遊的導覽書籍，為宜蘭古蹟旅遊提供進階參考。

　　身為學生後輩，是不能，也不宜為老師的著作寫序，但師命難違，僅以十五年來，常在老師左右，所見所感，記述老師治學及著作的一二而已。

學生

楊 晉 平

敬 書

金字碑

文化資產局網站基本資料介紹

文化資產類別	古蹟		
級別	直轄市定古蹟	種類	碑碣

<table>
<tr><td rowspan="5">歷史沿革</td><td>　　百多年前往來臺北、宜蘭間並非如今日般順暢，必須花費三天的時間翻山越嶺外加乘船涉水，水路、陸路交替才有辦法到蘭陽平原，沿途所經的陸路統稱為「淡蘭古道」，一般人所熟知的「草嶺古道」只是其中一部份，儘管路途上險關重重，來來往往的人還是非常的多。

　　淡蘭古道在一百三十多年的滄桑演變下，風雨日曝的摧</td></tr>
</table>

殘、人為工事的破壞,又部分線段更被現代公路、鐵路、田園、屋舍所取代之後,今日古道僅留下三節支離殘缺的線段,供後人從事健行踏青、觀光懷古的活動。淡蘭古道共有三段,而三貂嶺古道就是其中一段位於瑞芳鎮境內的古道,由侯硐國小起至三貂嶺大崙的北稜 102 號公路止;長約 5 公里,上下落差約 350 公尺,古道上的自然生態相當旺盛。

金字碑古道登山口沿山谷修築而上,行約十五分後離開山谷,轉向右方切向右邊稜線行五分鐘,古道開始進入闊葉林,沿山腰而前進,經十五分鐘後在石階上坡稍陡處見左方一塊砂質硬岩上刻有長形碑文,為清代同治六年(1867)鎮臺總兵劉明燈巡行至此,因有感於山路險峻難行而磨壁題詩刻琢在此,並貼上金箔,附近居民稱為「金字碑」。

歷史沿革資料來源	臺北縣文化資產手冊	評定基準	具歷史、文化、藝術價值
指定/登錄理由	查無資料	法令依據	文化資產保存法 第 27 條(71.5.26 公佈)
公告日期	1985/08/19	公告文號	(74)臺內民字第 338095
主旨	公告金字碑為新北市市定古蹟		
所屬主管機關	新北市政府		
所在地理區域	新北市 瑞芳區		
地址或位置	弓橋里三貂嶺頭		
經度	121.841702378897	緯度	25.0835133485767
主管機關	名稱:新北市政府文化局 聯絡單位:文化資產課 聯絡電話:29603456 聯絡地址:新北市 板橋區 中山路 1 段 161 號 28 樓		

管理人／使用人	關係　　　　　名稱 管理人　　　　新北市政府文化局		
土地使用分區或編定使用類別	都市地區　保存區		
定著土地之範圍	弓橋里三貂嶺頭		
所有權屬	關係　　　　公私有　名稱 建築所有人　公有　　新北市政府文化局		
創建年代	清同治年間 06 年		
創建年代（西元）	西元 1867 年	竣工年代	清同治年間

資料來源：

http://www.boch.gov.tw/boch/frontsite/cultureassets/caseBasicInfoAction.do?method=doViewCaseBasicInfo&caseId=GA09602000271&version=1&assetsClassifyId=1.1

淡蘭古道與金字碑之研究

第一節　宜蘭早期的對外交通

在臺灣開發史上宜蘭因地處山後，形勢隔絕，成為拓墾尾閭。宜蘭舊稱蛤仔難、噶瑪蘭、蛤仔欄、……名稱繁多，皆譯自昔居宜蘭平原之卡瓦蘭平埔族（kavalan）之族稱。其地居臺灣東北一隅，西南北環山，東臨太平洋，依山憑海，懷抱平原，在地理上形成自然體系，所以一向被視為「後山」。宜蘭位於後山北境，重山環繞，峰巒險峻，野川四流，行旅困難，交通問題遂成為移墾宜蘭地區首須面對之問題。

早期宜蘭對外之交通，首見於記述者，為西班牙宣教師愛斯基委（Jacinto Esquivel），於明崇禎五年（1632）所著之備忘錄。蓋在是年，有一批西班牙船員遇風漂至蛤仔難被殺，西班牙發兵由海路進攻平原。不過，由於船隊係由馬尼拉派出，並

非由臺灣西部出發，不足以代表其時到後山之交通。[1]嗣後，崇禎十七年（1644）九月間，荷人為探東臺灣之產金地，分別由海陸二路，派出軍隊，由雞籠南下欲進入蛤仔難。其中陸路一支由康尼利斯（Symen Cornelisz）率領，於到達三貂角後，為惡劣氣候與斷崖所阻，無法前進。海路一支由拉莫丟斯（Lamotius）率領，抵達三貂角後，另派遣部分軍隊到達今蘇澳灣（St. Laurens），征服平原之四十四處村落。其軍隊由五艘軍艦組成，擁有五百名軍士，復配置有六十名負責運送工作之漢人。[2]由此推論，此六十名漢人頗有可能將相關之地理形勢流傳出去，成為漢「番」交通之先鋒。

康熙中葉以後，對於臺灣北路略有概念，知有「山朝溪」、「山朝山」（今三貂山），「蛤仔難三十六社」等等記載，散見諸方志雜記。較明確者，在康熙卅二年（1963），有陳文、林侃等人之商船，遭風漂至其地，住居經年，習知番語，悉其港道。卅四年，有大雞籠通事賴科、潘冬等，為通山東土「番」，以七人為侶，越度叢山，抵達東面，並將該地之崇爻八社招撫歸附。[3]此次探勘路線係採陸路，其後一年一次之往返貿易，率多採行

---

[1]　中村孝志著，賴永祥譯〈十七世紀西班牙人在臺灣的佈教〉收於《臺灣史研究初集》（譯者自刊，民國 59 年 10 月初版），頁 126。

[2]　裝松林〈荷蘭之臺灣統治〉《臺灣文獻》第十卷三期，民國 48 年 9 月出版，頁22~23。

[3]　藍鼎元《東征集》卷六〈記臺灣山後崇爻八社〉（臺銀文叢第十二種，民國 47年 2 月出版）頁 90~91。並見郁其照錄〈臺灣番社考〉，收於《臺灣輿地彙鈔》（臺銀文叢第二一種，民國 47 年 2 月出版），頁 38。

海路，由安平鎮大港出口，沿海邊而行，順著西北風，歷鳳山、打狗，過琅瑀，至沙馬磯頭（今鵝鑾鼻一帶）。然後向東轉行山背，改用南風北駛，到達山後。如果欲進一步通往蛤仔難，藍鼎元〈記臺灣山後崇爻八社〉載：

> 竹腳宣、……薄薄社……。東北山外，悉皆大海，又當從水道沿山，歷哆囉、猴猴，始道蛤仔難（蛤仔難三十六社，與三朝山雞籠相近）；水道二十一更；南路船無有過者，惟淡水社船由大雞籠、三朝而至云[4]。

至康熙末年，交通益繁，知曉愈多，記載愈詳，周鍾瑄《諸羅縣志》〈風俗志〉記：

> 蛤仔難、哆囉滿等社，遠在山後。……越蛤仔難以南有猴猴社；云一、二日便至其地，多生番，漢人不敢入。各社於夏、秋時，划蟒甲，載土產（如鹿脯、通草、水藤之類），順流出，近社之旁與漢人互市。漢人亦用蟒甲載貨以入，灘流迅速，蟒甲多覆溺破碎；雖利可倍蓰，必通事熟於地理，稍通其語者，乃敢孤注一擲[5]。

於山川建置之記載有：

4　同上註3，頁91。

5　周鍾瑄《諸羅縣志》卷八〈風俗志，雜俗〉：蛤仔難條（臺銀文叢第一四一種，民國51年6月出版），頁171。

八尺門之南為山朝溪,為蛤仔難港(港有三合諸山,灘流與海潮匯。蛤仔難三十六社,散處於港之左右),東為大海[6]。

於是,利之所趨,漢人群入深山,雜耕「番」地,與之貿易,藍鼎元《平臺紀略》云:

前此臺灣,止府治百餘里,鳳山、諸羅皆毒惡瘴地,令其邑者尚不敢至;今則南盡郎瑀,北窮淡水,雞籠以上千五百里。……前此大山之麓,人莫敢近,以為野番嗜殺;今則群入深山,雜耕番地,雖殺不畏,甚至傀儡內山、臺灣山後、蛤仔難、崇爻、卑南覓等社,亦有漢人敢至其地,與之貿易。生聚日繁,漸廓漸遠,雖屬禁不能使止也[7]。

寖而久之,此批漢人與生「番」雜處日久,通「番」語,解「番」情,識山川,成為漢「番」媒介之「番割」。透過「番」割建立了漢番之間關係,也促成以後漢人漸漸移入宜蘭之基礎。如康熙六十一年(1722),一何姓番割曾拯救落難之漳州把總朱文炳,黃淑璥〈番俗六考〉記其事:

---

[6]　周鍾瑄前揭書,卷一〈建置志‧山川〉,頁15。

[7]　藍鼎元《平臺紀略》(臺銀文叢第一四種,民國47年4月出版),頁30。

康熙壬寅五月十六至十八三日大風，漳州把總朱文炳帶卒更戍，船在鹿耳門外，為風飄至南路山後，歷三晝夜至蛤仔難，船破登岸，番疑為寇，將殺之，社有何姓者，素與番交易，力為諭止，晚宿番社，番食以麤，朱以片臠飼番，輒遜匿不食，借用木罌瓦釜，番惡其污也，洗滌數四。所食者，生蟹烏魚，略加以鹽，活嚼生吞，相對驩甚，文炳臨行，犒以銀錢，不受，予以藍布舊衣，欣喜過望，兼具蟒甲以送[8]。

惟上引史料，泰半為海路交通情形，陸路交通方面，亦有若干史料可徵引。如康熙末年藍廷珍剿平朱一貴之亂，追剿遺黨，為防匪類屯藏山後，委託民人相助搜尋，藍鼎元〈檄淡水謝守戎〉文載：

查大雞籠社夥長許略，干豆門媽祖宮廟祝林助，山後頭家劉裕，蛤仔難夥長許拔四人，皆能通番語，皆嘗躬親涉其地瞨社和番，熟悉山後路徑情形。該弁其為我羅而致之，待以優禮，資其行李餱糧之具，俾往山後採探，有無匪類屯藏巖阿，窮拯幽遐，周遊遍歷。……但恐許略等或有畏遠憚行，弗克殫心竭力，潛蹤近地，飾言相欺。……更選能繪畫者與之偕行，凡所歷山川疆境，一

8　黃淑璥《臺海使槎錄》卷六〈番俗六考〉（臺銀文叢第四種，民國46年11月出版），頁140。

一為我圖誌。自淡水出門，十里至某處，二十里至某處，
水陸程途，至蛤仔難接卑南覓而止。百里、千里，無得
間斷，某處、某社、某山、某番、平原曠野，山窩窟穴，
悉皆寫其情狀，註其名色。使臺灣山後千里幅員，一齊
收入畫圖中，披覽之下，瞭如身歷[9]。

據上引，知許略、許拔等人通番語，皆嘗躬親跋涉其地，
熟悉山後路徑情形。惜文中語略不詳，於陸路路線僅含混提及
「自淡水出門，十里至某處，二十里至某處，水陸程途，至蛤
仔難接卑南覓而止。」其後如黃淑璥《臺海使槎錄》，亦略記出
入之途徑，〈赤嵌筆談〉記：

自澹水經楓仔嶼嶺，上下十里。過港至雞籠，山高多石，
山下即雞籠社。稍進為雞籠港，港道狹隘，港口有紅毛
石城……遠望為小雞籠嶼，番不之居，……循此而上，
至山朝社。又上，至蛤仔難諸社，深菁鳥道，至者鮮矣！
[10]

山朝社即三貂社，至於「深菁鳥道」一語究竟是指一路行
來之山徑路況，抑或僅是泛指當地地理形勢，已難推究，不過
同書〈番俗六考〉記北路諸「番」，其中阿里山至蛤仔難又有二
條山路：

9　藍鼎元《東征集》卷二〈檄淡水謝守戎〉，頁25。
10　黃淑璥前揭書，頁9。

有至崇爻社者，自倒咯嘓用土番指引，盤山逾嶺，涉澗穿林，即成五日夜方至。由民仔里武，三日可至蛤仔難，但峻嶺深林，生番錯處，漢人鮮至，或云水沙連過湖，半日至加老望埔，一日至描里眉，一日至眉加堞，一日至望加臘，一日至福骨，一日半至買槽無老，又一日半至民仔里武，二日至蛤仔難社。[11]

此二條山路，殆所謂「番仔路」者，來往恆取崙頂或稜線，一則利於進退，二則視野廣闊可瞭解週遭狀況，三則行走稜線，路途較為捷近。故其所經路徑，頗與乾隆五十二年（1787），林爽文殘部逃亡路線相近。

按，乾隆五十一年林爽文抗清事件起，翌年，福康安渡海鎮壓，亂稍平，於是年十二月攻入大里杙，林爽文已先前一步，逃入內山。越年正月，聞林爽文在埔里社、埔尾等地，時臺灣知府楊廷理，籌防杜止林爽文殘部之逃竄路線，檄令淡水同知徐夢麟與副將徐鼎士，於臺灣東北堵截，《欽定平定臺灣紀略》詳記此役，正月十四日條：

斂稱，聞得林爽文現在埔裡社、埔尾等處潛匿。……其埔里東北一帶山口要隘，雖已嚴密，但遠在山外，不能制其北竄內山之路。已飛飭徐鼎士、徐夢麟等帶領屋鰲

等生番，岸裡社熟番，進至內山蛤仔欄等處，在東北面
堵截[12]。

二月初一日條又記：

> 聞林爽文於（正月）二十四日夜間，在東勢角地方，被
> 生番截殺四百餘人，餘眾沿山北去。查看賊人蹤跡，係
> 兩路逃走，隨將官兵分為兩路，……。二十七日，行至
> 獅頭社。……據……生番等稟稱：「林爽文於二十五日到
> 獅子頭地方。……止剩賊一、二百人過山逃去。大約從
> 貓裡社逃往三貂地方。生番等不認得林爽文，不知可曾
> 殺死」等語。隨將各生番所獻首級並拏獲活賊逐一認識，
> 俱非林爽文。仍即分路帶兵馳往追捕[13]。

文末提及其時地理形勢與吳沙其人：

> 臣查臺灣以東，皆係大山，越過大山數十重，東面仍屬
> 瀕海。三貂社在淡水極北，轉東逼近海岸，與蛤仔欄相
> 近；本係番界，間有貧民前往租地耕墾。今林爽文在內
> 山逃往三貂，必由蛤仔欄經過；前經臣檄調副將徐鼎士、
> 同知徐夢麟帶領生熟番眾，至蛤仔欄邀截。徐夢麟已於
> 本月二十五日同都司徐機，至八堵地方屯劄。查八堵距

---

[12] 《欽定平定臺灣紀略》卷五十，乾隆五十三年正月十四日條（臺銀文叢第一〇
二種，民國 50 年 6 月出版），頁 821。

[13] 同上註前揭書，卷五十三，乾隆五十三年二月初一日條，頁 847。

蛤仔欄不過二百餘里，層巒疊嶂，山徑陡峭，步行前進
約有三、四日程途。且該處均係生番居住，必須熟悉情
形之人，方能前往；前已訪明居住三貂之吳沙、許天送
及生番通事張光彩等，最為熟悉，復示以重賞，令其遍
諭該處生番擒獻逆匪，並即帶領官兵入山堵截[14]。

據此，可知吳沙早在乾隆中業已入居三貂，由於稟性好俠，
三籍流民前來投靠者愈多，連一些亡命之徒，都視為藏身淵藪，
於是引起官府注意，「淡水廳聞懼其為亂，乃遣諭羈縻之」。[15]很
明顯地，林爽文餘黨「逃往三貂」，應該是前去投靠吳沙。吳沙
可能因堵截有功而授封為「武信郎」，[16]得以交結官府，提昇聲
望，更有助於他的號召力，促成他日後開蘭成功要素之一。

復次，乾隆五十八年（1793），奉檄調臺任吏職而於嘉慶十
年（1805）解組歸里之翟灝，於所撰《臺陽筆記》中〈蛤仔欄
記〉一文中，也曾提及由淡北入蘭之路有二條：其一由淡北之
大雞籠沿海繞北而南，計程六日。其一由新莊之擺接保越大玉
山南斜趨而北，計一晝夜[17]。

總之，從上引之志書與諸家筆記，可知宜蘭對外交通有海、

---

14 同上註，二月初一日，頁 848。

15 姚瑩〈噶瑪蘭原始〉，收於陳淑均《噶瑪蘭廳誌》（臺銀文叢第一六〇種，民國
  52 年 3 月出版）卷七雜識，頁 371。

16 據吳沙墓之墓碑。

17 翟灝《臺陽筆記》之〈蛤仔欄記〉（臺銀文叢第二〇種，民國 47 年 5 月出版），
  頁 23。

陸之別，而陸路即是山路，廣泛而多歧，令人讀之，易茲混淆，
以下粗分南、北二路探討，北路再分（一）文山線，（二）三貂
嶺線詳探。

第二節　宜蘭南路古道的探討

　　南路線之通蘭古道，係指以竹塹以南為主，首見於前揭《臺
海使槎錄》所提及之二條番仔路，此二條路從中部連通東北部
高山地帶，所經之地「盤山逾嶺，涉澗穿林」、「峻嶺深林，生
番錯處，漢人鮮至」，尚須「土番指引」，真可謂計程迂迴，成
了漢人逋逃之藪。迨及開蘭以後，少見官方資料提及，有之，
嘉道年間嘉義、彰化、淡水等地平埔族遷往埔里、噶瑪蘭等地
而漢人隨之跟進，方傳穟〈開埔里社議〉記：

> 其（指埔里社）山後東北遙通噶瑪蘭，東南則奇來秀姑
> 蘭，鳥道曲逕，蓋不甚遠。一經開墾，難保無民人透越
> 潛通。即使埔社之人，毋庸更入後山，而山後噶瑪蘭人，
> 向苦由三貂轉出山前，路程險遠，今埔社既開，勢必由
> 山後透越而至。[18]

　　再則，嘉慶九年（1804），蘭地初闢，彰化社「番首」潘賢

---

[18] 方傳穟〈開埔里社議〉，收於周璽《彰化縣志》卷十二〈藝文志〉，（臺銀文叢第一五六種，民國51年11月出版），頁180。

文、大乳汗毛格，由於犯法懼捕，糾合岸裡社（約在今臺中縣豐原市、神岡鄉、后里鄉）、阿里史社（約在今臺中縣潭子鄉）、阿束社（約在今彰化市）東螺社（約在今彰化縣埤頭鄉）、北投社（約在今南投縣草屯鎮）、大甲社（約在今臺中縣大甲鎮、外埔鄉）、吞霄社（約在今苗栗縣通宵鎮）與馬賽社（不詳）諸「番」千餘人，越內山逃至五圍，欲爭地，引發一場流「番」與漢人之間戰鬥。[19]惜所經路線未見記載，以地緣推論，殆亦不外乎前述二條番仔路左近，也即是大致溯大甲溪谷，聰匹亞南隘，再沿叭哩沙喃溪（今蘭陽溪）入蘭陽平原，並介入漳、泉、粵三籍流民土地爭奪，終於退至西勢地方，在今日宜蘭三星鄉境創建阿里史庄。

　　要之，此路線深箐鳥道，生「番」伏潛，究竟非漢人所敢利用，故蘭地方闢，官方開道，便北移至竹塹，由九芎林進山，嘉慶十六年（1810），閩浙總督汪志伊與福建巡撫張師誠預籌進山備道，於〈雙銜會奏稿〉中建議：

> 蘭初闢時，預備進山備道，以便策應緩急。其路凡三條；一條由淡水、三貂過隆隆嶺抵頭圍；係入山正道。……又一路由艋舺之大坪林進山，從內山行走，經大湖隘，可抵東勢之溪洲……。又一路由竹塹之九芎林（今新竹縣芎林鄉）進山，經鹽菜甕（今新竹縣關西鎮），翻玉山

19　姚瑩《東槎記略》卷三〈噶瑪蘭原始〉（臺銀文叢第七種，民國46年11月出版），頁180。

腳，由內鹿埔可出東勢之叭里沙喃，係在粵人分得地界
之內。[20]

柯培元《噶瑪蘭志略》〈關隘志〉「叭哩沙喃隘」條記：

> 在廳治西三十里番山前，重溪環繞，逼近額刺王字生番，
> 第一險要，隘丁十二名。內另一路在鹽菜甕翻玉山腳，
> 可通竹塹、九芎林仔，粵人分得地界。[21]

可見此一路線係自今新竹縣東部入山由宜蘭縣溪南之三星
鄉出口，取用此道者，多來自關西、新竹、芎林等地粵籍移民
為主，並設有隘寮隘丁駐守防「番」。所謂「係在粵人分得地界
之內」一事，是指昔年吳沙招三籍流民入墾，初漳人眾多，分
地得頭圍至四圍、辛仔羅罕溪（以上約在今宜蘭市一帶）；泉人
少，僅分以二圍菜園地；粵人未有分地，民壯工食仰給漳人，
後粵泉械鬥，粵人傷眾，將棄地走，漳人留之，更分以柴圍之
三十九結，奇立冊二處（以上約今礁溪鄉一帶）。嘉慶七年
（1802），三籍人至益眾，漳得金包里、股員山、仔大、三鬮、
深溝地；泉得四鬮、一四鬮、二四鬮、三渡船頭地，又自開溪
洲一帶；粵得一結至七結地（以上約在今員山鄉一帶）。

---

[20] 陳淑均《噶瑪蘭廳志》卷八〈雜識·紀事〉，頁 431~432。並見柯培元《噶瑪蘭
志略》卷十三藝文志〈雙衛會奏稿〉（臺銀文叢第九二種，民國 50 年 1 月出版），
頁 145~146。

[21] 柯培元前揭書，頁 26。

　　至嘉慶十一年，漳泉又鬥，泉所分地多為漳有，僅存溪洲，不久雙方復合，乃自溪洲沿海開地至大湖，粵人乃至東勢開冬山一帶，而漳人也攻入「土番」社內，遂有羅東。[22]其間三籍民人雜處，夙分氣類，動輒械鬥，以強凌弱，故官府區分道路以區隔開，正道大路係在丁口最多漳人地內；進山備道小路二處，泉、粵二籍民人適各得其一，則三籍民人地界內，各有出入山路，避免引發糾紛，再起械鬥。[23]

第三節　北路淡蘭古道的探討

一、文山線

　　文山線之通蘭古道，入山在文山保（初稱拳山保），入山以後，又有東、西二支線之分，東支經過北勢溪上游山區，進入三貂地區。至於西支，係循南勢溪而上，進入生番地界。西支路線即前引〈雙銜會奏稿〉中之「又一路由艋舺之大坪林進山，從內山行走，經大湖隘，可抵東勢之溪洲」，文中「大坪林」，其地即拳山堡十四莊中之「大坪林莊」，鄰近秀朗、暗坑仔、青潭等莊，即今新店市地區。「大湖隘」，屬溪洲堡內山，《噶瑪蘭志略》〈關隘志〉，記「大湖隘」：

22　同註 19 姚瑩前引文。
23　同註 20 陳淑均前揭書。

大湖隘，在廳治西四十二里大湖山前莊後，通生番界，
隘丁十二名。內山另開一路從內行走，可通淡水、艋舺、
（大）評〔坪〕林仔，泉人分得地界[24]。

〈噶瑪蘭廳輿圖〉亦記有：「此處另有小路一條，可通淡水、
艋舺、大坪林」，[25]可證確有此一可通行之古道。

據上引史料，此條古道路線可推測為：從艋舺→公館→梘
尾→新店，然後由當時之新店街，沿新店溪進入屈尺之番界。
再於上游之匯流處，轉溯南勢溪，進入烏來番地，轉桶后溪，
抵達桶后。復由阿玉山與紅柴山之間，越過分水嶺抵蘭界，取
道宜蘭員山鄉之舊大湖庄、隘界等地，到達溪洲。

此條路線所經，均屬蠶叢險涉之境，仍屬番仔路一類，且
路線分歧不一，行走時又須「結隊前進，以防生番肆殺，野獸
搏噬」。[26]至於此西支路線何時出現，已難稽考，應在嘉慶末年
即有，而姚瑩〈籌議噶瑪蘭定制〉將其列為入山備道，並詳介
其路況：

> 噶瑪蘭廳應修備道二條，泉、粵二籍民人分墾地界，各
> 得其一。……緣兩處備道，一由艋舺之大坪林進山，從
> 內山折轉，至大湖隘，始抵東勢之溪洲，係泉人分得地

---

[24]　柯培元前揭書，卷三〈關隘志〉，大湖隘條，頁25。

[25]　據《臺灣府輿圖纂要》〈噶瑪蘭廳輿圖〉，大湖隘條（臺銀文叢第一八一種，民
　　　國52年11月出版），頁328。

[26]　陳淑均前揭書，頁350。

界；一由竹塹之九芎林進山，經鹽菜甕，翻玉山內鹿埔（約今宜蘭縣東山鄉），可出東勢之小叭哩沙喃口，係粤人分得地界。計程皆應三日，而所歷懸崖峭壁，山徑崎嶇，樹木叢雜，須攀藤附葛而上，生番處處皆可出沒；兼隔大溪數重，深不可測，怪石羅列，舟楫難施；溪流復移徙不定，並無涯岸可建橋樑。……天限險峻，紆迴百數十里，並無平坦之地可以墾闢田園。山內向無居民，即樵採之人，亦不敢窮幽深入[27]。

文山線東支之通蘭古道正式出現較晚，早在嘉慶廿三年（1818），官方令泉人、粤人之頭人捐資辦理南路線與文山線東支的開路經費，因為事非急要，暫緩修築，至道光四年（1824）後竟成安溪茶販商路，《噶瑪蘭廳志》記：

蘭初闢時，預籌進山備道，以便策應緩急。其路凡三條，……至道光四年，呂（志恒）陞廳籌議定制，又以事非急要，請咨緩修。近年以來，艋舺、安溪茶販，竟由大坪林內山一帶行走，直出頭圍。其徑甚捷，徒無生番出沒，可見今昔形勢，又自不同矣[28]。

另外，文字中又提及：「但此時艋舺近莊人，已多由萬順寮

27　陳淑均前揭書，卷七〈雜識上・紀文〉，收姚瑩〈籌議噶瑪蘭定制〉入山備道條，頁 349。

28　陳淑均前接書，頁 431。

六里至平林尾，過溪入九芎林，開闢田園千萬頃」²⁹，以上諸地悉分布在臺北縣深坑、坪林二鄉境內，若由附近地區之開闢年代推測，此路或者乾隆末年已有，蓋乾隆五十三年堵截林爽文時，官方擬有便道一條，計劃開闢，陳培桂《淡水廳志》〈封域志〉附「淡蘭擬闢便道議」載：

> 由淡赴蘭，率苦三貂險。遠有議新闢便道者，途僅百十里（屬淡者八十里，屬蘭者三十里）。林爽文亂時，當軸議防，以此為備道；請開未果。今存其議，以俟將來³⁰。

並於此條「便道」所經路線，文中詳記：

> 計自艋舺武營南門啟程，五里古亭村、水下頭，宜鋪石。五里觀音嶺腳，亦宜鋪石，……十里深坑仔街，有渡，宜船（中一里許山路，已修尚平）；五里楓仔林，田塍尚闊；五里石碇仔街，……五里烏塗窟嶺腳，……五里大隔門，金山路……，下嶺五里柯仔崙坑，一半山路，樹木陰翳，有兩坑……，五里粗掘坑，路平多樹，亦有兩坑……，五里仁里坂，有渡，宜船，山路平……，五里彎潭渡……（此間山平多種茶，自茶園中行）過渡鶯仔瀨；五里石坑……（自楓仔林至石，坑凡四十里，人煙

29　同註27。

30　陳培桂《淡水廳志》卷二〈封域志・疆界〉附「淡蘭擬闢便道議」，（臺銀文叢地一七二種，民國52年8月出版），頁25。

稠密），又五里三分仔坑……，五里頂雙溪……，五里四
堵寮，山路……五里金面山頭分水崙，即淡、蘭交界，
山路，宜修闊。八里嶺腳礁溪街北（嶺高而不險，居民
多種茶，有市百餘家）；十七里噶瑪蘭三結街，大路平坦。
31

此一便道之路程，自臺北之艋舺街啟程，經古亭村（大加
蚋堡），越觀音嶺，出石碇街（文山堡），越烏塗堀嶺，涉灣潭
渡（新店溪上游），經鶯仔瀨、石蟳坑、四堵寮（文山堡），到
金面山頭分水崙（即淡蘭交界）下嶺，由礁溪街（四圍堡）入
噶瑪蘭城，持與今地印證，其路線如下：由臺北市之古亭→景
美→木柵→深坑→石碇→烏塗窟→坪林→宜蘭，幾與今北宜公
路相同，期間所經地區，大抵均為泉籍安溪人之聚落，務農且
以種茶為主，與前引之「安溪茶販」，由「大平林內山」行走諸
說，大致吻合，且此時「有市百餘家」，其繁榮可想而知。

文末附言：「此路開行，（舊路仍不廢），亦利國便民之一端，
留以告後之官斯土，有事會可乘者為之也。」以及「此路曾會
營查勘，亦有兩路，一較近而費多；一稍遠而費省；經費絀中
止」等字樣。32可知尚有另一通道，《臺灣府輿圖纂要》中〈噶
瑪蘭廳輿圖〉記「頭圍後山通艋舺小路」云：

31　同上註。
32　同上註。

蘭徑開闢之初，曾議由內山增設備道一條，以防緩急之
用。後以山路險巇，且路經生番地面，究非完善之計；
故未果行。近年木拔道通，生番歛跡；頭圍新關小路一
條，山程九十餘里，可一日而抵艋舺。路由頭圍後山土
地坑北行，越嶺十五里樟崙，東轉下嶺至炭窯坑。遠山
西行十五里統櫃（此處最為險要）；樹木陰翳，障避天日。
循嶺而下，穿林度石，八里為虎尾寮。西南行過溪，上
大嶺八里大粗坑，四里崙仔洋。過溪，平洋三里石亭，
六里枋仔林，三里深坑渡；翛然一片坦途。至萬順寮再
上山崙，六里樟腳、三里六張犁，此去十五里，一帶大
路，直達艋舺武營頭出口（自虎尾寮潭以下，皆西南
行）。⋯⋯惟其地未經除治，不過僅容背負往來，輿馬亦
礙難行走。[33]

　　此一捷徑，據附註之說：「係履勘之便，順道跟尋而得」之
二條路線之一，由於此一捷徑「可一日而抵艋舺」，所以「不特
民間稍減跋涉之苦，而且省卻無數經營備道之費，其有益於地
方者，正復不少。」[34]其有助早期噶瑪蘭之開發，當無庸置疑。
除上述諸路外，《臺灣府輿圖纂要》，又載有一條由頭圍通往黃
總大坪之路徑：

---

[33]　同註 24 前引書，頁 332。

[34]　同上註。

……黃總大坪者，當人力未及之時，棄為荒埔；迨道光
年間，有黃千總始招佃入其地。……路由頭圍北關內土
名外澳仔，登山至外石硿嶺，轉北五里為內石崆嶺，越
嶺東北支分小路一條，七里至烏山溪尾寮，則為黃總大
坪矣。其間土地平曠，田園溝渠流灌，阡陌交通。唯僻
處偏隅，經由之路難沓，蠶叢險偏，難容輿馬[35]。

所謂黃總大坪，清代隸屬拳山堡，約今雙溪鄉泰平村一帶，
同書〈噶瑪蘭廳輿圖〉山水條云：「頭圍後山。（上七里、下八
里）：廳治北三十五里，屬頭圍堡。連岡疊嶂，綿互磅礡。北走
隆隆，南連金面；後通頭圍、外澳石崆嶺，有小路一條，不過
數十里可達艋舺。」[36]

此一路線雜沓，多有分歧，《噶瑪蘭廳志》〈紀事〉「蘭入山
孔道」條詳載：

茲查存一路，地甚寬坦，毋庸多涉深溪，重經峻嶺；只
由頭圍砲臺外，斜過石崆仔山，六里至鹿寮（一名刣牛
寮），再十二里至大溪，又十二里大坪，二十里至雙溪頭，
雙溪頭二十里出淡屬之水返腳，再二十五里便抵艋舺
矣。統計自頭圍至艋舺九十五里，自蘭城至艋舺一百二
十五里。凡所經過內山，素無生番出沒，一概坐料煮栳、

---

[35] 同前註前揭書，頁332。

[36] 同前註前揭書，頁323。

打鹿、抽藤之家。而大溪、大坪、雙溪頭一帶，皆有寮屋，居民可資栖息。現安溪茶販入蘭往返，皆資此途。惟中有溪流數處，深廣五、六尺許，必須造橋五、六坐，設隘一、二寮，方足利於行人[37]。

這一山間古道，近人唐羽曾四次踏勘其徑，其中：（一）自柑腳取道大坪一次，（二）由內大溪→三分二→烏山→，再折返至坪溪→石硿嶺→頭圍一次，（三）由頂雙溪→苔谷坑→大樟嶺→黃總大坪→破仔寮→溪尾寮→順北勢溪出坪林一次。而坪溪至石硿嶺一段，係沿北勢溪上游，南溯鶯仔嶺部分平行，道路平坦，兩邊峰巒夾峙，途徑隱密，嶺道壁立，至石硿嶺，下嶺出山，經外澳，即可抵達烏石港附近。並探詢泰平村居民，證實昔日為通往臺北平原之捷徑。至於雙溪頭抵達艋舺之後半段道路，唐羽以為雙溪頭似指今之柑腳，其附近上有山路一條，可直通平溪鄉平湖村，然後取道嶺腳寮，翻越石硿子，進入汐止鎮（昔水返腳）東山里之羌子寮，出保長坑，再抵達艋舺。[38]

此文山線路，於劉銘傳開山撫番時，因臺北至宜蘭間之舊道迂遠，遂計劃改由臺北府城大南門經景尾街，自坪林尾越山通宜蘭頭圍之便路，予以拓寬舖設，前後歷經三個月完成。先是光緒十一年（1885）十月，劉氏接獲淡水縣屈尺莊董事劉夙

---

[37]　陳淑均前揭書，頁 432。

[38]　唐羽〈吳沙入墾蛤仔難路線與淡蘭古道之研究〉，《臺灣文獻》第四十卷四期（臺灣省文獻委員會，民國 78 年 12 月），頁 205。

夜等稟稱：

> 淡屬拳山堡、大溪一帶，迫近內山，生番出沒無常。前
> 有墾民自備資斧，募勇守隘。近因經費不給，隘勇遣散，
> 番遂不時出山，耕作居民，橫遭殺戮……居民相率移避，
> 田園盡荒，懇請派兵剿撫，以衛民生等情。[39]

劉銘傳命劉朝祐帶領兵勇百人，會同紳士李秉鈞、訓導劉
廷玉先往屈尺察看地勢番情；復令淡水知縣李嘉棠會同劉朝祐
妥為收撫馬來（今烏來）八社番丁，並飭「劉朝祐督帶張李成
土勇一營，趁此隆冬，造橋開路，先通馬來八社，徐圖入山，
相機辦理，但求成效，不計近功」，計劃「將來八社歸化之後，
其附近南路生番，再能招撫，遂可逕達宜蘭，不虞橫隔」。果然
於馬來八社就撫後，飭劉朝祐「開山闢石碇路百餘里，自馬來
通至宜蘭」，於光緒十一年（1885）十二月，一律竣工通行。[40]

又，光緒十三年復派兵開路，此路線：「再淡水至宜蘭縣城，
經臣於上年派兵開道，中有番境數十里，素無人煙，因飭淡水
縣於平林尾、樟谷坑、摩壁潭、倒吊子、四堵等處地方，修蓋
草屋卡房五處，檄飭艋舺營參將張欣在艋舺、宜蘭兩營內，選
兵四十人，派弁帶往駐防，保護行旅。」設想不可謂不週全，
官民兩便，可嘆臺灣此時營伍廢弛，法紀紊亂，數月以來「經

39　劉銘傳〈剿撫滋事生番現經歸化摺〉，收於《劉壯肅公奏議》（臺銀文從第二七
　　種，民國 47 年 10 月出版），頁 199~201。

40　劉銘傳前揭書卷四〈剿撫生番歸化請獎官紳摺〉，頁 201。

臣委員密查,據稱所過一路,僅平林尾、四堵兩處,各有兵十
人,樟谷坑無兵往駐,本月始有二兵到防,並雇三民人為之頂
替,其餘摩壁潭、倒吊子兩處仍舊無兵。……乃於派防道路兵
丁四十人,僅用二十,所防五處,僅止兩處有兵,竟敢於耳目
相近之區,欺朦隱飾,以少報多,冒領加餉;實屬藐玩戎規。」
[41]

　　要之,康雍年間,雖有漢人從山、海兩路進出宜蘭,以探
險成分居多,其中能與生番從事交易,究竟少數,是以通蘭山
路似有若無,深菁鳥道,難以明確。兼且從基隆至臺中間,均
可翻山越嶺到達宜蘭,使得早期宜蘭擁有數條聯外山道,同一
路線又分歧不一,後人考證,不免混淆難明,茲於本節,先將
上引諸史料,作一整理,列表於後,以明白文山線此一安溪茶
路之古道:

編號	古道年代	路名	開路與修路或紀述者	起程與沿途所經路線	出處
1	乾隆年間	文山西線	姚瑩	由艋舺大坪林進山,從內山(今烏來地區)行走,經大湖隘抵東勢溪洲。	噶瑪蘭志略、噶瑪蘭廳輿圖。
2	乾隆末葉	文山東線		艋舺武營南門,經古亭村,水卞頭、觀音嶺腳、深坑仔街、楓仔林、石碇仔街、烏塗窟嶺腳、大隔門、柯仔崙坑、粗崛坑、仁里阪、灣潭渡、鶯仔瀨、石磘坑、三分仔坑、頂雙溪、四堵寮、金面山分水崙(淡蘭交界)、嶺腳、礁溪街北、噶瑪蘭三結街。	噶瑪蘭廳志、淡水廳志。

3	嘉慶中葉	入蘭備道		由頭圍後山土地坑北行，經樟崙、炭窯坑、統櫃、虎尾寮過溪、上大粗坑、過崙仔洋，至萬順寮、樟腳、六張犁，直達艋舺武營頭出口。	噶瑪蘭廳輿圖。
4	道光年間	入蘭孔道		頭圍北關砲臺斜過石碇仔山，至鹿寮（一名刣牛寮）、大溪（按內大溪）、大坪、雙溪頭，出淡屬之水返腳，抵艋舺，為安溪茶販之入蘭孔道。	臺灣府輿圖纂要、噶瑪蘭廳志。
5	道光年間	口碑之路	唐羽	自頂雙溪柑腳，翻坑谷入大坪，烏山，三分二，坪溪，至石碇嶺，出外澳。中途由三分二，可通內大溪。（由頭圍北關之外澳仔，登山至外石碇嶺、轉北內石碇嶺、越嶺至烏山溪尾寮、黃總大坪）。	唐羽採訪口碑、臺灣府輿圖纂要。
6	光緒11年12月		劉朝祐	自烏來通至宜蘭，開山關石碇路百餘里。	劉壯肅公奏議。
7	光緒13年		劉銘傳	自淡水至宜蘭，經平林尾、樟谷坑、摩壁潭、倒吊子、四堵等地。	劉壯肅公奏議。

二、三貂線

　　宜蘭的聯外通路自然以俗稱「淡蘭古道」者最為重要，三貂線又為其中主要者。三貂線隨時代推移演進，舉凡數變，茲一一探討於後：

（一）三貂線

　　三貂線在通蘭古道中，為歷史最悠久，變化較多者。此一古道，最早可溯及黃淑璥《臺海使槎錄》之〈赤嵌筆談〉所述：

> 自澹水經楓仔嶼嶺,上下十里。過港至雞籠,山高多石,
> 山下即雞籠社。稍進為雞籠港,港道狹隘。過港有紅毛
> 石城……。遠望為小雞籠嶼,番不之居,惟時於此採補。
> 循此而上,至山朝社;又上,至蛤仔難諸社,深菁鳥道,
> 至者鮮矣[42]。

　　文中之「楓仔嶼」即「蜂仔嶼」,在今之汐止鎮。至於到了
雞籠港後,「循此而上,至山朝社」,應該是循著海岸抵達,翟
灝《臺陽筆記》之〈蛤仔爛記〉載:

> 蛤仔爛,即臺灣東山之後,大玉山之前面也。……陸路
> 有二:其一由淡北之雞籠沿海繞北而南,計程六日[43]。

柯培元《噶瑪蘭志略》〈雜識志〉云:

> 噶瑪蘭入山孔道,初由東北行,自淡水之八堵折入雞籠,
> 循海過深澳至三貂、牡丹嶺,入蘭界[44]。

　　據上引史料,可約略推論此路線為:從淡水廳之艋舺出發,
溯基隆河經汐止及今宜蘭線鐵路之八堵站西方,再經基隆河支
流之畔(大約今基隆八北里附近),沿山谷越過獅球嶺,進入今
基隆市區到達社寮島。社寮島到鼻頭角這一段,大抵沿著今濱

---

[42]　同註 10。

[43]　同註 17。

[44]　柯培元前揭書卷十四〈雜識志〉,頁 196。

海公路的海邊，可能經過八斗子、深澳、番子澳、海濱、水湳洞、哩咾、南子吝、鼻頭社等地，然後，越鼻頭山轉南行，到達古之三貂社。以後越嶺而東行，到達宜蘭，此為古道之最早路線。此路線日人伊能嘉矩亦持如是看法：「另外有一條路，是從基隆沿海岸到深澳，再從深澳登越三貂嶺的舊道，因為路途遠，行走的人很少。」[45]

（二）由海道轉向陸路

三貂線繞海古道，由於所經遙遠，乾隆末年漸為較東之另一條路線取而代之，《噶瑪蘭志略》〈雜識志〉記：

> 噶瑪蘭入山孔道，初由東北行……折入雞籠，循海過深澳至三貂……嗣改從東行，由暖暖、三爪仔過三貂，則近於行雞龍矣[46]。

此一改從東行之路線，《淡水廳志》〈封域志〉亦載：

> ……十里艋舺汛（宿站）……十里錫口舖，十五里水返腳汛舖（尖站），二十五里暖暖汛舖（宿站）（由暖暖轉而北過獅毬嶺至大雞籠街五里），三十里三貂嶺腳（尖站）（由嶺腳向北至大雞籠祖山極北沿海止，五里）。向東五

---

[45] 詳見伊能嘉矩著，楊南郡譯〈宜蘭方面平埔番的實地調查〉《宜蘭文獻》雜誌第六期，（民國 82 年 11 月出版），頁 114。

[46] 柯培元前揭書，頁 196。

里嶺頂,向東南二十里頂雙溪(宿站),向南二十里遠望
坑。(噶瑪蘭交界),入蘭界再五里草嶺(尖站)。[47]

而此路線據傳是平埔族先住民白蘭所開鑿,初闢由暖暖經
三貂嶺越頂雙溪以達噶瑪蘭山道,姚瑩〈臺北道里記〉曰:

> 暖暖,迎日東行二里許……三里至碇內……更東行二里
> 楓仔瀨,復過溪南岸,仍東行三里,至鯽魚坑,過渡沿
> 山,二里伽石路甚險窄。土人白蘭,始開鑿之,奇其事,
> 以為神使云。二里至三貂嶺下[48]。

《臺北縣志》〈開闢志〉亦記:

> 頂雙溪莊一帶,為乾隆時,漳州人連喬、吳爾二人所闢。
> 時有白蘭者,曾開暖暖至噶瑪蘭道路經此[49]。

連、吳兩人之開闢頂雙溪,時在乾隆末年,白蘭築路也應
在此時期,此白蘭古道詳細路線,據姚瑩〈臺北道里記〉云:

> 蓋艋舺以上,至噶瑪蘭、頭圍,凡三日程,皆山徑,固
> 無館舍耳。暖暖,迎日東行二里許,稍平,廣可三百餘
> 畝,居民四、五家散處。三里至碇內渡溪北岸,更東行

---

[47] 陳培桂前揭書,頁24。
[48] 姚瑩《東槎紀略》卷三〈臺北道里記〉,頁90。
[49] 盛清沂《臺北縣志》卷五〈開闢志〉「雙溪鄉」(臺北縣文獻委員會,民國49年
出版),頁27。

二里楓仔瀨，復過溪南岸，仍東行三里，至鯽（鰈）魚坑，過渡沿山，二里伽石，路甚險窄。……二里至三貂嶺下。俗云三貂（爪）仔，有汛。四里茶仔潭，過渡，水深無底，有小店為往來食所。三里則三貂嶺矣。盤石曲磴而上，凡八里，至其巔。嶺路初開，窄徑懸磴甚險，肩輿不能進。草樹蒙翳，仰不見日色。下臨深澗，不見水流，惟聞聲淙淙，終日如雷，古樹怪鳥，土人所不能名，猿鹿之所遊也。籐極多，長數十丈。無業之民以抽籐而食者數百人。山界廣約數十里，內藏生番。其外，熟番有社及街市在……下嶺八里牡丹坑[50]。

以上，係姚瑩於道光年間，署噶瑪蘭通判時之記聞。日據時期（明治廿九年，1896）伊能嘉矩亦探勘此路線，彼路程簡化如下：八芝林（士林）→基隆社寮島→暖暖→基隆→瑞芳→三貂嶺→頂雙溪（訪三貂社）→下雙溪→遠望坑→草嶺→大里簡（今頭城）→蕃薯寮（番仔澳）→大溪→金邦湖（橋板湖）→北關→梗枋→頭圍街（訪打馬煙社）→二圍→三圍→四圍→宜蘭城（訪抵美社、辛仔罕社、擺里社）→羅東街→南關→蘇澳（訪猴猴社）→利澤簡（今五結鄉）→東港（訪貓里霧社）→頭圍→草嶺→頂雙溪→三貂嶺→基隆→臺北。[51]

---

50 同註48。

51 同註45前引文。按，伊能嘉矩於明治二十九年（1896）10月1日至24日，從基隆向東，沿淡蘭古道到達蘇澳，調查沿途的平埔番生活習俗，文中偏重採訪

　　衍變至今，時移物換，景觀全異。按，乾隆年間，由艋舺循基隆河北上，沿河岸逐漸形成錫口、南港、水返腳、八堵等聚落，舟行終點在暖暖一地。由此登岸，一經四腳亭北出基隆，一沿河谷東行，為淡蘭古道的起點。由於基隆河源出三貂嶺山區，終年雨量豐沛，河水穩定，富於舟楫之利，而暖暖位處水陸轉運之地，遂成為淡北貨物集散中心，街肆繁榮，茶行染坊林立。姚瑩〈臺北道里記〉載：「每歲鎮道北巡及欽使所經，皆宿於此。」可知其地位之重要性。那知，嗣後因劉銘傳興築鐵路，基隆河運頓告衰退，暖暖港口失去貨運功能之重要性，至生意一落千丈，於今年華老去，只能從狹窄古街，陳舊店舖，依稀尋覓往日之繁華笙歌了。

　　溯基隆河東行，沿南岸而進，經碇內至四腳亭，渡河越山可通基隆。相傳昔年於今瑞芳國小處，建有涼亭，供往來行旅憩息，故稱四腳亭。四腳亭已不見古渡頭遺跡，今只有一水泥橋，溝通南北。古道由此分二途，皆沿河岸並行，北路經龍潭堵（今瑞芳火車站一帶）、柑仔瀨（瑞芳鎮柑坪里至九芎橋（瑞芳鎮芎橋里）。南路經楓仔瀨、鰱魚坑（瑞芳鎮鰱魚里北端）、三爪仔（爪峰里北端）、蛇仔形（瑞芳鎮光復里），渡河至九芎橋與北路相會於三貂嶺下，由此入山。從四腳亭至九芎橋，地當基隆河中游，由於九分山地的阻擋，原本南北流向之河水，於柑仔瀨轉成大灣折向西流，一路青山翠谷，景色怡人，而沿

平埔番所得，於古道路線較少著墨，引用價值不大。

河岸狹窄平臺，也逐漸形成聚落，成為古道必經之途。尤其位於三貂嶺下之九芎橋，於光緒廿一年（1895）五月割臺之役，時日軍越三貂嶺而下，與守軍吳國華大戰於此，吳軍因實力懸殊而潰敗，瑞芳、基隆失去屏障而相繼淪陷，於臺灣史上增添一處禦侮史蹟。

其後楊廷理於嘉慶十二年（1807），於白蘭路東，新開一路，經雙溪鄉牡丹坑，越頂雙溪至噶瑪蘭，謝金鑾〈蛤仔難紀略〉之「楊太守紀程」載其路徑：

> 自艋舺東北行，十五里至錫口，又十五里至水返腳，又十五里至七堵，又十五里至蛇仔形，可住宿。蛇仔形二十里至武丹，又二十里至丹裡，又十里至三貂社……[52]。

此一新路，因路途迂遠，人多不肯行，故率由白蘭舊路，後人遂糾葛不清，常常張冠李戴。茲將兩條路線里程數約略統計，白蘭古道全部行程約為一一六里，楊氏古道約一一〇里，大致里程相同，則所謂路途迂遠之說，恐是心理作用。楊氏此一新路，經近人唐羽勘查，疑由瑞芳鎮柑坪里（古名柑仔瀨）為新舊路差異不同之起點。唐文記載：此一路線，循一名為「舊道」之山坡而上，直線可通煤仔寮莊之大竿林（今九份一帶），過土地公坪，取道於較平坦之山鞍，於大金瓜西南方之地名「摩風」，循溪谷邊緣至牡丹坑，尤為捷徑。據九份故老相傳，此路

52　柯培元前揭書，頁166。

不但為民國二十五年以前，唯一通往九份地區之人行道，且為通往基隆、金山之輕便鐵路未開以前之出入孔道。道路中段，有一處早年留下之石屋，相傳為劉明燈所建，係提供出入燦光寮汛之兵丁所使用。[53]按，此一石屋實即當年舖舍，淡水廳無驛遞，改設舖遞，所謂舖遞，是古代地方官衙藉以傳遞公文而設之中繼站，淡蘭古道中設有七處舖遞：艋舺舖、錫口舖、水返腳舖、暖暖舖、柑仔瀨舖（一名楓仔瀨，設有舖司一名，舖兵四名）、燦光寮舖，三貂嶺舖等七處。吾人亦可由舖遞之串連，推想當年古道之路線矣！總之，淡蘭古道三貂線之前半段，至此暫告一段落。

（三）三貂嶺的景觀

　　三貂或寫「三朝」或作「山朝」，其名稱來源是：明天啟六年（1626）五月，西班牙都督安敦民（D Antonis Careais），為保護支那呂宋間貿易，出動遠征隊，圖佔臺灣北部，航路由巴士海峽進入臺灣東海岸，發現東北一突出之岬角半島，即登陸予以佔領，命名為「San Tiago」，故三貂角實係其名稱之漢字譯音。[54]其後遂概稱附近地區為三貂，該地區番社為「三貂社」，山為「三貂山」，嶺為「三貂嶺」，溪為「三貂溪」，他如三貂保、

53　唐羽前引文，頁213。
54　蔡啟恆譯《臺灣之過去與現在》（臺銀研叢第一〇七種，民國61年4月出版），頁13。並參見曹永和〈荷蘭與西班牙佔據時期的臺灣〉，收於《臺灣早期歷史研究》（臺北，聯經出版公司，民國70年7月二刷），頁30。

三貂舖、三貂汛、三貂隘、三貂澳等等，均是由此而來。

　　三貂之地理位置，大致自今三貂角沿三貂溪向內陸延伸，包括今貢寮鄉全部及雙溪鄉的大部。綜括而言，古之稱三貂者，實以三貂溪為中心，北邊自瀕海之鼻頭角始，沿加裡山脈向西延長，而接於三貂嶺；南面自插入海中之三貂角開始，經隆隆嶺、草山向蕃薯寮山延伸，連接於淡水河上游之大坪山。這一片介於淡蘭之間的地區，就地形而言，三面環山，一面臨海，可漁可獵，適合以漁獵為生的原住民所謀生，故早已散佈著凱達卡蘭族之伐諾安社四個聚落，分別為舊社、澳底、新社、遠望坑，即漢人所謂的三貂四社。[55]就交通而言，陸路在清順治元年（1644），已有荷蘭人探勘金礦，由雞籠沿海岸至鼻頭角之傳說。水路則可自淡水、雞籠循海路通於三貂澳之間，加上此地區又有三貂河貫穿，也有內陸航行之便，亦具有可耕種之條件，而且三貂居於淡蘭之間的交通樞紐，是北部漢人進入蛤仔難必經之孔道，所以很快地形成漢「番」雜處的新局面。故乾隆五十五年（1790）九月二十日，閩浙總督覺羅伍納拉上奏〈籌議臺灣新設屯所分撥埔地事宜〉一摺中，附有臺灣府知府楊廷理等人之「會稟」，其中記其時三貂之情形：

　　　惟三貂居淡水之極北，在山巖層疊之中，曲澗深溪，地無連袤沃土，踰崖越嶺，地亦鳥道紆迴。現查所耕之地，

55　唐羽前引文，頁 180。並見臺北縣貢寮鄉公所「貢寮鄉簡介」，民國 73 年元月出版，頁 15~17。

自一、二畝而至六、七畝不等，非近山根，即臨溪墾，
高窪不一，片段畸零，春漲秋潦，沖決無定，故所植類
多芒蔗、地瓜，並無稻糧菽麥，此與集集埔等處實有不
同之情形也。伏查例載內地邊省零星地土，聽民開墾，
永免升科。各省免升畝分不等，惟雲南之山頭地角、水
濱河尾，廣東之畸零沙地、高州、雷州、慶州三府之山
場荒埔，俱不論頃畝，概免升科，……。今三貂僻在海
隅，地本磽瘠，且墾無常時，正與不論頃畝，概免升科
之例相符，似應仰懇援照聲請，免其呈報升科，以廣皇
仁而昭憲德，邊氓感頌無涯[56]。

時漳人吳沙寓居基隆，與「番」通市有信義，娶「番」婦，
始得入墾三貂。遂契資斧，經深澳至三貂嶺，復進入澳底（今
貢寮鄉真理村），向舊社「番」購得荒埔開墾，三籍流民來投者
日眾，人給米一斗，斧一柄，使入山伐薪抽籐自給，人多歸附，
闢地益廣，舊社（今貢寮鄉龍門村），澳底諸庄，次第拓成。[57]
其後復有長泰籍移民連元喬與漳人吳爾者，各率族人入三貂，
於雙溪川上下游拓墾，其後裔均成為三貂地區之盛族。並且因
此地於乾嘉年間已形成街肆，於日後之開蘭提供了一眾多人力
的支援。

---

[56] 《臺案彙錄甲集》中〈附臺灣府知府楊廷理等會稟〉（臺銀文叢第三十一種，民
國 48 年 1 月出版），頁 42~43。

[57] 宋增璋《臺灣撫墾志上》（臺灣文獻委員會，民國 69 年 10 月出版），頁 212。

　　三貂嶺為中央山脈北端，崇山匯結，終年陰霾，為淡蘭交通之最大障礙。行旅入山生死難測，自古以越嶺為戒，留傳下：「攀過三貂嶺，著無想某（妻）子」之諺語。淡蘭古道在進入三貂保後，在三貂嶺上所見景觀，嘉慶丁卯年（十二年）楊廷理入蘭經三貂，留有「上三貂嶺」詩描述：

　　　　衡嶽開雲舊仰韓，我來何福度艱難，腳非實地何曾踏，
　　　　境涉危機亦少安。古逕無人猿嘯樹，層顛有路海觀瀾。
　　　　敢辭勞瘁希恬養，忍使番黎白眼看[58]。

「孟夏六日重上三貂頂口占」一首紀：

　　　　不衿權術老迂儒，天付精神續舊圖。勞勛敢云惟我獨？
　　　　馳驅偏覺與人殊。青山到眼春成夢，滄海當關靜似湖。
　　　　可怪躋攀無腳力，重來絕頂汗如濡。三貂甫過又崟嶜，
　　　　嵐氣迷漫日乍紅。矗立參天雲際樹，橫空跨海雨餘虹。
　　　　鋤奸計短頻搔首，補拙情殷屢撫衷。知遇萍逢能幾日，
　　　　憐才都付不言中[59]。

　　道光辛巳年（元年，1821）正月入蘭之姚瑩，於〈臺北道里記〉云：

---

[58]　陳淑均前揭書，卷八〈雜識‧紀文〉，頁389~390。
[59]　同上註，頁391。

三里則三貂嶺矣。盤石曲磴而上，凡八里，至其巔。嶺
路初開，窄徑懸磴甚險，肩輿不能進。草樹蒙翳，仰不
見日色。下臨深澗，不見水流，惟聞聲浺浺，終日如雷，
古樹怪鳥，土人所不能名，猿鹿之所遊也。籐極多，長
數十丈。無業之民以抽籐而食者數百人。山界廣約數十
里，內藏生番。其外，熟番有社及街市在。楊廷理新開
路東，因其路迂遠，人不肯行，故多由此舊路，云：嶺
上極高，俯瞰雞籠在嶺東南，海波洶湧，觀音、燭臺諸
嶼，八尺門、清水澳、跌死猴坑、卯裡鼻諸險，皆瞭然
如掌，蓋北路山之最高矣。[60]

道光己酉（二十九）年，通判董正官赴蘭履任，有「由雞
籠口上三貂嶺，過雙溪到遠望坑界，入噶瑪蘭境」詩紀：

閩嶠東南盡海灣，重洋突湧大屏顏。雞籠口踞全臺北，
信否來龍自鼓山？不畏番林蓊翳迷，不嫌鳥道與雲齊。
盱衡小立三貂嶺，大海茫茫轉在西。一夜飛踰黑水溝，
山中又見大溪流。危帆甫卸還呼渡，真箇無邊宦海浮。
雲水天真以漏名，山靈慰我霽顏生，海邦風氣殊中土，
不喜隨車雨喜晴[61]。

蘭陽雜詠八首中「三貂（入蘭嶺路）」云：

60　同註48。
61　同註59，頁419。

> 想像三峰天外嶢，現從島國指三貂，猿梯直上雲千仞，
> 鳥道惟通路一條。望若茫茫西海隔，開蘭步步北關遙。
> 內山樵徑來茶客，說距新莊只兩朝。[62]

同治六年（1867）冬，臺灣鎮總兵劉明燈，北巡經過此嶺，有感詠詩，並刻於山邊摩崖，詩云：

> 雙旌遙向淡蘭來，此日登臨眼界開，大小雞籠明積雪。
> 高低雉堞挾奔雷；穿雲十里連稠朧，夾道千章蔭古槐。
> 海上鯨鯢今息浪，勤修武備拔良材。

字由金箔上貼，民間俗云「金字牌」，訛傳至今稱「金字碑」。碑文反映此嶺道之地勢高竣，不僅眼界大開，飽覽雞籠山頭雪白積雪，也俯瞰到北關高低羅列之城池雉堞，一望無際的阡陌良田，連綿不絕的古樹深蔭。至於「海上鯨鯢今息浪」一句，坊間一般書籍論文竟然牽扯上海寇蔡牽、朱濆，實令人啼笑皆非，蓋二人入寇劫掠臺灣為嘉慶年間事，實在風馬牛不相及，此海上事件乃指是年美船羅蒙號（Rover）事件（詳見後）。

循碑前古道石磴上行約十餘分鐘之鞍部道旁，有咸豐元年（1851）5月淡水同知朱材哲出示勒石之「禁伐道樹碑」，碑文迻錄如下（碑文僅斷句，不標點）：

62　同註59，頁420。

奉 憲 示 禁

署臺灣北路淡水總補分府加十級紀錄十次朱為示禁事、
本年三月初三日據生員連日春、林俊英等僉稱、竊生等
住居三貂該處所、有三貂大嶺逶迤十里、係淡蘭來往必
經之途、羊腸鳥道險峻非常、所幸綠蔭夾道、遮蔽行人、
詎爾來無知之徒、只顧利己、恣意燒林、將兩旁數木漸
行砍伐、遂使行者有薰蒸之苦而無陰涼之遮、舉步維艱、
息肩無地、生等步行經此、目擊心傷、緣思蘭前憲徐、
曾於轄內草嶺示禁、道旁左右留地三丈不准斲伐、三貂
嶺倍難於草嶺、非蒙出示嚴禁、諭飭該處隘丁及總董正
副人等、嶺路兩旁留地、不准砍伐樹木、其已經砍伐之
處不准開墾、以俟萌芽之、生旅可以有賴、憲澤可以覃
敷、伏乞恩准示禁嚴飭隘丁等著意看守嶺路樹木、遇有
故違者、即當諭止稟究、永遠遵行無懈、則此嶺樹之陰
森、無異甘棠之蔽芾遐邇被德、萬代公侯切叩等情、據
此除批示外、合行示禁為此示仰三貂堡等處衿耆總董庄
正副隘丁人等知悉、爾等須知道旁留樹原為遮蔽行人、
三貂嶺道路崎嶇、相距何止十里、若非樹陰遮蓋、夏秋
炎熱行旅維艱、自示之後、該處路旁樹木各宜加意保護、
前經砍伐者毋許開墾、俟其萌芽復生、未經砍伐者不准
再砍以資陰庇、如敢故違、著該地總董庄正副、責成巡
嶺民壯隨時諭止、倘有不法頑民恃強不遵、仍然砍伐、

許即扭稟赴轄、以憑究處、其各凜遵毋違、特示、茲我
眾等自示文以後毀壞、鳩集資費、爰立石碑以垂永遠
咸豐元年五月給

林 合成 連初敬
○○ 林士彥

連同興　莊恒茂
謝文根　新雙源　全　立碑

　　此碑由於被臺灣鎮總兵劉明燈素有名氣之三方古碑:「金字
碑」、「雄鎮蠻煙」及「虎」字碑,氣勢所奪,一直為人所輕忽,
其實以歷史文獻價值而言,此碑才是最重要的。觀此碑文,吾
人可以有以下幾點認知:

　　一、道光、咸豐年間淡蘭古道之往來路線是經過三貂大嶺
及草嶺,係淡蘭來往必經之途。

　　二、於道路之修護管理,官方已有示禁,規定道旁左右留
地三丈,不准砍伐樹木,以免行旅受蒸薰之苦,而無陰涼之遮。

　　三、此處設有隘寮,置有隘丁,其職責有巡嶺保護行旅,
兼有看守嶺路樹木之責,正可與諸文獻志書記載相印證。按宜
蘭僻處山地,所在生「番」出沒,易為藏奸之所,故吳沙開蘭
時,沿山設隘十一處以為防備(有隆隆、大溪、梗枋、白石、
乾溪、四圍山腳、鎮平、小員山、大湖、泰安、埤頂溪洲等)。
自噶瑪蘭收入版圖,楊廷理籌辦開蘭事宜,沿山次第設隘,添
設隘寮二十處:枕頭山、穎廣莊、大湖、內湖、叭哩沙喃、三
鬮仔、大埤、擺燕山、鹿埔嶺、員山、馬賽、施八坑、葫蘆堵、

泉大湖、四圍、柴圍、三圍、湯圍、白石山腳、金面山等隘。[63]
募舉隘首，選僱壯丁，堵禦生「番」，分管地段，防衛耕佃，以
及往山樵採諸民。至於隘首隘丁經費口糧之供給，楊廷理曾奏
請「所有隘首隘丁口糧，鉛藥辛勞之費，由附近承墾課地諸佃，
按田園甲數，均勻鳩給，責令隘首向佃科收，毋庸官為經理。」，
不過，至通判翟淦，以蘭屬佃民賦稅已重，再令勻攤隘費，恐
怕民力竭蹶，不堪其累，議請：「其附近山麓之荒林礫石瘠地，
准隘首召佃墾陞，列為不入額之款，傳作隘丁口糧，由官籌給，
以公濟公。」[64]自設隘寮後，生「番」斂跡，行旅無害，於是
伐木築路，闢地日廣，進墾愈速，奠定了開拓宜蘭良基。

　　四、官府禁止砍伐樹木，從前噶瑪蘭通判徐廷掄，以至朱
材哲之再度諭止，前後十年，似乎沒有多大效果。而且細審碑
文之涵義，似乎暗示恣意燒林，砍伐樹木，以開墾拓殖者，正
是三貂堡等處之衿耆、總董、庄正副、隘丁等人，我們參證上
引諸文，准隘首召佃墾新，恐為最大原因，於是乎各丁恃強貪
墾，砍伐林木。是以此次陳情是由生員連日春、林俊英等人出
面，而非由該地總董、庄正副出面，而且官憲也不得不重申示
禁，毋許開墾。

　　五、出面陳情者有生員連日春、林俊英等人，立碑者有林
合成、連初敬、連同興、莊恆茂、林士彥、謝文根等人，似印

63　《宜蘭縣志》卷三〈政事志〉，第一篇第二章第三節第二目「隘寮」（宜蘭縣文
　　獻委員會，民國58年12月出版），頁4。
64　姚瑩〈籌議噶瑪蘭定制〉，見陳淑均前揭書，卷七雜識，頁343~344。

證了前述乾隆末年連喬、吳爾二人入墾頂雙溪，暨嘉慶年間漳人連、林、莊、盧等姓，招佃入墾雙溪平林之說法。尤其連日春其人行實，基隆人蔡慶濤之手錄記載著：「連日春、三貂人，性情溫厚。三貂嶺路高崎嶇，炎夏之時，行貂嶺，汗流浹背，乃栽植榕樹，陰蔽道路，人免受蒸熱之苦。」[65]

　　要之，從「禁伐道樹碑」之立於咸豐初年，說明了三貂嶺此時已有相當程度之開發。

（四）三貂線的末段

　　淡蘭古道三貂線，在經過三貂嶺後，通蘭之末段，乃翻越隆隆嶺與草嶺山區，抵達噶瑪蘭，所經路線，〈臺北道里記〉續載：

> （三貂嶺），下嶺八里牡丹坑，本名武丹坑，武鎮軍隆阿改今名，有民壯寮守險於此，護行旅以防生番也。六里粗坑口，過渡。六里頂雙溪，有渡。八里魚桁仔，有溪。八里下雙溪，過渡為遠望坑民壯寮。里許至三貂大溪，西淡水界，東噶瑪蘭界。……過溪迤北轉東八里半嶺，四里草嶺，十里下嶺，至大里簡民壯寮則山後矣！[66]

　　《噶瑪蘭廳志》卷二〈舖遞附考〉「由淡入蘭道里記」亦載：

65　轉引自伊能嘉矩《臺灣文化志》中譯本（臺灣省文獻委員會，民國 80 年 6 月出版），中卷第十一篇第六章第一節第三項，頁 440。
66　同註 48。

……三貂大溪，淡蘭分界；西屬淡水，東屬噶瑪蘭。過
溪迤北轉東，近隆隆嶺為隆隆舖，歲有千總輪防於此。
由溪至半嶺八里，再四里草嶺，十里下嶺……一轉為大
里簡民壯寮。龜嶼適與之對，則山後矣。[67]

按，道光年間之牡丹坑位於牡丹溪河谷，與北源頭的石壁
坑、三貂村一帶，曾是著名產金區，於今金盡人去，已成昨日
黃花。溪水南下，至頂雙溪有柑腳溪來會，因有此二溪而稱雙
溪，並與下雙溪（貢寮雙龍村）相對稱。清代淡蘭往來即取道
河岸狹長谷地而行，頂雙溪乃是淡蘭官府正道所經之地，白蘭
氏所開山徑，楊廷理、林國華拓築之路，均於此相會合，由於
交通早闢，乾隆末年連喬、吳爾即已到此落戶，嘉慶年間形成
街肆，而為出蘭大站。古道沿雙溪河岸折向東行通魚桁仔，另
有小路接澳底，即今日雙澳公路前身。光緒廿一年日軍侵臺，
由澳底鹽寮登岸後，即順此路線北上，翻越三貂嶺。魚桁仔位
於雙溪河南岸，地近貢寮鄉界，昔時居民於溪中置漁具魚桁仔
捕魚而得此地名。古道由此渡河到貢寮，河谷漸開，視野一闊。
雙溪河在貢寮附近納石壁坑、枋腳二溪之水，河寬湍急，由此
以下又稱三貂溪，清代淡蘭即以此為界河，河西屬淡水廳，河
東則為噶瑪蘭界。古道渡河處即今渡船頭地方，貢寮鄉公所建
有明燈橋溝通兩岸，過橋已達遠望坑口，草嶺古道即沿遠望坑

---

[67] 陳淑均前揭書，卷二〈規制〉，舖遞附考，頁46。

溪右岸進入。

　　要之，以上所記，大抵由嶺上直下牡丹坑，渡過三貂溪上游；然後循通往雙溪之公路，視河而行，抵於頂雙溪，過渡轉溪北傍山行，經魚桁仔，到達下雙溪之新社。末段，視界一開，轉為遼曠，這一帶小丘連接平洋，北方為舊社，東去為澳底社，南有遠望坑社，附近有吳沙之墓塋及昭惠廟。

　　遠望坑溪源自草嶺北麓，過橋即入山古道，此一草嶺古道，群峰疊翠，曲徑百迴，古道前段已闢為產業道路，山腹而上，古道路基猶存，頗多取材山中巨石切割成石板舖設。嶺道中今留有同治六年（1867）臺鎮總兵劉明燈之「雄鎮蠻煙」、「虎」字兩古碑，遂噪名一時，一般大眾誤認此一路段為淡蘭古道之最後一段，其中實大有商榷之餘地。前引唐羽鴻文，大作中考證出草嶺古道乃屬後出之路線，直到道光年間，才漸次成為入蘭孔道，而與三貂古道一路相接。其前應是薩嶺古道，前引諸文：「為入蘭初闢孔道」、「蘭初闢時，……三貂過隆隆嶺抵頭圍，係入山正道」及姚瑩〈臺北道里記〉中言隆嶺乃「嶺路初開」……云云，是隆嶺為更早於草嶺古道，是入蘭孔道之明證。[68]所謂隆嶺古道，入口之坑門係在福隆之內林溪，發源於隆隆山區。循小溪溯行，左側有一山脈為趨向福隆海岸之茗蘭山餘脈。行至舊草嶺隧道上方，有一楊姓為主之小聚落，即為內林。然後，取道山路向東南前進，經一地名「七星堆」之天然石塔附近，

68　唐羽前引文，頁215~217。

為古道之首段，唐羽曾二次進入其間，惜並未走完全程。宜蘭
縣文化中心之草嶺碑林小組倒是數度踏勘，並予以紀錄，茲摘
要如下：

> 自草嶺隧道「制天險」入口處，即為隆嶺古道……。日
> 人據臺開鑿草嶺隧道，日籍工程師於鑿成後死亡，其中
> 又有一鐵釘師傅，後人立碑以紀念之。……碑面已被水
> 泥「敷面」，上面依稀可見「……十月九日，……吉次茂
> 七郎紀念碑」。由隧道口登山，沿產業道路上約十分鐘，
> 至大榕樹石塔入口，由此上山，有一山中小渠，沿小渠
> 往左前行，即為古道。……約十五分鐘，有一福德正神
> 鐫刻牌位，祠旁兩邊有明治四十一年土地廟捐題碑，……
> 左側之碑為道光十九年菊月所立，其中有楊福壽等十八
> 名捐題名單。二十分鐘後在羊腸鳥徑，草葉繁盛之道旁，
> 石岩下有一小墳，鑲在大岩石底下，墓碑上（題）和邑，
> 咸豐三年吉旦，顯妣葉媽巫氏墓……（之銘）。過木橋轉
> 過隆隆溪，續行向前，梯田歷歷，種了眾多蟹行草，約
> 五分鐘斜坡而上，有舊屋數棟，此為福隆楊清海先生等
> 之故居，石塊堆砌整齊。……由此屋左有路上山，約二
> 十分鐘，山頂埡口在焉，有土地公祠遺跡，龜山島遠遠
> 在望，山海濱處，形成一弧形石礫，定置漁網、浮漂及
> 深藍、淺藍海水，甚為明晰，太平洋一望無際。石砌土

地廟聯曰：「金玉滿堂（上）、天地古今在（右）、日月萬
年光（左）、福德正神（中）」。

登上埡口，即可望見龜山，之後：

> 由埡口往左望，山頂猙獰突兀，為貓里山，其下即為福
> 隆，下山道路相當陡削，無路跡可循，只有水道依稀，
> 攀樹而下，險峻異常，路之左側，又見土地廟遺蹟，火
> 車過隧道聲，隱約可聞。下行約十分鐘，路左有數幢石
> 屋，排比齊整，格局完善，有人在此耕作，種植果園，
> 柑樹數十棵，金棗數棵，……路側則麻竹沖天，高可蔽
> 天，直徑竟達三十公分，環繞圍匝，土地公已被請下山，
> 四十多年前，此地人都走此道至福隆，鐵道通後，才改
> 走隧道內，下山之處，即為「國雲飛處」石額[69]。

以上從隧道口，行抵埡口，所費時間大約七、八十分鐘。
此一古道為「初闢孔道」、「入蘭正道」、「舖遞道」，今沿路仍留
有若干石屋、古墳、土地公廟，嶐嶐嶺為三貂線最早入蘭之正
道，應可確信。惜以道路險惡，尤逾草嶺，道光初年遂被取代，
《噶瑪蘭輿圖纂要》山水條載：

---

69 轉引自唐羽前引文，頁217。

　　隆隆嶺（上五里、下五里）：廳治地七十五里，……石磴
　　如梯，險逾草嶺；為入蘭初闢孔道，今改由草嶺[70]。

道光三年（1823）時任通判之呂志恆更明確地說出原因：

　　各前廳以蘭城運穀至淡交倉，陸程四日，中隔三貂、隆
　　隆二嶺，山徑崎嶇，牛車、腳力，均難挑運。若由烏石
　　港配船，載至八里坌口登岸，其間有雞嶼、卵鼻兩處，
　　港門淺狹，礁山纍纍，各色小船往來，出入維艱，且非
　　春末夏初，南風當令之時不可。工費浩大，風水堪虞。
　　議請每穀一石，變糶庫紋銀六錢，解府發交淡防廳採買。
　　又以糶價不敷買補，致奉議駁。而蘭地潮濕非常，食廒
　　貯滿，所有供耗支給蘭營兵食外，盈餘之穀日多，無廒
　　可貯，霉變糟朽，勢所不免。尤慮不肖官吏，乘機糶賣。
　　及至查參治罪，業經銀穀兩空[71]。

　　要之，乾嘉年間，由三貂社入蘭古道，係由隆隆嶺而非其
後之草嶺，嗣後因山徑崎嶇，不便牛車、腳力之挑運，於道光
初葉，被拓寬之草嶺古道所取代。然而草嶺古道雖因運輸方便
而使用，隆隆古道卻因路途較近而仍存在，成為「舖遞道」之
作用，兩路並存，以致界線糾葛不清，造成混淆，如柯培元《噶
瑪蘭志略》〈山川志〉記隆隆嶺：

---

[70]　同註 25 前揭書，草嶺條，頁 324。
[71]　陳淑均前揭書，頁 339。

> 礐礐嶺，在廳治北五十里，石磴如梯，為入蘭第一孔道，
> 亦名草嶺[72]。

又如頭圍縣丞王兆鴻咸豐八年（1858），為表揚吳沙立「昭績碑」，於文中敘及闢地事功時，竟云：

> ……日久人眾，闢地益進，三貂、草嶺之開，彷彿如有
> 神助……[73]。

均可說明時人以訛相傳，產生混淆，界線不清。草嶺古道之修拓乃是道光初年修成，改由基隆經今瑞芳而入頂雙溪之嶺路，據仝卜年〈修三貂嶺路記〉述：

> （道光）辛卯（十一年，1826），通守蘭陽，路出新莊，
> 乃知君（指林平侯）賦閒後，為淡寓公。淡去蘭不遠，
> 遂匆匆就道。踰三貂嶺，見夫蠶叢萬仞，拾級而登，無
> 顛趾之患。欲悉其詳，求碑文不可得，咸嘖嘖頌君砌石
> 之功不置。君，義聲眾著……余生平樂道人之善，矧此
> 舉一力獨肩，深合禦災捍患，有功於民之義乎！……是

---

[72] 柯培元前揭書，卷二〈山志川〉草嶺，頁 17。

[73] 引自陳進傳《清代噶瑪蘭古碑之研究》（左羊出版社，民國 78 年 6 月出版），頁
145。

役也，鳩功於道光三年（歲在癸未）仲春，兩閱月而工
葳。君名平侯，號石潭，龍溪人[74]。

林平侯為當時淡北首富，田地遍及噶瑪蘭。自道光以降，
於頭圍從事水利建設與土地開墾，設有租館，並派人管理其名
下土地、租穀等，連橫《臺灣通史》林平侯列傳云：

> 平侯……歲入穀數萬石，已復開拓淡水之野，遠及噶瑪
> 蘭，所入益多，遂闢三貂嶺，已通淡蘭孔道[75]。

可知林平侯之修闢此路，亦出於己方所需，而官方遂假手
林氏，完成此一交通道路，藉以運米入淡，我們不妨稱此路為
古之產業道路。復因闢路為林家己身所需，所以其後仍修葺不
斷，全卜年前揭文附識云：

> 淡蘭接壤，自荖仔潭至大里簡七、八十里，嶺道溪梁，
> 年需修葺。伊子國華，繼志不懈，附識於此[76]。

又楊浚在《冠悔堂詩鈔》之「題鷺江感舊」詩中小序，言
及林國華捐修草嶺道路，云：「由淡水赴噶瑪蘭，必經三朝嶺，
多陰雨苦滑，公獨立捐修，相傳公為嶺神降生者。[77]從「嶺神」

74　陳淑均前揭書，卷八雜識「全卜年修三貂嶺路記」，頁388。
75　連橫《臺灣通史》卷33列傳5「林平侯列傳」（臺銀文叢第一二八種，民國51
　　年2月出版），頁928。
76　同註74。
77　伊能嘉矩前揭書，頁440。

此傳說之歌頌，可窺見時人對林家修路功德之感戴謝恩。

　　此路遂取代隘嶺古道，一變為淡蘭正道，並且路況良好，「修整寬平，行旅往來不絕」。[78]入蘭古道在通過隘嶺或草嶺以後，則到達俗稱「草嶺腳」之大里簡海岸（今頭城鎮大里里）已是噶瑪蘭界，大里簡位於草嶺腳古道出口處，清代於此設有民壯寮，置兵防「番」以保護行旅之安全。由此沿海岸南行，經頭城，過北關、礁溪，達廳治所在地宜蘭城。〈臺北道里記〉述：

> 自（草嶺）此以下，皆東面海，為蘭北境。沿海南行，十里蕃薯寮，七里大溪，五里梗枋，皆有隘，設丁防護生番。四里至北關，至此入海，……八里烏石港，水自叭哩沙喃出，……港口沙線一道如蛇。……更二里乃至頭圍，二十五里則五圍蘭城矣。[79]

　　此段路程雖短，而途中怪石磷峋，較少平地，其間如外澳之金斗公廟附近，以及北關二地，石脈一線，由山巒分出，直伸海中，阻斷行人循海岸而走，艱苦萬分。而金斗公廟所在，有一與劉明燈有關之傳說，附記於此，以為資談：

> 金斗公所在，為一石脈由山上通入海中之地形，脈上石巖，密集兩側，北向者，石皆朝北，南向者，石皆向南，中間一小巷，狹窄可通。當劉明燈巡視入蘭時，度其轎

---

[78]　陳淑均前揭書，頁350。

[79]　同註48，頁92。

可穿過，但一入巷，即被夾石間，前進不得，如此進退
數次，無法可施。最後，下轎而禱，始得通過[80]。

蓋金斗公廟附近石巖下，堆積海難遇險之無主枯骨，年久
累累，未曾歸土，後受劉明燈之祈封，於光緒元年（1875），由
祈求者建立祠宇於海濱石脈盡頭。

此外，礁溪鄉之協天廟亦留傳一有關劉明燈傳說，順帶一
筆：

協天廟是福建漳州人林楓命其子林應獅、林玉樟等人至銅
山縣關帝廟分靈安奉，於嘉慶九年（1804）現址建廟供奉。初
時乃簡陋之草寮茅屋，至咸豐七年（1857）始改為土牆瓦頂，
並於廟後遍植楓樹，每當秋雨，滿園朱紅，頻添勝景。同治六
年（1867），臺鎮使者劉明燈北巡至此，曾駐宿本廟，其隨從士
卒劈砍楓樹當柴薪，觸犯神威（蘭民俗稱楓樹為神樹，不得砍
之，或可能因尊敬林楓創建之功，而「林楓」「楓林」義同辭同，
遂尊楓樹為神樹，不得砍伐不得褻瀆；也有謂此楓樹為此地靈
之龍麟，不得砍之，以致全體部屬染疫病倒。劉明燈見狀，乃
跨廟步殿詢問神意，不小心將鞋尖踢到戶碇（門檻），偶一抬頭，
惟見關聖帝君怒目注視，悚然一驚，惶然呼曰真神也，遂跪拜
求赦，病者立即痊癒。以後返回京師表請皇帝敕建協天廟，遂
有「敕封協天廟」之稱。

---

[80] 唐羽前引文，頁 220。

　　總之，陸路之行，由淡赴蘭，率苦三貂之險，故屢有建議新闢便道者，今昔滄桑，有所變遷，前段（西段）三貂嶺有白蘭古道、楊廷理新路之別；末段（東段）又有隆嶺、草嶺之分，茲將歷來有關道路史料，整理列表如後，以醒眉目：[81]

編號	古道年代	路名	開路與修路或紀述者	起程與沿途所經路線	出處
1	乾隆中葉以前	蛤仔蘭孔道		自淡水東北行，經八堵、雞籠、過深澳、至三貂，取道隆隆嶺。	噶瑪蘭志略。
2	乾隆中葉	（舊道）	土著白蘭	由暖暖、三爪仔過三貂嶺，經頂雙溪。又一說由暖暖街直接入山，經十分寮、楓仔瀨，經頂雙溪。	臺北縣志、杉山靖憲《臺灣名勝舊蹟誌》。
3	乾隆末葉迄嘉慶中葉	入蘭初闢孔道		由三貂社經內林、七星堆、隆隆嶺、石磴如梯，為入蘭初闢孔道。	《臺灣府輿圖纂要》之〈噶瑪蘭廳輿圖〉。
4	嘉慶十二年間	（楊廷理）新路	楊廷理	自艋舺，至錫口，至水返腳，至七堵，至蛇仔形住宿。蛇仔形二十里至武丹，至丹裡，至三貂社，可住宿，三貂五里至隆隆，至卯裏嶺腳，至大溪，至烏石港。	《噶瑪蘭志略》之謝金鑾〈蛤仔難紀略〉。
5	嘉慶中、末葉	入蘭正道		由淡水、三貂過隆隆，抵頭圍，係入山正道。	《噶瑪蘭志略》之〈雙銜會奏稿〉。
6	道光三年	三貂嶺道路	林平侯	自荖仔潭至大里簡，七八十里，嶺道溪梁，年需修葺，伊子國華，繼志不懈。	《噶瑪蘭廳志》之「全卜年修三貂

---

[81] 本表與前表皆據唐羽前引文之表格，進一步整理補充而成，前人奠基之功，筆者不敢掠美，特此說明。

					嶺路記」。
7	道光四至五年		呂志恆	刻下三貂正道，大半業已修整寬平，行旅往來不絕。	《噶瑪蘭廳志》之「噶瑪蘭定制」籌議。
8	道光九年	臺北道里記	姚瑩	由艋舺北行，過錫口、南港、水返腳、一堵山、五堵、七堵、八堵、暖暖、碇內過溪、楓仔瀨、復過溪、鯽魚坑、過渡、伽石、三貂（爪）仔、芋仔潭過水、三貂嶺、嶺頂；嶺路初開，窄徑懸磴甚險，肩輿不能進。牡丹坑、粗坑口過溪，頂雙溪，有渡，魚桁仔有溪，下雙溪過渡，遠望坑民壯寮，轉東半嶺、草嶺、下嶺，至大里簡民壯寮，番薯寮、大溪、梗枋、北關，至烏石港。	姚瑩《東槎紀略》之〈臺北道里記〉。
9	同治年間	總兵巡閱路線	臺灣總兵劉明燈	由艋舺營北行，經錫口、水返腳、五堵、六堵、七堵、暖暖嶺、三瓜仔、三貂嶺、大里簡、北關、頭圍、三圍、噶瑪蘭城。回程由原途至七堵轉往雞籠，再循原路回艋舺。	《臺灣兵備手抄》。

　　有關整個淡蘭古道路線之分佈，之變遷，之興廢，已探討如上，茲再略述築路修道所需花費，以為本節之結束。

　　按，前述諸道路之開闢修築，其路線既廣泛多歧，興修年代不一，很難予以估算，遑論精確，不過宜蘭現存有道光十年（1830）二月之「林廣懷鋪路捐題碑」之拓本，其碑文略述：「聯首林廣懷，街長吳尚儒、蔣昆、陳聽、耆老鄭性愚」等人，顧慮來往行人之困頓，體念擔任負載之艱辛，「於是傭工石以造道路，俾億兆徘徊於大道者，無顛躓之憂行，止於周行絕少崎嶇之患」，在眾人出銀鋪路之下，「備石僱工鋪路二佰三十一丈，

每丈工銀八角,共去工石佛銀一佰八十八元」,另外「石碑運費大小價工什費,共銀貳拾肆元」。[82]據此碑文所載道光十年之工價為基準,則道光三年去時未久,自然可供參用。林家所修道路「自莩仔潭至大里簡七、八十里嶺道溪梁,年需修葺」,案計里之法,向以營造尺一百八十丈為一里[83],則一丈工銀八角,林家修路所費,一年至少也要一萬一千五百二十銀元,實在所費不貲。[84]恐怕在當時,也只有林家有此能力負擔,也難怪林國華有「嶺神」之稱號了。

第四節　劉明燈北巡背景與在臺事蹟

在金字碑的題款勒石上,寫有「劉明燈北巡過此題并書」的字樣。劉明燈的官銜總稱是「提督軍門、臺澎水陸掛印總鎮斐凌阿巴圖魯」,「巴圖魯」便是滿洲語 Bat'turu,有武勇或勇悍之義,清朝無分滿漢,對於經實戰而軍功顯著者,授與此稱

---

82 陳進傳前揭書,頁 118。按原書中作「備五僱工鋪路……」,「五」為「石」之誤,茲於文中逕改。

83 屠繼善《恆春縣志》卷一〈疆域〉(臺銀文叢第七五種,民國 49 年 5 月出版),〈前後山道里紀〉云:「案計里之法,向以營造尺一百八十丈為一里。」,頁 38。

84 筆者推算林家修葺道路,需費銀萬元,再參考姚瑩《籌議噶瑪蘭定制》中所載:「噶瑪蘭應修備道二條,一由艋舺之大坪林進山……始抵東勢之溪洲……一由竹塹之九芎林進山……可由東勢之小叭哩沙喃口……計程皆應三日……若欲進山修築,須得溪流乾涸之際,各負乾糧,執持器械,結隊前進,以防生番肆殺,野獵搏噬。需數載之久,始能將事。計其工費,非萬金不可。」據此佐證,應不致於過份誇大離譜,附記於此,以就教方家。

號，名為「勇號」，共分兩類，一類僅稱「巴圖魯」，一類再於
其上加字號，其中又分清字（指滿語漢字譯音）勇號與漢字勇
號兩種，「斐淩阿」則為清字勇號。「掛印」係掛正形官印。清
制，地方文武官吏印信，共分三種：一銀質、一銅質、一木質。
正方者名印，文曰某某官之印；長方者名關防，文曰某某官之
鈐記。印上之字，銀銅兩種，皆篆文、滿文各居其半；木質者
無滿文，全用宋體楷書。銀銅印及關防上篆文之體，亦分三種：
督撫及司道官，皆秦篆；府廳州縣皆垂露文，垂露文者，每直
之末，皆綴有一小圓點如珠形；武職所用者，皆仿天發神讖體，
每筆之兩端，皆作尖形。以各省言，銀質者，文官僅總督巡撫
關防及布政使印，武官僅提督印及總兵關防。提督軍門，係掌
理防守、稽查等軍務之謂。[85]

　　劉明燈於同治五年（1866）十二月調補臺灣總兵，並帶楚
軍新左營來臺，首開率勇渡臺先聲，九年正月，奉旨回湘募勇。
關於劉明燈其人其事，《清史》卷六十有傳：[86]

　　　劉明燈，湖南永定人。咸豐十年，由武舉赴襄辦兩江軍
　　　務四品京堂左宗棠軍營，隨同剿賊；攻克江西德興及安
　　　徽婺源等縣有功，保千總並加守備銜。時逆酋李世賢率

---

[85]　沈雲龍《近代史事的人物》之〈清代地方官吏之印信〉（大西洋圖書公司，民國
　　　59 年 4 月初版），頁 29。

[86]　《清史列傳選》劉明燈條（臺銀文叢第二七四種，民國 57 年 6 月出版），頁
　　　296~298。

眾竄江西樂平，明燈拔營進剿，擒斬悍賊甚眾；建德、德興股匪不能支，大破之。詔以都司儘先補用，並賞戴花翎。同治元年，攻克浙江開化、遂安、江山及衢州府城，詔以參將留浙江補用。二年，統帶新左三營；又克復湯溪、龍游、蘭溪、金華，斬逆目偪天豫、謹天豫，拔難民數千。十二月，乘勝進攻餘杭，克之，遷副將；武康、德清、石門竄賊以次蕩平。閩浙總督左宗棠上其功，得旨：交軍機處存記，遇有閩浙總兵缺出，請旨簡放。三年，湖州之賊分竄衢、嚴，意圖復逞；明燈率所部會同黃少春各軍出蜀口，扼要兜剿。復追擊逆首洪幅瑱於昌化，斃悍賊萬餘，斬賊目莫桂先、李士貴等於陣；賞加提督銜。

四年三月，補授福建福寧鎮總兵。四月，統領五營由福建興、泉赴安溪邊界，相機進剿。七月，馳抵武坪，進攻下灞，擊汪逆海洋於廣東鎮平縣，克之。會簡桂林、賴長立等營駐軍西洋市，偪攻嘉應州；城賊負嵎自固，不能制。明燈疾督前隊直前，並力合剿，遂復其城；賞加「斐淩阿」巴圖魯勇號。

五年，調補臺灣鎮總兵，並帶楚軍新左營。

九年正月，回籍募勇，赴甘肅援剿回寇。八月，行抵平涼大營，與寇戰於靜寧、秦安、清水，連敗之。即以得勝之師進攻狄道、渭源，賊望風遁去，河州金積堡逸匪及岷州潰卒皆就撫；詔以提督遇缺題奏。十一年，派委

統領安西各軍。十二年正月，克復巴燕戎城，交部優敘。
三月，進規循化，攻破上四工、下四工、卞勤等處，窮
回乞撫，盡繳軍器、馬匹。四月，又收復迪化。十三年，
關內肅清，仍帶安西中營駐防碾伯。

光緒元年，移駐西寧。二十一年二月，卒。遺疏入，諭
曰：「已故遇缺題奏提督、前任總兵劉明燈，於咸豐同治
年間隨同左宗棠轉戰江、浙、陝、甘等省，疊克名城，
卓著功績。著准其照軍營功後病故例，賜卹；生平戰功
事蹟，並著宣付史館立傳：以彰勞勣」。尋賜祭葬。

此傳與故宮所藏「咨送總兵劉明燈出身履歷」（摺包二六二
五號）有所出入，摺包中記載劉明燈於同治五年十一月廿四日，
朝廷下旨委任臺灣鎮總兵，於五年十二月八日抵臺履任，七年
十月奉旨回籍募勇赴甘助剿，於七年十二月交卸。經查鄭喜夫
所編《官師志》之武職表，記劉明燈「同治五年十月二十四日
由福寧總兵調任，六年到任；同治七年十月初一日開缺」又有
出入，似應以摺包所載為是。

傳中於劉明燈在臺事蹟，幾無一語提及，實則劉於在臺任
內，除了搜捕戴潮春案餘黨外，最重要者乃是處理美國商船羅
蒙號（Rover）事件。[87]

---

[87] 有關羅蒙號事件始末，茲據下列三書改寫而成：(1)《臺灣省通誌》卷三〈政事
志外事篇〉第二章第四節（臺灣省文獻委員會，民國 60 年 6 月出版），頁 71~75。
(2) 伊能嘉矩《臺灣文化志》中譯本下卷第十三篇第七章（臺灣省文獻委員會，

　　同治六年二月（1867 年 3 月），有美國三檣帆船羅蒙號（或譯作羅妹號、羅發號），自汕頭駛往牛莊，途遇颶風，漂流至臺灣南岸，觸七星岩礁沈沒，船長及水手共十四人駕小船逃至琅璚龜仔角登岸，遭當地社「番」殺害，僅餘一名華人水手得脫，旋經琅璚匠首人等隨貨船送至打狗，報告英國領事館。因此美駐廈門領事李仙德（C. W. Le Gendre，或譯李善得、李讓禮）至臺興師問罪，照會臺灣鎮總兵劉明燈、臺灣道吳大廷，請加以查辦。劉、吳以「臺地生番，穴處揉居，不隸版圖，為王化所不及」為由搪塞。李仙德與美艦則擅自登岸查辦或報復，均無功而返。總理衙門恐事端擴大，乃請旨令閩省督撫轉飭鎮道迅速處理。

　　七月，令下。臺灣鎮總兵劉明燈於八月十三日先帶所部兵勇五百名由郡城（台南府）起程，一路斬荊開路，添募勇丁，各給旗幟，分紮各莊。南路海防兼理番同知王文棨則與李仙德由水道出發，至琅璚灣（今車城）上陸，雙方相會。九月，劉明燈移軍大繡房莊，以剿、撫兩策相詢於吳大廷，吳氏以「不可剿」五條理由勸說，打消剿「番」行動。時李仙德亦私下與「番」社頭目卓杞篤和解，訂約和息，結束羅蒙號事件。事後劉明燈應李氏之要求，及鑒於該處戍防不足，主張添設營汛，在福州將軍英桂支持下，議妥辦法如下：鳳山縣治以南六十里

之枋寮，為防「番」重地，將鳳山縣屬之興隆里巡檢，改駐枋寮。並撥臺灣道標、臺灣南路營兵弁，合成一百名，同往該處駐紮，經理護洋防「番」各事。又就當地閩粵「番」三籍民人，每籍挑選正副隘首二人，又隘丁五十人，各就所居，分設隘寮，逐段防護，如遇洋船遭風，隨時救援，轉送地方官，按約妥辦。以上均歸枋寮巡檢、千總就近督率，仍由臺防理番同知管理，並責成鳳山縣一體稽察。

此次事件能不動干戈，順利解決，而且劉氏所主張添設營汛，佐以屯弁護洋防「番」之建議也能達成，其心中之躊躇得意可想而知，不免自我表彰一番，遂在車城福德祠外題贊勒石（此碑仍存，今在福安宮），文曰：「奉君命，討強梁，統貔貅，駐繡房，道塗闢，弓矢發，小醜服，威武揚。增弁兵，設汛塘，嚴斥堠，衛民商，柔遠國，便梯航，功何有，頌維皇。同治丁卯秋，提督軍門、臺澎水陸掛印總鎮斐凌阿巴圖魯劉明燈過此題。」

明白此，自會了然劉明燈於同年歲末北巡臺灣，在三貂嶺金字碑末句「海上鯨鯢今息波，勤修武備拔良才」一句之由來了。

同治六年是劉明燈百事順遂的一年，同年歲末率兵北巡，留下了膾炙人口的「金字碑」、「雄鎮蠻煙碑」、「虎字碑」的事蹟。先是康熙六十年（1721）朱一貴亂後，清廷為革新臺政，擴張武備，將當時分巡臺廈兵備道改為分巡臺廈道。除道員節制總兵之特例，將兵權完全委任總兵，使其專負鎮撫彈壓之責。

雍正十一年（1733），復援山西、陝西沿邊之例，陞為掛印總兵，授與印信。清代總兵有巡閱營伍之責，臺灣總兵初為一年南巡，一年北巡，稱為分巡，乾隆末年則改一年總巡南、北一次，巡閱時間大抵在十月以後，封印以前，其原因有二：蓋其時歲末宵小易生，藉巡視營伍，鎮清郡邑，得消其亂萌，且時農功閒隙，道路供給，夫差較便。[88]此所以說明劉明燈何以會在歲末冬月北巡淡蘭之原因。

總兵在出巡需先發告示，由臺灣知府轉知屬下各官。除出告示外，鎮署也需準備出巡時應攜帶之人役和物件，如字旗、隊伍旗、馬料、槓擔轎等等，均需事前檢查備妥。諸事停當後，尚要發牌曉諭軍民，牌示巡閱日期。出巡攜帶人役，初只能帶親標兵一、二十名，吃住必需自帶帳房、鍋鑣。然而，事實上不可能自備吃住，以後臺鎮又需在巡行途中覆勘刑案，處決人犯，則所需的人員更多，有師爺、巡捕、稿科、巡書、管隊、管軍裝、戈什哈、門政、旗牌、三堂茶房、剃頭匠、大轎、馬頭、摻轎、巡捕跟丁、師爺跟丁、總帶官、稿房、親標兵……等等[89]。洋洋大觀，浩浩蕩蕩，但不知當年劉明燈北巡，攜帶

88　姚瑩《東溟文集》卷四〈上孔兵備書〉，收於《中復堂選集》（臺銀文叢第八三
　　種，民國49年9月出版），頁11。

89　有關臺灣總兵出巡諸多事項，頗為瑣碎，《臺灣兵備手抄》中「出巡事項」（頁
　　291-122）有詳盡記載，茲因文長且瑣細，轉錄在附註部份，以免佔正文之篇幅：
　　出巡事項
　　　南北巡預先數日前，向左軍府汛衛門取白牌一支，明油紙一張，大條紅紗一
　　只，小鐵釘二十四支，竹板四枝。以上數件係發馬牌用的。

又欲出巡數日前，查明帥字旗，隊伍旗：頂馬官紅紬弓箭套一副，油布漆紅一副；擺馬官月紬弓箭套二副；油布套二副，背印背令，黃帶三條，小印箱，黃紬披綿印箱套一個，紅紬金字封條二條；令箭月紬套二個，油布套二個。以上數件交管太平庫收的，前數日取出來看，若有破壞不堪用，即將舊物挐到營中吩咐換新回來，仍交管太平庫收存。

出巡應用物件，前數日向臺灣縣辦差取來油紙、葉簍（四行八人一擔，隊伍十人一擔）、麻繩、竹梆、明瓦燈、桃紅布、水桶、天地蓋。以上數件，隨時斟酌應用若干，開單向辦差取來，分與各行。

又向值月中軍府取大人出恭燈一支，係小雨傘，兩邊畫如意，帶竹燈架一支。

每日員弁書吏及四行口糧：總帶六元，協帶四元，或二元不等，巡捕二元，門政二元，稿房二元，房科每名一元，幫寫一元，小寫一元，頂馬一元，背印一元，擺官、背令、管隊、管軍裝等官，千把一元，跟丁各二名，外額半元，跟丁各一名。管軍裝加跟丁二名。管賞號半元。效用二百文。其餘向外四行跟丁馬差等每名每日一百二十文。稿房跟丁三名，巡捕三名，科房一名，門政跟丁一名。總帶稿房每日一元，幫寫半元，協帶稿房每日一元，幫寫四百文，掌標四百文。

每日馬草料：大人坐馬每匹每日一元，總帶協帶、坐馬每日一元，巡捕坐馬每日一元，稿科坐馬每日一元，其餘各官坐騎現馬每匹每日三百文。到南路營，每匹貼站銀二元。到淡水，每匹貼站銀一元。

尖宿站席棹：師爺一席，巡捕一席，稿科等一席，巡書一席；印令，頂、擺馬一席，管隊、管軍裝一席，戈什哈一席，門政一席，旗牌一席。以上係上席。三堂、茶房、剃頭匠一席，四行三席，大轎三席，馬頭一席，摻轎一席，巡捕跟丁一席，師爺跟丁一席（師爺有上席，跟丁即無中席；若師爺同大人一席，跟丁即有此中席）。以上俱中席。總帶官一席，稿房一席，四行中二席，大轎中一席，協帶官上一席，稿房及四行同總帶。

應派馬匹開單向中營取討：巡捕每員一匹，稿房一匹，門政一匹，背印一匹，背令一匹，頂馬一匹，擺馬二匹，戈什哈三匹，茶房、三堂一匹，剃頭匠一匹，旗牌二匹，管賞號一匹，隊伍官、軍裝官每員一匹，小寫一匹，四行三匹，馬頭一匹，師爺跟丁一匹，巡捕跟丁一匹，稿房跟丁一匹，門政跟丁一匹。

應用楨擔轎：

楨：大人行李四楨，師爺一楨，巡捕一楨，門政一楨，稿科二楨，賞號二楨，廚房一楨。

了多少人馬？又如何率領此大批人馬越過淡蘭古道這一蠶叢鳥
道？

　　巡閱路線，早期北巡路線自無噶瑪蘭其他，之後設廳，自
然也列入巡閱路線之中，但總兵不一定每年都去，同治末年所
留下來之《臺灣兵備手抄》，紀錄了翔實的巡閱里程及宿尖路
站，北路自郡城（臺南）小北門起，至噶瑪蘭營止，計程六百
九十九里，其間路線，因文長，謹附於註釋中，以免佔正文篇
幅過鉅，茲僅以艋舺為往返之起終點，簡化如下，以明梗概：[90]

　　轎：師爺一把，門政一把，巡捕一把，稿科一把，科房每名各一把，幫書一把，
　　小寫每名一把，另旗牌一把，戈什哈一把（此二把係他自己向縣取討，並不可開
　　在單內。縣中有出，亦有不出）。

　　擔：師爺一擔，巡捕每員各一擔，稿科二擔，科房每名一擔，印令、頂擺馬、軍
　　裝、管隊官每員各一擔，賞號一擔，門政一擔，戈什哈三擔，旗牌二擔，小寫每
　　名一擔，馬頭看馬匹多少，大轎三擔，三堂、茶房、剃頭匠二擔，四行四擔，號
　　手一擔，廚房一擔。

　　皮椅夫一名，茶擔夫二名。

　　其餘總帶、協帶及精兵俱係他自己另開。所有隨帶鉛子、火藥、軍裝，均係總帶
　　官開來，則將單回明。

　　總帶官大轎一把，天地蓋一槓，擔二擔；稿房轎一把，擔一擔；傳號旗茶轎二把，
　　幫寫轎一把，跟丁轎一把，四行擔一擔。以上轎、槓、擔應配夫，向係夫頭由縣
　　中與差總酌定夫價，係中縣出的。

　　總帶官隨帶書吏四行人等：

　　稿書一名，每日口糧銀一元；傳號一名，每日口糧銀半元；幫寫一名，每日口糧
　　銀半元；旗牌一名，茶房一名，跟丁一名，號手二名（食三名口糧），四行四名，
　　內丁家旗茶十名。以上旗茶四行等共二十名，每名每日口糧錢一百二十文。

[90]　《臺灣兵備手抄》中〈臺灣北路汛塘尖宿里站〉（臺銀文叢第二二二種，民國55
　　年2月出版），頁15~18，茲迻錄全文如下：
　　〈臺灣北路塘汛尖宿里站〉

自郡城大北門起，四里至右軍柴頭港汛（兵五名），六里至鳥菘塘（兵七名），五里至溪邊塘（兵五名），五里至木柵塘（兵五名），計程二十里，打尖；十里至水堀頭塘（兵五名），十里至茅港尾汛（外委一員，兵二十五名），計程二十里，住宿；十里至尖線橋塘（兵五名），十里至急水溪塘（兵五名），五里至北勢埔塘（兵十名）；以上係臺灣縣境。

五里至下茄冬汛（駐右軍守備一員，輪防千總一員，兵九十一名），計程三十里，打尖；十里至八漿溪塘（兵五名），五里至嘉義營八漿溪塘（兵十名），五里至水堀頭塘（兵六名），十里嘉義縣城（駐參將一員，守備一員，把總二員，外委一員，額外四員，兵四百四十名），計程三十里，住宿。城外汛山底塘（把總一員，管轄兵六名），五里至牛稠溪塘（兵五名），五里至打貓汛（兵五名），十里至大埔林汛（該汛分防外委一員，兵二十二名，係斗六門都司管轄），計程二十里，打尖；十里至他里霧汛（該汛分防外委一員，兵四十名，係斗六門都司管轄），十里至斗六門汛（兵一百五十名），計程二十里，住宿；以上係嘉義縣境。

十里至北路中營觸口汛（額外一員，兵三十名），十里至林圮埔汛（外委一員，兵三十名），計程二十里，打尖；十里至水沙連汛（係嘉義營管轄，千總一員，兵九十名），計程十里，住宿；二十七里至北路中營大嗦南北投汛（把總一員，兵八十九名），計程二十七里，打尖；四十五里至北路中營彰化縣城（駐副將一員，都司一員，千總一員，外委一員，額外一員，兵六百名，抵塘兵六名），計程四十五里，住宿。

又斗六至彰化路站二十三里至三塊厝，十里至枋橋頭塘（兵五名），十里至燕霧汛（把總一員，兵三十名），計程四十三里，打尖；十里至赤塗崎塘（兵五名），十里至彰化縣城東門外八卦山汛（把總一員，外委一員，兵一百名，內撥把總一員，兵六十名，分防許厝埔），計程二十里，住宿。

外四汛（把總一員，額外一員。分駐牛罵頭、大肚塘二汛）：彰化北門十里至大肚塘（額外一員，兵十五名），十三里至沙轆塘（兵五名），五里至牛罵頭汛（把總一員，兵二十五名），計程二十八里，打尖；以上係彰化縣城。

十五里至北路右營大甲汛（守備一員，千總一員，把總一員，外委一員，兵二百名），計程十五里，住宿；十里至貓盂塘（兵五名），十里至吞霄汛（外委一員，兵三十名），計程二十里，打尖；十五里至白沙墩汛（外委一員，兵十名），十五里至後壠汛（千總一員，兵五十三名），計程三十里，住宿；十五里至中港汛（把總一員，外委一員，兵五十八名），計程十五里，打尖；十里至老衢崎，十里至

香山塘（兵十名），十里至北路右營（係竹塹城，駐遊擊一員，千總一員，外委一員，額外一員，兵二百八十八名），計程三十里，住宿；十里至鳳山崎；十里至大湖口，十里至崩碑，十里至楊梅壢汛（把總一員，兵六十七名），計程四十里，打尖；十里至長重溪，十里至中壢（竹塹至此實五十五里，先無公館，至同治八年，署淡水廳陳司馬罰款蓋建公館，立有碑記，至此宿站），十里至內壢，十里至崁腳，十里至桃仔園汛（把總一員，兵二十五名），計程四十六里，住宿；十里至艋舺營陸路龜崙嶺塘（兵十名），十里至大坵田，十里至海山口汛（外委一員，兵九十名），五里至艋舺營（駐水師參將一員，陸路守備一員，外委一員，額外一員，兵三百一十五名），計程三十五里，尖宿；十五里至貓裡錫口，十五里至水返腳汛（外委一員，兵三十名），計程三十里，打尖；十里至五堵，十里至六堵，五里至七堵；十里至暖暖嶺汛（兵七十名），計程三十五里，住宿；二十五里至三爪仔汛（外委一員，兵十名），計程二十五里，打尖；二十五里至三貂汛（把總一員，兵三十名），計程二十五里，打尖；以上係淡防廳境。

十五里至大里簡民壯寮礐礐汛（千總一員，兵五十名），計程十五里，打尖；十五里，至北關汛（外委一員，兵四十名），十五里至頭圍汛（守備一員，外委一員，兵一百名），計程三十里，住宿；二十里至三圍塘（兵十名），十里至噶瑪蘭城汛（都司一員，千總一員，外委一員，額外二員，兵三百六十名），計程三十里，尖留。

回郡由噶瑪蘭營原途至七堵渡頭分路，十里過大雞籠汛（輪防千把總一員，兵一百五十名），宿；由大雞籠原路回艋舺，艋舺坐船往滬尾（須俟潮水流赴水洋，係內港，多小船），三十里由陸路小路轉折，蕎馬難行（路程三十五里）。

由艋舺原路回郡，至彰化大肚分路，二十里至鹿港（駐水師，臺協左營遊擊一員，千總一員，把總二員，外委二員，額外二員，兵三百七十七名），計程二十里，住宿；二十里至小埔心，計程二十里打尖；二十里至西螺汛（把總一員，外委一員，兵五十九名），計程二十里，住宿；以上係彰化縣境。

二十五里至大崙腳汛（外委一員，兵三十九名），三十里至塗庫，計程二十八里，打尖；二十五里至笨港汛（千總一員，外委一員，兵八十九名），計程二十五里，住宿；二十里至朱曉陴（港仔墘），計程二十里，打尖；二十里，至鹽水港汛（把總一員，兵九十名），計程二十里，住宿；二十里至茅港尾汛（外委一員，兵二十五名），計程二十里，打尖；二十里至木柵塘（兵五名），二十里，抵郡。

自郡城小北門起，至噶瑪蘭營止，計程六百九十九里。

（一）往：艋舺營（尖宿）15 里→貓裡錫口 15 里→水
返腳汛（打尖）10 里→五堵 10 里→六堵 5 里→七堵 10
里→暖暖嶺汛（住宿）25 里→三爪仔汛（打尖）25 里→
三貂汛（打尖）15 里→大里簡民壯寮隆隆汛（打尖）15
里→北關汛 15 里→頭圍汛（住宿）20 里→三圍塘 10 里
→噶瑪蘭城汛（尖宿）

（二）回：噶瑪蘭營（原途）→七堵渡頭 10 里→大雞籠
汛（宿）原路→艋舺（坐船）→滬尾（陸路）→艋舺。

　　據上引史料，可知當年巡閱路線即是走淡蘭正道之三貂
線，由艋舺至噶瑪蘭，計程一百九十里，耗時三天，需在暖暖
嶺、頭圍、噶瑪蘭住宿，而三貂嶺一線最稱艱苦，所以每到一
站，即需打尖休息，可想見山道之難行，而此時仍以隆隆古道
為巡閱之線路。至於回程，則由七堵轉回雞籠巡視，回艋舺後，
還得至滬尾巡查一番，再返回艋舺，不可謂不辛苦，而且果真
按規定逐站前進，前後共需六天。至於各營汛所轄地區，駐防
兵力，同書「艋舺營所轄地方洋面程途里數」有所記錄，文長，
茲轉引在註釋，以供參考。[91]

---

[91]　同註 86 前揭書〈艋舺營所轄地方洋面程途里數〉，頁 19~22。

　　艋舺營參將水師海洋，南自淡防廳屬大安與臺協左營交界，北至噶瑪蘭屬蘇
澳止，計水程七百餘里。沿邊臨海五里為內洋，黑水為外洋。歸艋舺參將統轄，
滬尾水師守備兼轄。按自大安港、中港、竹港為小口，八里坌港正口，大雞籠港
為小口，噶瑪蘭烏石港為正口，加禮遠蘇澳為小口。

　　艋舺營陸路所轄地方，西自龜崙嶺北路右營交界止，東至三貂，魚桁仔與噶

瑪蘭營交界止，南透山林，北至關渡，與滬尾水師交界止；文屬淡防廳艋舺縣丞，武屬艋舺營參將、守備管轄。

滬尾水師所轄地方，東自關渡門與艋舺陸路交界起，至西臨大海，南至南澳與北路右營交界，北至野柳，與艋舺陸路交界止；文屬淡防廳艋舺縣丞，武屬艋舺參將、滬尾守備管轄。

噶瑪蘭營所轄地方，東臨大海，西透山林，南至蘇澳，北至三貂魚桁仔，與艋舺陸路交界；文屬噶瑪蘭廳頭圍縣丞，武屬噶瑪蘭都司頭圍守備管轄。

龜崙嶺塘（兵十名），北至海山口汛十五里，南至北路右營宵裡汛十五里，離竹塹城八十五里，離臺灣府城五百零二里。

海山口汛（外委一員，兵六十名），北至艋舺營汛十里，南至北路右營宵裡汛以石頭溪交界三十里，離竹塹城一百里，離臺灣府城五百一十八里。

八里坌汛（外委一員，兵三十名），南以海山汛與獅長山交界，北至北路右營南投汛二十里，離艋舺營三十里，離竹塹城一百里，離臺灣府城五百五十八里。水洋南至大安二百七十里，北至蘇澳四百五十里。

滬尾水師西至小雞籠汛（守備一員，把總二員，外委二員，額外三員，兵五百八十名）以林仔街交界五里，東至北港塘與灰窯尾交界一里，離艋舺營汛三十里，離竹塹城一百四十里，離臺灣府城五百五十八里。水洋南至大安二百七十里，北至蘇澳四百五十里。

北港塘（兵五名），西至砲臺汛與灰窯尾交界一里，南至艋舺汛以關灣門交界三十里，離竹塹城一百四十里，離臺灣府城五百五十八里。水洋南至大安洋面二百七十里，北至蘇澳洋面四百五十里。

小雞籠汛（兵五名），北至石門汛與貓尾溪交界二十里，南至砲臺汛與林仔街交界二十里，離艋舺營五十二里，離竹塹城一百三十里，離臺灣府五百四十八里。水洋南至大安二百七十五里，北至蘇澳四百四十五里。

石門汛（外委一員，兵三十名），北至金包里汛與阿里傍交界二十里，南至小雞籠與貓尾溪交界二十里，離艋舺營七十二里，離竹塹城一百五十五里，離臺灣府城五百六十八里。水洋南至大安洋面二百八十五里，北至蘇澳洋面四百三十五里。

金包里汛（千把總一員，兵五十七名），北至大雞籠汛與馬鍊港交界四十里，南至石門汛與阿里傍交界三十里，離艋舺營九十二里，離竹塹城一百七十里，離臺灣府城五百八十八里。水洋南至大安三百里，北至蘇澳四百二十里。

同治六年是劉明燈得意的一年，但好景不長，同治七年，樟腦事件起。[92]

樟腦為臺灣特產，相傳鄭芝龍居臺時，其部眾曾入山開墾，伐樟熬腦，配售日本，以供藥料。清初領臺，有禁止伐樟製腦之舉，而山麓細民猶有私熬者。雍正三年（1720），閩浙總督滿保奏准清廷在臺設廠，修造戰船，於是南北二路各設軍工料館，

馬鍊汛（外委一員，兵三十名），北至大雞籠汛與文武崙交界十五里，南至金包里汛與野柳港交界十里，離艋舺營汛九十二里，離竹城一百七十里，離臺灣府城五百八十八里。

大雞籠汛（千總一員，兵九十名），東北至水返腳汛三十里，西南至金包里汛四十里，離艋舺汛六十里，離竹塹城一百七十里，離臺灣府城五百九十六里。

三爪汛（外委一員，兵十名），北至燦光寮塘十五里，南至暖暖塘二十里，離艋舺營汛七十里，離竹塹城一百八十里，離臺灣府城五百九十八里。

燦光寮塘（兵十名），北至三貂港口汛十六里，南至三爪仔汛十五里，離艋舺營汛八十五里，離竹塹城一百九十五里，離臺灣府城六百一十三里。

三貂港口汛（千把總一員，兵三十名），北至三貂嶺溪與蘭營交界十里，南至燦光寮塘十六里，離艋舺營汛一百零一里，離竹塹城二百一十一里，離臺灣府城六百二十九里。

水返腳汛（外委一員，兵三十五名），北至暖暖塘二十里，南至舺營汛三十里，離竹塹城一百四十里，離臺灣府城五百五十八里。

暖暖塘（兵十名），南至水返腳汛二十里，北至三爪汛二十五里，離艋舺營汛五十里，離竹塹城一百六十里，離臺灣府城五百七十八里。

艋舺營汛（參將一員，守備一員，千把總一員，外委一員，額外二員，兵四百二十五名），北至水返腳汛二十五里。南至海山口汛十里，與艋舺溪交界二里，離竹塹城一百一十里，離臺灣府城五百二十八里，由八里坌對渡五虎門，水洋七更。

[92] 同註 87 前揭三書：（1）《臺灣省通志》，頁 75~79。（2）伊能嘉矩《臺灣文化志》中譯本下卷，頁 61~64。（3）戚嘉林《臺灣史》，頁 640~643。

大伐樟木以為船料，並特許匠首熬腦私利，然仍嚴禁私自伐製。至道光五年（1825）於艋舺設置軍工廠，及軍工料館，兼辦腦務，在深山私製的樟腦均由軍工料館收購，不得私售。鴉片戰後，英商以鴉片交換樟腦，私製私運之風日盛。咸豐五年（1855），外商來臺經營樟腦者愈多，開港後愈熾，樟腦成為重要輸出品。同治二年（1863）實行樟腦專賣，禁止私伐與外商私購。因官辦專賣，外商不得獲巨利，屢生事端。同治七年四月，英商怡記洋行（Elles & CO.）遣必麒麟（W. A. Pickering）擅自於梧棲港開洋棧，收購樟腦，欲私運出口，結果被鹿港同知洪熙恬阻截扣留。會美國駐廈門領事李仙得乘砲艇抵打狗訪問，即邀駐打狗之英國代理領事傑美遜（G. Jamieson）、海關稅務司惠達（Francis W. White）及必麒麟等人共至臺灣府謁臺灣道臺梁元桂交涉，要求發還。梁氏堅持樟腦官賣，至於被扣樟腦從寬處理。然必麒麟未得允許，又私自到梧棲察看，造成衝突，逃至淡水。

　　五月，又有打狗德記洋行（Tait & CO.）代理人夏禮（Hardie），為釐金事與海關哨丁林海因口角互毆，而被竹棍戳傷。同時又發生民教衝突，英國領事吉必勳（John Gibson），認為事態嚴重，出與道臺交涉，並急馳報告香港請調兵船來臺，名為保護，實為要挾。同年九月，福建興泉永道曾憲德奉閩省督撫之命，抵臺查辦教案與商務糾紛。後親赴打狗旗後與吉氏會商，但未能達成協議，吉氏決定攻安平。十月初，吉氏帶領二艘英艦至臺南安平，聲言將佔領該地，以為談判之保證。時

梁元桂與臺灣鎮總兵劉明燈不知所措,僅派兵五百趕赴安平抵禦,並令協防安平副將江國珍調集兵船,嚴密扼駐,約束兵丁,不可妄動。而曾憲德等再往晤吉氏,幾經折衝,曾氏答允吉氏條件。

正當各案將結之際,英清雙方軍隊,竟起戰事,先是江國珍調集兵船扼駐,而英艦艦長茄當(Thornhangh P. Curdon),警告清廷兵船須退出港外,否則即予扣捕。江氏不理,茄當果真擄去兵船,劉明燈、江國珍見英艦如此跋扈,乃調集水陸師欲以應戰。茄當偵悉,先下手為強,十月十二日,砲擊市區,是夜襲安平協署,放火焚燬三營軍裝局火藥庫,江國珍受傷後,旋即服毒殉職,兵勇被傷五十餘人。在英國砲艦威脅下,曾憲德幾乎全部接受吉必勳所提要求,英軍則等候在各案結束後,始行退去。

英國此種無法無天之強暴威脅手段,事後經總理衙門向英交涉,吉必勳終被英政府革職,清廷亦撤梁元桂、洪熙恬、及鳳山縣知縣凌樹荃等職。至於總兵劉明燈之處分如何,遍查故宮摺包、同治朝《籌辦夷務始末》及《教務檔福建教務》,均無明確之議處記載,劉明燈為左宗棠之愛將,筆者懷疑,劉明燈可能知道此次事件難以善了,卅六計走為上策,透過後門求助左宗棠,調動回籍募勇,赴甘肅協助左氏援剿回寇,是以十月旨下開缺,由朱德明暫署,於十二月交卸,才能安然無恙避過此一劫難。

第五節　金字碑之現況與價值

　　金字碑位於今瑞芳鎮猴硐里三貂嶺頭，由猴硐車站東南行，攀山而上，約一小時可達。行程前半段已舖設水泥梯道，後半段則為山坡土石步道，尚可見到昔時舖設之卵石、踏石及護坡石矮牆。同治六年冬（1867），臺灣鎮總兵劉明燈經此前往宜蘭，見山棧鳥道，形勢險絕，有感而發，乃題詩一首：

> 雙旌遙向淡蘭來，此日登臨眼界開。
> 大小雞籠明積雪，高低雉堞挾奔雷。
> 穿雲十里連稠隴，夾道千章蔭古槐。
> 海上鯨鯢今息浪，勤修武備拔良才。

　　事後磨峭壁為碑，刻詩其上，字作漢篆，高二百四十公分，寬一百四十三公分，邊框以蓮花條紋雕飾，碑額以雙龍托珠圖案襯托。其旁有石孔，為當年石匠架木托板雕鑿石碑所留下的痕跡。碑成之後，據說碑文及碑龕以金箔黏貼，鄉民因呼曰「金字碑」。此外在草嶺附近亦留有「虎字碑」、「雄鎮蠻煙碑」，今皆保存良好，為淡蘭古道上極為重要之古蹟。

　　金字碑就岩壁先打鑿深約三公分，長二四〇公分，寬一四三公分之碑底，以作為題字之處。左右兩側即碑側各十六公分寬，以兩公分為邊框，框內雕刻連續唐草圖樣。碑額作圭形，與碑體銜接寬約二十五公分範圍內，雕雙龍戲珠之圖樣。碑趺為方趺，內雕拐龍圭腳。造形有如立碑之形式，惟此類立於岩

壁上之碑石刻字，傳統學術上稱之「摩崖」，故民間俗稱「金字碑」、「虎字碑」、「雄鎮蠻煙碑」，在學術上均有必要予以更名，金字碑以可稱「三級古蹟三貂嶺金字摩崖刻石」，其他依此原則稱「三級古蹟草嶺虎字摩崖刻石」，「三級古蹟草嶺雄鎮蠻煙摩崖刻石」較妥。

立碑在我國一向是件大事，臺澎地區開發較晚，經調查約有石刻一千餘座，為數不算多，多年來未受重視，任其風雨剝蝕，棄置摧殘，今所見所存只有刻石、碑碣、墓誌、摩崖等數種，設置地點位置常在山川、關塞、祠廟、墓塚、津梁、庭園、渡口等，其內容以示諭碑特別多，廟記碑、學宮碑稍遜，其他雜記碑也不少。目前已編纂出版主要有《臺灣北部碑文集成》、《臺灣中部碑文集成》、《臺灣南部碑文集成》，近年陳進傳所撰之《清代噶瑪蘭古碑之研究》，雖侷限宜蘭一地，內涵豐富精瞻，後出轉精。而何培夫主編之《台灣地區現存碑碣圖誌》，洋洋精裝十七鉅冊，圖文對照，校對又精，不但後出轉精，更是集大成，成學者必備之案頭工具書。

「碑」為人工石，由碑座、碑身、碑首組成。碑座稱趺，多為方趺，也有龜趺。趺上為碑身，多為長方形，面為陽面，背面為陰面。碑身上端為碑首，作圭形或環形，多有題字或雕飾稱碑額。碑文刻在碑身陽面為主。亦有在碑身作雕刻花紋裝飾。唐宋以來碑有定制，如宋《營造法式》卷三贔屭鼇坐碑：「造贔屭鼇坐碑之制，其首為贔屭盤龍，下施鼇坐於土襯之外，自坐至首共高一丈八尺，其名件廣厚皆以碑身每尺之長積而為

法，碑身每長一尺，則廣四寸，厚一寸五分（上下有卯隨身陵並破瓣）」。

「碣」形狀無定制，多作下大上小的圓錐形，即圖形無方正稜角之碑，周身刻字，作用與碑相類。宋《營造法式》卷三筍頭碣：「造筍頭碣之制，上為筍首，下為方坐，共高九尺六寸，碑身廣厚並准碑制度（筍首在內），其坐每碑身高一尺，則長五寸，高二寸，坐身之內，或作方直，或作疊澀，宜彫鏤華文」。按此規定，碣高不過碑高之半。

「墓誌」為隨同死者放入墓葬內的銘刻，記載死者生平有關情況，臺灣多用墓碑替代。具文史價值，常可彌補文獻之不足。

「摩崖」在天然石壁上鐫刻文字，與碑的作用相類。

此外與以上所述類似之紀念包括：石經、石闕、石柱、華表、幢塔、浮圖等，均具民族、民俗特色，常在中國建築中以點景方式出現，造成出人意表畫龍點睛之效果。

金字碑係立於天然岩壁之石刻，距今已有近一百五十年，長年裸露大自然中，經風雨摧殘風化，及經年在林蔭下，壁體青苔密佈致造成壁體表面鬆動剝落，為破壞石刻雕飾之主要原因。其字體原貼金箔，現況仍依晰可見。碑體之破壞處以雕刻之紋飾為主，碑身兩側唐草飾剝落呈現不連貫，碑額雙龍托珠亦風化模糊不清，碑趺之拐龍飾雕刻紋飾也被青苔覆蓋，不復見當初雕刻紋飾的銳利。

金字碑附近之岩塊高寬約十餘公尺，聳立山溝邊，周圍雜

草叢生。而淡蘭古道如羊腸小徑，經岩壁下方貼左岩塊而過，形勢險要，過此即往牡丹坑之下坡路。岩塊於碑體上方約五十公分處，有斜向之節理岩塊一分為二，在安全上尚不致影響，反而可以襯托碑身之岩塊變化性，岩塊上方雜草叢生，地勢較平坦，具水土保持作用，可避開碑體上方之土石沖刷，是金字碑仍能保存完整原因之一。岩塊右側亦臨山溝，使岩塊由下方望去具雄偉完整之氣魄。而岩塊正向下方剛好可立足之地，予人駐足瀏覽。要之，金字碑周遭環境，大致上仍然保留自然生態。

古碑既為鄉土史料一大資源，是以「金字碑」之探討之研究，自有其價值、意義之存在，約略言之，有下列諸項：

一、臺灣刻石，今所習見，只有刻石、碑碣、墓誌、摩崖。所謂摩崖者，乃就其山而鑿之，為天然之石，刻文字於其上。金字碑就屬於摩崖類，而摩崖石刻在臺灣獨獨少見，金字碑正好提供一典型範例。

二、古碑有文學價值。金字碑文雖不敢說是句句珠璣，然其詩，有紀事、有描景、有抒懷、有立志，文字皆有律有度，以漢篆刻成，工整美感，對稱流麗，允為書法典範，誠千古美文佳字，可傳可頌，世所共賞。

三、外觀上，古碑有造形之美。金字碑，字作漢篆，碑側邊框以蓮花條紋雕飾，碑額以雙龍托珠襯托，厚實之中，帶有雄渾之勢，而據說昔年碑文及碑龕以金箔黏貼，鄉民因呼曰金字碑，更突顯其藝術價值，圖飾之美。

　　四、立碑功能有述德、銘功、紀事、撰言之用，是則反映了政治、社會、經濟、文化各方面之時代問題，備史取裁，增添史料。所以欲考疆域之開拓，交通之往來、社會之習尚、文化之變遷，均宜取之，以為佐證。是以金字碑之存在，一則說明了過去淡蘭古道路線，再則明瞭當年臺灣總兵劉明燈克盡職責，確曾入巡淡蘭營伍，三則說明古道之僻險艱難。

　　五、石刻具有久不磨滅形體，故名山大澤、山村野外、廟宇殿旁，皆置有古碑，透過古碑說明，使觀者細細品讀。而金字碑所在，正在山崖岩石，腳下即三貂古道，山光古道，相互輝映，駐足觀賞，似正在聆聽金字碑娓娓訴說著古老的故事，為歷史事件作見證。而斯時斯刻，古道、古碑、景緻、旅人，融而為一，令人發思古幽情，則極具歷史、觀光價值，兼為健行步道，豈不宜哉！

第六節　結語

　　交通為繁榮之根，其於地方，固為財富商業之命脈，人文建設之依歸。此所以世界強盛之國家，亦即交通最發達之國家，經濟繁榮，人文鼎盛之地區，亦交通最便利之處所，交通之於地方，猶吐納孔道，是交通之發達與否，尤影響地方之興衰。

　　宜蘭負山面海，居臺北後方，舊為蛤仔難「番」社，有卅六「番」社麕居，相傳明末即有西人、荷人前來招撫經營，其時雖已有漢人足跡，其效不彰。迨至清領臺灣，《番俗六考》、

郡志、《諸羅縣志》始見紀載,然而峰巒險峻,人跡罕至,乾隆中有漳民吳沙率三籍流民入墾,以墾務雄長其地,始日漸開拓,至嘉慶十五年(1810),歸入版圖,設官治理。維時百務草創,隘寮、橋渡因地勢而布置,村庄、里保就「番」語譯成。同治十三年(1874),開山撫「番」議起,廳改為縣名,名曰宜蘭,是則番黎向化,人煙日稠,凡遐陬僻壤之區,無不開闢周遍,居然成一都會也。

唯是蘭疆雖屬一隅褊小之區,然地理環境特殊,經由之路,雜汩蠶叢,僅容背負往來,輿馬礙難行走,或走田塍,或越茶園,而山險巇盤旋,茂林危石當道,且路經生「番」地面,其間穿林渡溪,或大或小,或淺或深,或用渡船,或用橋架,或可跋涉而過,究非完善之計,故道路之開拓經營,實屬必要。

蘭境開闢之初,通往路雜踏不一,可粗分南北二路,南路可由中部經水沙連、埔里,循山路而至。也可由新竹之竹塹,經由鹽菜甕、九芎林前往。至若淡北而言,捷徑山路,分布更多,出入匪易。

淡北路線,即日後所謂淡蘭古道,就狹義大略而言,係指由艋舺,取道錫口、水返腳、八堵、暖暖、三爪仔、三貂嶺,進入三貂社,越嶺進入噶瑪蘭廳。然新開僻壤,道路所經,隨地隨時,就其便利而變。初自康雍乾三朝以來率走海路,取道八堵港口附近,進入雞籠,然後沿今之濱海公路,循海岸進入三貂社,轉往蛤仔難。之後,因路途遙遠,且海濤洶湧,暗沙橫亙,風潮不定。重要港口北為烏石港,南為蘇澳港,居中則

是加禮苑港（又稱東港），其港口通塞無時，故清代噶瑪蘭之交通，海運僅備一席之地，遂改走陸路。

噶瑪蘭聯外通路以淡蘭古道最稱重要，古道即陸路，陸路即山路，山路之行，就其便利、安全、捷徑，隨時隨地而變，本文詳志書之記載，諮父老之傳聞，佐以時人踏勘紀錄，及筆者實地調查所得，將其路線，逐處表而出之。約略言之，古道路線凡三變：（一）乾隆年間，自昔時淡水廳艋舺出發，循基隆河東北行，經水返腳（汐止）、八堵，過獅球嶺，進入基隆；再由基隆循海至深澳，攀登三貂大嶺，續越隆隆嶺，而至蘭地，此古道最早路線。（二）嗣後向東另闢蹊徑，至嘉慶初年，改由八堵入山，經暖暖、四腳亭、瑞芳、苧仔潭，越三貂嶺，過牡丹坑、頂雙溪至下雙溪。由此入蘭之道，初採東行，經鐵路草嶺隧道北端出口沿山溪上山，越隆隆嶺，至南端「國雲飛處」石額下山。（三）惟此段迂遠陡峭，漸為人廢，尤以蘭邑開疆後，需擇一便道，遂改由下雙溪，經魚桁仔、槓仔寮、遠望坑，越草嶺至大里、北關而入頭城。

是以嘉慶十五年（1810）以後，草嶺古道成為入蘭之「官道」、「正道」，為北臺與宜蘭之間，商旅糧食往返必經之孔道，是漢人終能在宜蘭立足生根，繁衍發展之臍帶。故清廷擇險要之處，沿線置汛防、舖遞、驛站、舍店、隘寮，以利通行，以衛行旅。淡蘭古道全程約百七十里，歷時三天兩夜。唯三貂崇嶺匯結，鳥道蠶叢，窄徑懸蹬，雲湧霧迷，瘴癘襲人，行路之難，肩輿難進，由淡入蘭，率苦三貂之險。嗣後草嶺初開，交

通漸暢，雖路狹谷幽，然一登嶺巔，海天壯闊，盡收眼底。沿
途路徑，先有板橋林家父子，斥資修葺山道，使無顛趾之患；
復有官府隘丁，保護行道林樹，而免薰蒸之苦。

　　同治六年（1867）冬，臺灣鎮總兵劉明燈（簡青），以職責
所在，率兵北巡營伍，由淡入蘭，有感於先民開疆拓土之艱辛，
與夫山道之奇絕雄偉，風光之壯闊磅礡，乃題下「金字碑」、「虎
字碑」及「雄鎮蠻煙碑」，勒石紀盛，永誌瞻仰。並留下瑞芳鎮
「明燈路」、貢寮鄉「明燈橋」、頭城鎮吳沙祠神位遺蹟，暨金
斗公廟、協天廟之傳說。

　　迨明治廿八年五月，日本北白河親王率近衛軍旅，攻打臺
灣抗日義軍，草鞋藜杖，越三貂之險，推進旌旗，亦係此嶺路，
成為我臺灣抗日史上一大遺跡。臺灣被佔後，日人調派軍隊，
再行改修嶺路，行徑緩遶山腹，肩輿可進，馬背得起，亦是貢
獻。嗣後，日據時期開闢從新店經坪林自白石腳之道路外，並
築從八堵經瑞芳、三貂嶺、雙溪、貢寮、頭城達宜蘭之鐵路。
此一路線於大正六年（民國 6 年，1917），南自蘇澳，北自八堵
兩端敷設，第三年，完成蘇澳至宜蘭段，其後延到礁溪、頭城、
大里。大正十三年，貫通臺北、宜蘭兩地的草嶺隧道完成後，
全線通連，全長九十五公里，其中所穿越的草嶺隧道，長七二
〇〇英呎，為當年臺灣最長的鐵路隧道。鐵道完成後，日人在
草嶺隧道兩端題字以資紀念，北端入口處是「制天險」，不遠處
也立有一紀念當年工程師之石碑，字跡湮滅，無從辨識。南端
入口石額有「國雲飛處」，由於年久日長，也被燻黑地難以辨認。

　　光復後，於民國五十五年（1966）更築有北部橫貫公路，從桃園縣復興鄉之復興，經高坡、榮華、萱原、西村、池端、翻越雪山山脈至宜蘭縣大同，與中部橫貫公路宜蘭支線銜接。民國六十二年十二月，北迴鐵路分別在北埔與南聖湖（今蘇澳新站）兩地開工，開始了漫長的六年施工歲月。到了民國六十八年二月，和平以南路段完工，長三十九・六公里，包括和平隧道、崇德隧道、和仁隧道及清水隧道，於二月七日舉行北迴鐵路南段通車典禮。北段包括觀音隧道、南澳隧道、永春隧道及谷風隧道，於民國六十八年底完成，翌年二月一日舉行通車典禮。民國六十九年十大建設之一的北迴鐵路通車後，宜蘭縣成為連接東部鐵路與西部幹線之地位，更形重要，所以擴建成雙軌工程順勢展開，一邊施工，一邊還要維持營運，其困難與安全可以想見，直到民國七十四年六月，全線雙軌化全數完工。[93]

　　以上為歷代至今開鑿通蘭陸道之情形，其中古道一向為熱愛訪古的人們所尋目標，這條三貂古道的健行路線，除了上述「金字碑」與「奉憲示禁碑」兩個著名古蹟外，尚可遊覽九份，亦可登基隆山，飽覽臺灣東北角之山海景色。佇立在古碑前可遠眺基隆嶼、基隆外港及深澳火力發電廠、八斗子等地，近可俯視瑞芳猴硐外貌，遠近山巒，層層羅列，遙望近觀，不免有物換星移，唯有自然不變之感，現今古道荒蕪，鮮有人往，唯

[93] 洪致文《臺灣鐵道傳奇》（時報文化出版公司，1992 年 10 月初版），頁 44~49。

有登山健行者才來此憑弔，給人一種時過境遷，不勝感慨之嘆，正是是非成敗轉頭空，獨留古道、古碑、與劉明燈傳奇長相映照！

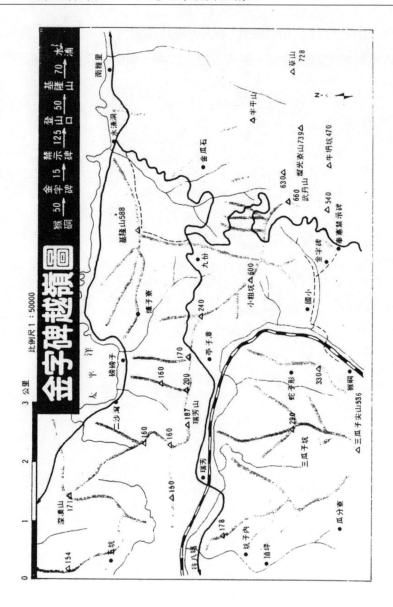

引自臺北文獻直字 109 期・民 83 年 9 月

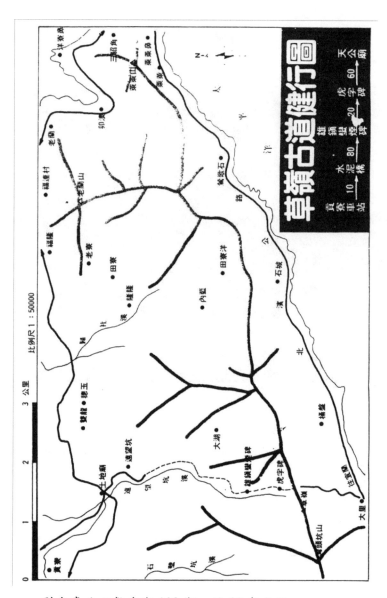

引自臺北文獻直字 109 期・民 83 年 9 月

宜蘭碧霞宮

文化資產局網站基本資料介紹

文化資產類別	古蹟		
級別	縣(市)定古蹟	種類	寺廟

歷史沿革	宜蘭碧霞宮又名武穆王廟,位在今宜蘭市城隍街 52 號,主祀岳飛,是臺灣少數幾個以岳飛為主神的廟宇,其淵源可追溯至早期之坎興乩堂。扶鸞又名扶乩,是中國的一種古占法,據學者研究,清康熙年間,臺灣已有此類活動;道光咸豐同治年間已有鸞務,時有文人恭奉神明,設置沙盤、木筆,請神降乩示事。清光緒年間,在 宜蘭之鸞堂頗多,有名者如新民堂、喚醒堂、未信齋、醒世堂、鑑名堂、坎興堂等等。其中關於坎興鸞堂之設置,或者可以追溯至同治初年,經設鸞數次後,至明治二十九年(1896 年)四月正式開堂,並由陳祖疇、陳惟馨等人籌建碧霞宮,祭祀岳武穆神像。可能在明

治三十年年初動工，於十一月初步完成主殿建物。另一方面楊士芳、李望洋等人，因有見於割臺之際，兵荒馬亂，地方不寧，乃共同組織「勸善局」，宣講忠孝節義，安定人心，並且有意建廟，求一固定集會場所。由於雙方動機、作法均不謀而合，而且楊士芳等人擁有科舉功名與官銜仕紳之名望，陳祖疇等人想借重他們之聲望以資號召，所以改讓楊士芳出面當頭，因此召集、買地、簽約率由楊士芳主事，終於在明治三十二年（1899 年）碧霞宮才全部完成。以後碧霞宮第一任首事也是請楊士芳擔任，而勸善局也並併附在碧霞宮內。時基地約百餘坪，建物佔地九十八坪一合二勺，採座北朝南之配置。碧霞宮既於明治三十二年全部竣工，嗣後有若干次之增建翻修，如大正四年（1915 年）增建東西廊及左右二廊，所祀神明，中有岳王像，東西廊祀其部將，左右廊合祀五文昌。二戰後，民國四十二年一度修繕，五十年及七十年間大興土木，曾修補東西軒，七十三年發動募捐，添購該廟後面空地，準備擴建廟宇。但幾經波折，到八十年十月成立「重建籌備委員會」，並委託建築師規劃重建，八十一年完成設計請照，舉行破土儀式。不料，翌年五月宜蘭縣政府為慶祝「開蘭二百週年紀念」，將廟後方土地規劃為楊士芳紀念公園，並列報碧霞宮為古蹟，不准重建。以後幾經反覆陳情，縣府也召開古蹟勘查座談會協調，八十六年信徒大會中同意縣府將碧霞宮列入古蹟保存。碧霞宮成立之初，便有宣講善書，教化善行之舉，較為特殊者為門生制度，分鸞、講、經三部份與賑救等修行，個人可自由選擇一項或多項參加。該宮歷史不甚久遠，規模不大，裝飾簡樸，卻被宜蘭縣政府指定為第一座縣定古蹟，其原因與價值，約略言之有三：1.是臺灣少數幾個以岳飛為主神之廟宇，祭典不僅符合古制，而標榜忠孝節義之精神，保存民族正氣之宗旨，尤為他廟所罕見。2.廟之創建歷史不久，卻善於保存文物、古蹟，有豐富文化內涵。3.宣講善書，教化善行，與其門生制度，歷經百年而不墜，維繫百年傳統而不斷，不僅是該廟最具特色之活動，更是臺灣寺廟之僅存。

歷史沿革資料來源	蘭陽歷史、蘭陽史蹟文物圖鑑	評定基準	具歷史、文化、藝術價值

指定/登錄理由	具有保存價值	法令依據	文化資產保存法第二十七條
公告日期	1997/11/19	公告文號	八六府民禮字第一三七二五〇號
主旨	公告本縣「碧霞宮」為縣定古蹟		
所屬主管機關	宜蘭縣政府		
所在地理區域	宜蘭縣 宜蘭市		
地址或位置	鄂王里 4 鄰城隍街 52 號		
經度	121.751132	緯度	24.759407
主管機關	名稱：宜蘭縣政府文化局 聯絡單位：文化資產課 聯絡電話：9322440*475 聯絡地址：宜蘭縣 宜蘭市 復興路二段 101 號		
管理人／使用人	關係　　　　　名稱 管理人　　　　宜蘭碧霞宮管理委員會		
土地使用分區或編定使用類別	都市地區 保存區		
定著土地之範圍	正殿、左右護龍、旗座、拜殿等		
所有權屬	關係　　　　公私有　名稱 建築所有人　公有　　宜蘭碧霞宮管理委員會		
創建年代	清光緒年間 22 年		
創建年代（西元）	西元 1896 年	竣工年代	清光緒年間

資料來源：

http://www.boch.gov.tw/boch/frontsite/cultureassets/caseB

asicInfoAction.do?method=doViewCaseBasicInfo&caseId
=GA09602000271&version=1&assetsClassifyId=1.1

宜蘭碧霞宮——一場論戰之平息

第一節　宜蘭碧霞宮之創建

　　碧霞宮又名岳武穆王廟,位在今宜蘭市城隍街五十二號,主祀岳飛,是臺灣少數幾個以岳飛為主神之廟宇,其淵源可追溯至早期之坎興乩堂。

　　乩堂為鸞乩之所,扶鸞又叫「扶箕」、「扶乩」、「飛鸞」,是中國的一種古占法,卜者觀察箕的動靜,來斷定所問事情的行止與吉凶,後來漸次發展為書寫,或與關亡術混合起來,不只藉箕的移動,逕然用口說出,或用筆寫出的也有。[1]據林文龍〈清代臺灣鸞務史略〉的研究,清初康熙年間,臺灣已有扶鸞活動,道咸年間已有鸞務,文人結社,恭奉神明,設置沙盤、

---

[1] 許地山《扶箕迷信底研究》(臺北,臺灣商務印書館,1986年2月5日一版),第一章〈扶箕底起原〉,頁7。

木筆，請神降乩示事。[2]宜蘭之鸞堂頗多，如新民堂、喚醒堂、未信齋、醒世堂、鑑民堂、碧霞宮鸞堂等，其間的淵源與關係頗為糾葛，據王見川的研究：（1）新民堂創建於光緒十六年（1890）；（2）醒世堂創建年代不明，但至少光緒十六年梅月（4月）即在扶鸞濟世；（3）未信齋乃由書齋改成，源自粵東，大約同時也在扶鸞造書；（4）鑑民堂約創於光緒十三年（1887），乃擺厘鑑湖陳氏家族的私廟，附在登瀛書院中；（5）喚醒堂成立於光緒二十一年（1895）夏天。[3]

關於碧霞宮的設立《治世金針》〈本堂自敘〉云：[4]

> 甚矣，神天之大也。馨自早歲束髮受書，每於神道設教之語，心竊疑之。謂其必無是理也。數年來蘭陽士子，設鸞請乩者相續不絕。馨始亦疑其事之為虛。後及未信齋，與林君以佃等請鸞問事。蒙先儒陸夫子指迷啟悟，並著喝醒文一部。身親其事，心始豁然。自是頗有信受奉行之心焉。本年春，堂兄祖疇，邀集同志重興此舉。屢蒙神聖示事，括及幽隱。於是僉請設堂。蒙馬天將奏准旨下命。恩主武穆王下塵濟世。自四月望後開堂，而問症求事者，踵若相接，罔不洞澈精微。間有三月之久，

2　詳見林文龍〈清代臺灣鸞務史略〉、〈臺灣最早的鸞堂小考〉，收於氏著《臺灣史蹟叢論》上冊〈信仰篇〉（臺中，國彰出版社，1987年9月），頁283~291。

3　詳見王見川〈略論清末日據初期宜蘭的鸞堂〉，《宜蘭文獻雜誌》23期（宜蘭縣立文化中心，1996年9月），頁47~64。

4　《治世金針》第一冊（宜蘭碧霞宮，1972年景印本），卷一，頁14~17。

救濟頗多。及秋七月下旬，又承玉旨續造善文，頒行勸世。諸聖真相繼著作二十天，全部完功。自行述而地獄而天堂，名為《治世金針》，又名《重視三才》。……天運丙申菊月吉旦鸞下沐恩校正陳惟馨盥手拜識。

此文為陳惟馨（碧霞宮鸞堂之總校正兼抄錄）所寫的「自敘」，詳讀此序文，可知：（1）原本陳惟馨不信扶箕，視為迷信之舉。後與林以佃等人至未信齋請鸞問事，指迷起悟，身親其事，方才豁然相信，自是信受奉行，並著有《喝醒文》乙部；（2）於本年（丙申歲，即光緒二十二年，明治二十九年，1896年）四月開堂，七月下旬續造善文，經二十天才完功，名為《治世金針》，又名《重視三才》。

不過，此說仍有若干疑點，碧霞宮之創建與坎興鸞堂淵源頗深，據林文龍前引文記坎興鸞堂則是創建於同治初年，林文云：「同治初年，噶瑪蘭廳治（今宜蘭市）北門大郊商金漳興號，發起興建坎興鸞堂，以當地舉人李春波（字鏡如，號心亭，咸豐九年己未科中式）為堂務總理。」[5]而《治世金針》卷一內文記有：「功曹溫天君詩……群推武穆王諭……茲蘭邑經設鸞數次……。」[6]既然曾經「設鸞數次」，可見碧霞宮鸞堂之詳確創建年代仍有待進一步研究。

然而碧霞宮之「源自」坎興鸞堂應當是確實的，碧霞宮主

5　林文龍〈清代臺灣鸞務史略〉，頁284~285。

6　《治世金針》第一冊，頁34。

供岳飛與坎興鸞堂同，且在《治世金針》再版序中視其為「本宮之始，記載立廟之經緯，闡揚先人於甲午割讓之後，創立碧霞宮，奉祀岳武穆王，藉以在日人統治之下，維繫漢魂之不墜，進而冀求疆土之光復，……歷歷詳敘，是本宮門生不可不讀之史書也」。[7]不過詳閱《治世金針》內文並無「記載立廟之經緯」，碧霞宮之關聯坎興鸞堂，應該是由於創廟者率多是該堂之鸞生，且該鸞堂又名碧霞堂，《宜蘭縣志》卷二，人民志〈宗教篇〉記碧霞宮之創建始末，文如下：[8]

> 碧霞宮一名岳武穆王廟，在本縣宜蘭市城隍街，創始於清光緒二十二年丙申春初，至光緒二十五年己亥三月初八日興建廟堂，是年八月初旬正堂工程告竣，茲述其概況如下：
>
> 當日本據臺之初（光緒二十一年），有邑人陳祖疇兄弟意欲重返故鄉福建避難，進退未決，乃延新民堂鸞生李琮璜，吳天章扶鸞乩，乩辭指示須以忠孝感化人心向善，挽回劫運。於是由陳祖疇、陳惟馨、陳光苑、陳登第、李琮璜、吳天章、蔣國榮、賴黃章、張榮藩、胡宗虞、林承芳，石秀峰、簡賡南、李桐柏、李紹年、林彪年等創始，於光緒二十二年三月初八日開設坎興乩堂，

7　方坤〈治世金針再版序〉，《治世金針》第一冊，未註頁碼。

8　王佐才《宜蘭縣志》（宜蘭縣文獻委員會，1962年4月）卷二〈人民志‧宗教篇〉，頁10~11。

並籌建碧霞宮，祀岳武穆神像，至光緒二十五年三月初
八日興建廟宇，是年八月初旬正座工程始告完竣。該創
始人等憤慨臺灣淪於日本，目擊蘭人受其蹂躪，欲存民
族正氣，故奉岳王以為模範，其初心諒非出於迷信也。

　　而《治世金針》卷首列有「碧霞宮鸞堂諸生奉派執事名次」
的名單中有「本堂總董兼禮誦陳祖疇、總校正事兼抄錄陳惟
馨、抄錄生兼副董蔣國榮，正鸞生兼傳宣李宗璜、陳登第、副
鸞生兼禮誦吳天章、副鸞生兼司珠墨胡宗虞、副鸞生兼淨壇賴
黃章、備用正鸞生兼接駕張榮藩、李宗基、傳宣生林承芳、幫
錄兼司香游聯甲」等人，[9]與《宜蘭縣志》所載諸人作一對照，
幾乎雷同，所差者，《宜蘭縣志》名單多出「陳光苑、石秀峰、
簡賡南、李桐柏、李紹年、林彪年」等人，少「李宗基、游聯
甲」二人，「李宗璜」則寫作「李琮璜」。

　　由於坎興鸞堂成員名單中，並無李望洋、楊士芳二人，這
份名單又與《宜蘭縣志》記載籌建碧霞宮人員幾乎相同，因此
今人王見川認定「可見李望洋與楊士芳倡建碧霞宮一事，純屬
傳聞，並非事實。」[10]並根據大正五年（1916）林確堂在《臺
法月報》十卷四號的一篇〈本島人の信仰た善用せる善績〉報
導，與明治三十一年（光緒二十四年，1898）九月二十八日木
村泰始在《臺灣日日新報》日文版的一篇〈宜蘭扈從日錄〉七

9　　《治世金針》第一冊，卷一，頁5~6。
10　　同註3。

「地方士紳的歡迎會」的報導，從而判定「兒玉總督在明治三十一年下賜金錢予碧霞宮」、「楊士芳等人募集的碧霞宮建廟款，似乎大部分來自日本政府的賜與。」[11]此種論斷與廟方奉祀岳飛之民族忠孝節義的立場與建廟說法大相逕庭，引發一場筆戰，[12]王見川仍堅持認為：（1）碧霞宮是由坎興鸞堂擴建而來的，其修建從明治三十年（1897）九月以後才開始，逐步興工迄明治三十二年（1899）全部竣工；（2）碧霞宮名稱之由來，與「碧血丹心望曉霞」故國之思無關，應是源自岳武穆王天上宮闕名諱；（3）楊士芳在明治三十年十月至明治三十一年仲夏月之間，加入碧霞宮，任「總理堂講事」，而其先前組織的勸善局亦成為碧霞宮之附屬機構；（4）碧霞宮創建經費，大部分似乎來自日本政府的賜與，而其「建廟啟文」之內容（部分）可能是偽造的，不能輕信；（5）碧霞宮在日據時期是宜蘭的教化中心。[13]

　　王見川之看法，個人大體肯定，但對於若干細節仍有值得進一步探討與修正之必要，茲分小題析論如下：

11　同註3。

12　詳見：（1）林靜怡〈再探宜蘭道寺廟碧霞宮建廟緣起〉，《宜蘭文獻雜誌》27期（宜蘭縣立文化中心，1997年5月），頁59~74；（2）王見川〈關於碧霞宮〉，《宜蘭文獻雜誌》27期，頁75~94。

13　王見川〈關於碧霞宮〉，頁89。

一、創廟人物

　　楊士芳等人是否有介入建廟之舉，其實王見川之說法已自相矛盾，理由很簡單，若相信林確堂與木村泰治之報導，楊士芳等人拿日督之錢來建廟，就不能相信《治世金針》與《宜蘭縣志》卷二〈人民志、宗教篇〉的建廟名單（因無楊士芳等人）；反之，若採信《宜蘭縣志》與《治世金針》兩書之名單，楊士芳等人並未參與建廟，則當然不能採信上述兩人報導。

　　那麼楊士芳等人到底有沒有介入建廟之舉？個人看法是有的，依據廟方說法，建廟緣起如下：[14]

> 由進士楊士芳、陳祖疇等人發起，先於丙申年（1896）三月八日，在宜蘭坎興街陳祖疇宅開堂，敬祀岳武穆王，以為團結聚會之所，為遮蔽日人耳目，取碧血丹心望曉霞之義，定名為碧霞宮，期盼早日復見光明，重回祖國懷抱。而至一八九七年（按，即明治三十年）間，再經進士楊士芳、舉人李及西二位倡募建款四千五百日幣，遂向李烏鼠購置宜蘭五坎仔街現址，籌建三年於己亥年（明治三十二年，1899）仲秋落成。

　　此說之可信，林靜怡大作之解釋可參考，另外最有力證據是，廟方尚存有一件明治三十年丁酉（光緒二十三年、1897）

14　《碧霞宮功德堂歷代先輩芳名錄》（宜蘭碧霞宮第二屆管理委員會編，1993 年 2 月），頁 14。

十一月，碧霞宮「首事楊士芳、李及西」向李烏鼠購買五坎仔一塊地的地契，其範圍是「東至碧霞宮石界竹埒，西至城牆，南至穀倉並范家，北至郭家園」，「又從中畔厝地截出壹分五厘柒毫正，賣過於碧霞宮首事楊士芳等，東至李粗皮竹埒、西至李及西石界竹埒，南至穀倉竹埒，北至郭家園」、「其餘東畔厝地貳分捌厘五毫陸絲捌忽，東至城隍廟石路，西至碧霞宮，南至李家、曾家並陳家，北至郭家園」，地契旁邊另附有地籍圖，即地契末文的「合約字連圖說參紙壹張」之「圖說」，圖中用蘇州碼記土地地基與價錢，如東畔土地值四千兩百五拾四錢、九百一拾四角，中畔土地值兩千六百一拾三錢、五百零二角；西邊土地值兩千七百一拾三錢、五百二拾二角。後又有「門生李本壁奉獻」字樣，但不知買地錢是否即其人之捐獻。

　　此地契之重要性不僅讓我們知道了：（1）其時碧霞宮占地範圍大小，與附近環境；（2）其時土地之地價；（3）也證明了楊、李二人是碧霞宮首事，參與建廟之舉；（4）更說明了在明治三十年十一月時碧霞宮已有（否則土地範圍，不會說西至碧霞宮），至於其時形制規模如何？史文有缺，不可得知。

　　那麼何以一開始《治世金針》與《宜蘭縣志》兩書沒有提及楊、李等人呢？曾任碧霞宮神職校正的方坤邑先生其實已解釋的相當合理：「在計畫建廟時陳祖疇基於進士號召力較大的考量，改讓楊士芳進士出面當頭，所以召集、買地、簽契約都是楊進士做的，以後碧霞宮的第一任首事也是請楊進士擔任，

楊進士一共做了八年首事。」[15]但其中另有一番曲折，詳見下
小題。

二、創廟時間與經過

　　碧霞宮建廟時間有四說：（1）《宜蘭縣志》卷二《人民志，
宗教篇》記：光緒二十二年（明治二十九年，1896），開始籌
建，光緒二十五年（明治三十二年，1899）三月初八日興建，
是年八月初旬正座工程始告完竣；（2）王見川：光緒二十三年
（明治三十年，1897）九月後開始，迄光緒二十五年全部完工；
（3）廟方：光緒二十三年（1897），籌建三年，於己亥年（光
緒二十五年）仲秋落成；（4）《臺法月報》：光緒二十三年十一
月正式建廟完成。

　　如前所述，若依廟方今存地契所載，在明治三十年（光緒
二十三年，1897）十一月時已有碧霞宮，則參照以上四說，應
可確定該廟的始建年代是明治三十年，何月動工則不可得知
（依王見川說法是九月），至於十一月完成大體可信。參考前
引「正座工程始告完竣」一語，個人假設如下：明治二十九年
（光緒二十二年，1896）三月陳祖疇等人開設坎興乩堂，並開
始籌建碧霞宮，可能在明治三十年年初動工，三十年仲秋完成
主殿建物，是以此一時期創建人員一開始並無楊、李諸人。嗣
後一方面基於楊、李等人之功名官銜號召力較大，改由他們出

面，另一方面楊、李等人或有意或被動將勸善局併附於碧霞宮內，所以需進一步買地擴建，至明治三十二年（光緒二十五年，1899）才全部完成。換句話說，整個碧霞宮建廟工程是分兩期完成，如此才能解釋以上諸說之矛盾糾葛不清。

三、資金爭議

王見川認為碧霞宮之建成有日督所給之四千金，其實是誤讀史料，木村泰治之報導很清楚的記載是在「天后宮招待」總督等人，後來西鄉廳長轉送李望洋、楊士芳、李紹宗等三人的是「總督所捐之廟宇維持金」，[16]已明白的寫出這筆錢是「維持金」不是「建廟金」，而且此維持金並未指明是給碧霞宮，可能是天后宮，可能是碧霞宮，也可能諸廟一同均沾雨露，王見川於大作中自己也提及得到兒玉總督的賜與，不只宜蘭市的廟宇，頭城、羅東等地的寺廟，也都有分沾到賜金，並非只有碧霞宮獨得恩寵，王文已自相矛盾。[17]

同理，林靜怡質疑王見川說法，認為〈善用本島人信仰中心的績效〉報導中敘述此廟為明治三十年十一月正式建廟完成，兒玉於隔年撥金給寺廟建廟，這與前述所有文件資料中建廟時間記載不合。[18]其實若個人上述建廟時間、經過之假設能夠證實，則王、林之間的矛盾都可以合理解釋，即當時碧霞宮

---

[16]　詳見王見川〈關於碧霞宮〉一文之附錄〈宜蘭扈從日錄〉，頁92~94。

[17]　王見川前引文，頁81。

[18]　林靜怡前引文，頁71。

主殿已完成，所以兒玉總督給予一筆錢以維持運作（此運作或是指宣講活動，見下節）。

總之，碧霞宮是由陳祖疇等人之坎興鸞堂與楊士芳等人之勸善局兩大系統組合而成，而廟宇建築亦極有可能分兩期建成。其中以陳祖疇等人首倡建廟，而楊士芳則以地方仕紳的領袖身分積極推動。廟宇規模「基地約百餘坪，建築物占地九十八坪一合二勺」。[19]

以上究竟只是個人之稽考推斷，最有力的證據是臺灣總督府公文類纂的檔案史料，在《公文類纂》幸存有收錄一件「宜蘭廳提報核准碧霞宮興建事宜」案卷，此卷宗是明治三十二年九月七日宜蘭廳長發文，九月十一日民政部文書課收文，同年九月十四日總督及民政長官閱畢核准。內文是：「有關宜蘭廳本城堡東門后街楊士芳等十人提出建廟申請乙案，業已核准。」內文並陳報申請建廟之項目，如「廟宇所在地名」；宜蘭本城堡五坎仔；「廟名」：碧霞宮，（祭祀之神為宋朝大忠大孝，御賜精忠之武穆王岳元帥）；「廟宇建坪及境內坪數」：建坪三十坪，境內三十六坪；「境內（地主）」：民有地。[20]根據此一卷宗我們可以剖析如下：

---

19 李春池《宜蘭縣志》（宜蘭縣文獻委員會，1964 年 9 月）卷三〈政事志，建置篇〉，頁 34。

20 詳見溫國良編譯《臺灣總督府公文類纂宗教史料彙編之一》（明治二十八年十月至明治三十五年四月）（南投，臺灣省文獻委員會，1999 年 6 月），頁 144~145。

1.倡首建廟人物，的確有楊士芳，可惜卷宗內未附其他九人名單，方便我們進一步對照比較。

2.若根據發文、收文、閱畢之時間而認為明治三十二年九月七日前碧霞宮尚未興建，是很容易誤判的，蓋因前引廟方地契，已確知明治三十年十一月時已有碧霞宮，而且王見川前敘兒玉總督在明治三十一年即賜下「維持金」予碧霞宮，可見早在發文日期前「碧霞宮」已確然存在，此次楊士芳等人申請的是「增建」部分，是以建物坪數才有三十坪，地基三十六坪。

3.個人推斷建廟工程分成二期：第一階段建正殿，於明治二十九年籌建，明治三十年年初動工，同年仲秋完成，才開始進行第二階段，而建廟申請發文日期是在明治三十二年九月七日，在時間上完全符合個人的推斷，正可以印證個人有關「創廟人物」及「創廟時間與經過」之論斷正確無誤，而「建廟資金」個人相信應該是楊士芳等倡首人物捐獻募集外，尚有「門生李本璧奉獻」，兒玉總督所賜之「維持金」或許也有運用在增建之役，但絕非主要「建廟資金」，但盼將來有新史料發現來證實吾說。至此有關諸項論爭已大體解決，這場論爭應可告平息了！

第二節　碧霞宮歷史沿革與古文物

碧霞宮既於明治三十二年（光緒二十五年，1899）全部竣工，時廟址在宜蘭舊城西北角，今城隍街與碧霞街交接口，採

座北朝南之配置，其形制、規模、史文有缺，不可考知，僅知
建物佔地約 98 坪許，規模不算小。但大體可推知為兩進式建
物，前殿建坪約三十坪，正殿約六十坪，附近有田園、竹叢，
穀倉及李、范、曾、陳住家，而且廟的外圍可能是石頭堆砌的
圍牆。當時附近除城隍廟外，尚有常平倉、仰山書院、文昌廟、
靈惠廟等建物，碧霞宮擇基於此，固然與當年歷史空間有關，
也應與坎興鸞堂有關。

其後有若干次的增建、翻修。《臺灣日日新報》於大正五
年（民國 5 年，1916）三月二十五日曾報導：[21]

> 宜蘭坎仔碧霞宮廟，崇祀武穆王及五文昌。該廟建自明
> 治丙申年（按：明治二十九年，1896），客歲都人士再
> 為醵資，建造東西廓及左右兩廊。外環圍宮牆，內有青
> 雲閣及勸善局兩軒，中殿祀岳王像，旁列王橫、張保兩
> 像。東西廓祀岳王部將諸神像，左右廊合祀五文昌。廟
> 貌巍峨，香煙不斷，為蘭地人民素所信仰之神。例年以
> 舊曆二月十五日，為祝岳王神誕，都人士恭行祭典。

據此可知，在大正四年（1915）碧霞宮曾有一次大擴建，
增建東西廓及左右二廊，外有圍牆，東西廂房有青雲閣及勸善
局兩軒。所祀奉神明，中殿是岳王像，旁配祀王橫、張保，東
西廓祀岳王部將諸神像，左右廊合祀五文昌。此次擴建，奠下

今貌。另，在昭和二年（1927）八月二日該宮曾舉行岳武穆王
鎮座式，距離大政四年擴建已有 12 年之遙，不可能是該次工
程完工的鎮座式。但不知是否有改建之事。[22]光復後，一九五
三年，道教第六十三代天師張恩溥曾蒞宮講道，一時盛事，該
宮此後曾有多次翻修，其中以一九五三年與一九六二年較具規
模，一九六一年曾修補東西軒，一九八一年再修後將天師壇改
稱老君壇至今；另廚房、會議廳等亦一併整建，拜亭、山川門
之門樓等在此時興建。另因門生增加，每當擴大祭祀時，廟前
前埕即嫌過小，因此在一九五一年及一九八四年，由管理委員
會發動募捐，添購該宮後面建地及前方右側講堂，總計五百多
坪作為建廟之用。一九九〇年信徒大會通過重建案，成立重建
委員會，決定改建成目前常見現代鋼筋水泥多層廟宇建築。一
九九二年完成設計請照，舉行破土儀式，不料翌年宜蘭縣政府
出面協調，請保留正殿部分建築，並擬列為古蹟。至一九九五
年初步達成協議，變更設計。廟方基本立場希望縣政府協助解
決廟後土地產權問題，新設計改建計畫之空間能容納日增的門
生與講學空間，及新建物要符合道教正統形制，[23]近年遵古法
已改建完成。

　　碧霞宮所存之詩書字畫匾聯甚多，其他日據時期存留至今

之古文物亦復不少，廟方留有清冊，因項目龐雜瑣碎，茲不附錄。

第三節　碧霞宮的教化善行活動

　　清廷為教化百姓，一向有宣講聖諭之舉，但在臺灣，或因是新闢之地，百舉待理，地方上未暇多設置，為彌補此項欠缺，各地民間乃成立宣講善書，作為社會教育之用。這些機構多為地方樂善好施之人所創，並由能言善道的地方仕紳擔任宣講師。時間均在每月朔望之日，也有每日在夜間寺廟市肆熱鬧之地舉行。內容大都根據聖諭廣訓的旨趣，再加上佛道思想，雜以因果報應之說，頗見教化的效果。[24]

　　在宜蘭，宣講機構即是前述的新民堂、喚醒堂、慶安堂等鸞堂。以碧霞宮為例，開堂以來「僅以儒為宗，以神為教，宣講武穆忠孝節義，警頑立廉，以飛鸞濟世，解釋士民疑惑」。[25]同時亦出善書，說敦倫、教五倫，以提高道德，如碧霞宮的《治世金針》、喚醒堂的《渡世慈航》等等皆是。在碧霞宮右側的勸善局，初設目的便以宣講聖諭，勸化世人為宗旨。

　　勸善局之設，是在光緒甲午、乙未年間，清廷戰敗割臺予日本，而日人尚未接管宜蘭時，此時地方不寧，盜匪群起，因

24　王啟宗〈清代臺灣的風教〉,《臺灣史蹟源流研習會研究班講義彙編》（臺北，臺灣史蹟研究中心，1989 年 12 月）頁 119。

25　同註 7。

此楊士芳、李望洋、李及西、李紹宗、黃友璋、呂桂芬等人，乃共同組織「勸善局」，以維持宜蘭境內安寧。如《臺灣列紳傳》記呂桂芬於明治二十九年（光緒二十二年，1896）三月，被推舉為「勸善局長，首倡宣講聖諭，隨時勸化，頗有佳績」。[26]《臺灣日日新報》大正十五年（1926）三月二十四日報導：「蘭陽黎旭齊氏，自碧霞宮創設宣講善書，至今計之，星霜三十有二。」[27]同報昭和六年（1931）六月十三日〈宜蘭碧霞宮勸善局紀念祭典〉文載：「宜蘭碧霞宮勸善局，自明治二十八年舊四月二十四日進士楊士芳等，創宣講聖諭以來，迄今賡續三十有六載。」[28]以上諸文之記載不只明確說明楊士芳等人於光緒二十一年（1895）創設勸善局之事實，亦復說明勸善局之設置早於坎興鸞堂（一為光緒二十一年四月二十四日，一為光緒二十二年三月初八），兼可佐證個人之前述假設碧霞宮是勸善局與坎興鸞堂兩系統合作而成。不僅如此，個人甚至懷疑被王見川認定是偽造的「建廟啟文」頗有可能是成立「勸善局」的「啟文」而非指「碧霞宮」，因其發起人名單之官銜不僅正確無誤，與勸善局同人頗多重複相同，尤其指出李紹宗是「臺灣通志采訪主事」此等細微末節亦是正確無誤，造假功夫逼真如此，實在不可能是偽造，試問其造假的動機與目的何在？焉知後代會

26　鷹取田一郎《臺灣列紳傳》（臺北，臺灣總督府，大正五年），「呂桂芬」條，頁 65。

27　見王見川〈略論清末日據初期宜蘭的鸞堂〉，附錄六〈樂善好施〉，頁 73。

28　王見川〈關於碧霞宮〉，頁 84。

為楊士芳是否是倡建人引起爭議，若造假目的僅在於證明楊士芳是當初碧霞宮倡建人之一，未免大費周章，無此必要。正因其是勸善局的「成立啟文」，也在日人據臺鼎革交替之際，所以文中才有緬懷大清，耿耿孤忠之辭句。吾說若得成立，不僅碧霞宮成立之諸多疑點可以釋然，而王、林與廟方之爭執亦可平息。

乙未割臺後，官方宣講聖諭活動自然停止，改由新成立的喚醒堂與碧霞宮承擔，而碧霞宮則由勸善局同人負責。當時勸善局董事有莊贊勳，呂子香、游登三（即游聯甲）、蔡振芳，講生為李克聯、游棟樑、江大川、張耿光、黃如金、呂桂芬等人。講生「必須禮裝以恭，燒香點燈之後，始能上臺。他們打開善書開口講演，雖然語詞平易，但句句都發自肺腑，讓聽者肅然起敬，可以使人棄邪歸正，養成敦厚之風氣」。「除了每月十六、二十九兩天休講之外，風雨無阻，且不管有無聽眾，都必須到場宣講。而一旦宣講完畢，講生還要在日誌上明記自己的姓名及講題，以供神明鑑覽。」[29] 而關於講堂的布置、講臺的安放，《臺灣日日新報》有詳細記載：[30]

> 長六尺寬五尺的宣講臺正面安置著武穆王的神位，講堂兩側則掛上「宣講明賢傳聖經聲聲入耳」與「講勸善男信女個個歡心」的對聯，以及「忠孝節義」、「義氣參天」

29　王見川〈關於碧霞宮〉附錄一〈善用本島人信仰中心的績效〉，頁71~72。
30　同前註。

等顯現神明精神的警句。而後面則張貼有聖祖仁皇帝的聖諭十六條。第一條：敦孝悌以重人倫。第二條：篤宗族以照雍睦。第三條：和鄉黨以息爭訟。第四條：重農桑以足衣食。第五條：尚節儉以惜財用。第六條：隆學校以端士習。第七條：黜異端以崇正學。第八條：講法律以警頑愚。第九條：明禮讓以厚風俗。第十條：務本業以定民志。第十一條：訓子弟以禁非為。第十二條：息誣告以全善良。第十三條：誡窩逃以免株連。第十四條：完錢量以省催科。第十五條：聯保甲以弭盜賊。第十六條：解讎忿以重身命。以上皆為勸世的良言佳句。條文的後面還寫有雍正年間廣訓敷繹至萬言，曰聖諭廣訓，凡宣講要訣及勸善書等均宜根據此御聖諭。

而《臺灣新報》在明治三十年十月十二日，亦有報導楊士芳宣講勸善的事蹟：[31]

宜蘭有邑紳楊士芳者年邁古稀，尤童顏鶴髮，步武如壯。現設立宣講在于街衢閭巷各處勸化。楊君任堂講之責。每遇講檯迎請別處宣講，則儀仗整齊，鼓樂迭奏。楊君不辭勞煩登檯首講善書，講畢，行三跪九叩之禮，舉止康健，人咸羨其樂善不倦焉。

---

[31]　轉引自王見川〈關於碧霞宮〉，頁85。

　　講臺的移置，並非如王見川所言「在明治三十年，尚未找到合適的宣講場所」，[32] 而是四處宣講才移動，而且常有善男信女因求神保佑，如願達成，「便欣然負擔宣講幾天的謝恩善行，故宣講臺常常被移置各地」。[33] 此講臺今已不存，但原有之宣講神輿、神牌、匾額、對聯今猶存，可喜可賀，古物有靈，邀天庇護。

　　日人據臺期間，碧霞宮門生組成的勸善局，經常派人深入民間，巡迴各地宣講。該宮有門生制度，分鸞、講、經三部分修行，個人可自由參加一種或數種。鸞為扶鸞、經是誦經，講則是宣講經書、善書，這組要從搭棚學起，因為出去宣講，經常要自己動手搭棚，然後才依次是講生、宣講生、正講，另有助講、副講協助。依該宮明治三十六年（1903）《宜蘭碧霞宮本堂先後鸞講生結會祀神、分鬮、行善名錄》中所載，早期有五十二名會員，分成扶鸞、宣講、誦經三組，楊士芳參加的是宣講組。而在明治癸卯三十六年刊印的《九天東廚司命灶王真君護宅天尊真經》所附〈文帝救劫寶訓〉中記「戊戌年〈按即明治三十一年，光緒二十四年，1898〉仲夏月，臺灣宜蘭本城坎興街碧霞宮鸞堂重修，謹將本堂執事姓名如下」的名單中有：「總理堂講事進士楊士芳、校正生貢生黃友璋、校正生稟生汪鳴鳳、董事武生陳掄元、總理講事兼正講稟生呂桂芳、總

32　同前註。

33　同註 25。

理兼禮誦並助講陳祖疇、副董兼抄錄並副講蔣國榮、幫理堂講
事兼副講職員莊贊勳、總理臺事兼正講生李克聯、左鸞生兼傳
宣陳登第。」[34]「重修」一詞，亦無意中提供了一條資料，再
度證明前述個人創廟經過之推斷。而楊士芳列名首位，陳祖疇
名次居中，固然反映了在鸞堂中身分地位與職務之先後，其實
也反映了當年諸人之社會地位與聲望，亦再度佐證個人前述昔
年借重楊士芳之推論。

　　此種宣傳活動，在日後仍然持續進行者，如《臺灣日日新
報》大正五年（民國 5 年，1916）二月二十六日曾報導：[35]

　　宜蘭市勸善局董事莊贊勳、呂子香、游登三、蔡振芳等，
　　依例於舊元宵日，邀集紳商善人等，恭迎岳武穆王牌
　　位，到天后宮宣講善書，勸化愚民，以敦風俗。是日午
　　後一時，各宣講生及諸紳士、區長、保正，集武穆王廟，
　　如例舉行祝典，乃迎神輿繞街。先是頭隊龍鳳旗十六
　　面，大鼓吹八陣，次執事涼傘六、七十付，俱係各保人
　　民獻納，華彩奪目。次音樂隊四陣，次鐘鼓亭四檯，次
　　提爐日月扇，次聖諭亭。又次武穆王神輿，掌駕十六人，
　　隨駕拈香者，乘轎兩百餘頂，步行千餘名。沿街遍巷，
　　排列香案，環巡至媽祖宮止，即行開講式，擇品學兼優，

---

[34]　《九天東廚司命灶王真君，護宅天尊真經》（宜蘭碧霞宮，明治三十六年），
　　頁 37。
[35]　同註 27，王見川前引文，附錄四〈宣講勸善〉，頁 72~73。

最負眾望者，登檯開講著書，紳董靜聽，式終。自是由
該局講生，每夜輪流宣講。或設於市，或設於庄，均從
其便。迄今歷二十二年之久。任其責者，始終如一。熱
心苦口，有益於地方不少云。

此一宣講勸善活動，從清末日據時期以來，在地方仕紳長
期負起責任，始終一貫熱心參與指導，頗得當時日報讚譽，也
成為碧霞宮最具特色之活動，參與人眾多達千餘名，也是臺灣
寺廟宣講活動罕見現象。可惜時移勢變，從光復後一九六○年
起，宣講多名存實亡，只剩下祭典時才有，平時則改以文宣製
品替代，因此組織中也一度加設文宣組。雖然碧霞宮仍將宣講
一組留存，平時或做道經助印或講授國學，或行經懺法會而
已。[36]

至於其他社會救濟，如施棺賑米、恤孤憐貧，提供圖書種
種善行，不遑枚舉，歷經一百多年來未曾間斷，人咸稱頌。

第四節　碧霞宮之組織與祭典

碧霞宮既由坎興鸞堂與勸善局合併成，其組織據前引「鸞
堂諸生奉派執事名次」知有：總董、副董、總校正、淨壇、接
駕、抄錄，幫錄、禮誦、司香、珠墨、正鸞生、副鸞生、傳宣

---

[36] 林靜怡《宜蘭市道廟管理組織的研究》（政大社會學研究碩士論文，1997 年 7 月），第五章頁 50 與頁 63~64。

生等職銜；而勸善局有董事、講生等。合併之後有總理堂講事、董事、副董、總理講事、總理、幫理堂講事、總理臺事、校正生、正講、助講、禮誦，抄錄、左右鸞生、傳宣等等。

董事即首事，依據地契所載首任首事是楊士芳，為正主持人，之後改稱總董，分由陳祖疇、游聯甲，王蔡樹三人前後擔任。光復後因應政府規章，改為理事會，正主持人稱理事長，也制定了組織章程，詳細規定分工合作。一九五一年為健全組織，強化功能，成立董事會，正主持人又改稱董事長，至一九八六年修訂管理委員會章程，再改稱主任委員。其任期前十三屆從半年至二年不等，至方坤邑接任的第十四屆起固定為每任三年，屆時擲筶決定人選。廟內組織分為：經理、典儀、鸞務、總務、賑救，與宣講等六組，自十八屆董事會起，另增設文宣、婦工二組，其中文宣組至管理委員會第一屆時廢除，至今維持七組。

碧霞宮較為特殊者為門生制度，該宮之所以能維繫近百年傳統而不斷，也是得自於此。過去門生分鸞、講、經三部分修行，個人可自由選擇參加一項或多項。鸞為扶鸞問乩，習鸞要從鸞生做起，分左右鸞，依次由右鸞升左鸞，最後升正鸞。講是宣講善書，先從搭棚學起，依次是講生、宣講生、正講。經是誦經法會，初從學禮誦開始，前後要二年以上學習才可升為禮誦，再若干年才是正誦。碧霞宮初設有三組五十二名成員，因其重點並非收信徒，因此選擇門生頗嚴，人數一直不多。門生為志願加入，須奉岳武穆王為恩主，經嚴謹的品德審核，再

允加入，並由岳恩主賜一法名，從讀學習敦倫經，以瞭解岳武穆忠孝節義情操，以此修行，報效社會國家。在一九八七年時為配合管理組織改組，遂將原有門生制度政稱為信徒制度。光復前之門生率為男性，如今男女參半，且百分之八十為公教人員或其子弟，可見素質之高與整齊。加入辦法也有所改變，依管理委員會章程第五條規定，凡景仰恩主忠孝節義精神，交入會費五百元，每月另添油香五十元即可提出申請。經委員會審查通過，並擲筊經岳恩主准允，即可成為信徒。另外每月朔望之日，上午例行舉行祈安消災誦經，下午八時舉行信徒察點典禮，象徵信徒向恩主報告半個月來之修行或善行，並祈求闔家平安。據該廟統計，至一九九七年約有近三百名信徒，平均年齡為六十三歲，年齡稍嫌偏高，有待新血加入。[37]

　　除管理委員會與門生制度外，尚有監察委員會，成員均為義務職，其有關之組織編制、執掌、會議、會計，非本文主旨所在，兼且瑣碎，茲不贅。

　　碧霞宮既以供奉民族英雄岳飛為主神，每年農曆二月十五日岳王聖誕，例以三獻大禮致祭，盛況宛如祭孔大典，且有「武佾舞」獻祭，這一套隆重古禮，也成為該宮特色之一。三獻釋奠大禮程序如下：首先大鼓擂鼓三通，接著樂禮生與獻祭官依程序就位，在啟開大門宣示大典正式開始。先行「瘞毛血」禮，將牲體毛血埋入土中，依次「進饌」、「迎神」、「上香」後，即

---

[37]　同前註，頁 49~50。

舉行「武佾舞」，行三獻禮。「武佾舞」儀制始於一九六○年，至今已有四十年。三獻禮後，再行「送神」、「闔扉」，大典即告完成，[38]岳王祭典自昔一向就是宜蘭縣各界要事，每年祭典向由地方首長主祭，各界機關首長、民意代表陪祭，甚且有中央部會官員為祝獻官。如日據時期《臺灣日日新報》曾報導：「例年以舊曆二月十五日，為祝岳王神誕，都人士恭行祭典。又以春秋兩季祭典，擇日行之。自昔迄今，年以為例。昨十八日，值王誕。是日午前七時，都人士衣冠蹌濟，集候兩廂分派執事，恭行三獻禮云。」[39]即是例證。不僅此，該宮內之岳飛像有帥、王、帝三種造形，分別代表岳飛生前、死後追封、及道教賜封的三種身分。且每年正月二十日的「開印」與十二月二十日「封印」典禮，倣古衙門禮制，亦是一大特色。

　　除岳王祭典外，全年例行活動還有：祈安消災法會（農曆一月十三～十五日）、春祭（三月初三）、秋祭（八月三日）、朝真禮斗法會（九月一～九日）及每月朔望祈安上疏禮誦經懺，直到年底十二月十五日完經上疏。另外經常性活動尚有：元月初一舉行全體門生團拜會，初四子時舉各行業歲首抽運籤典禮。四月二十四日舉行宣講紀念日活動，七月有中元普度等等。[40]

38　黃盛璘編《臺灣深度旅遊手冊·宜蘭》（臺北，遠流出版公司，1992 年 10 月），頁 93。

39　同註 27。王見川前引文，附錄五〈岳王祭典〉，頁 73。

40　同註 36。

第五節　小結

　　扶鸞又名扶乩，是中國的一種古占法，據學者研究，清初康熙年間，臺灣已有此類活動；道咸年間已有鸞務，時有文人恭奉神明，設置沙盤、木筆、請神降乩示事。清末光緒年間，在宜蘭之鸞堂頗多，有名者如新民堂、喚醒堂、未信齋、醒世堂、鑑名堂、坎興堂等等。

　　其中關於坎興鸞堂之設置，或者可以追溯至同治初年，經設鸞數次後，至明治二十九年（光緒二十二年，1896）四月正式開堂，並由陳祖疇、陳惟馨、陳光范，陳登第、李宗璜等十數人，籌建碧霞宮，祭祀岳武穆神像。可能在明治三十年年初動工，於十一月初步完成主殿建物。

　　另一方面楊士芳、李望洋、李紹宗、黃友璋、呂桂芬、李及西等人，因有見於割臺之際，兵荒馬亂，地方不寧，人心惶惶，乃共同組織「勸善局」，宣講忠孝節義，警頑立廉，安定人心，進而冀求疆土之光復，重回祖國懷抱，並且有意建廟，求一固定集會場所，乃有「建廟啟文」之撰寫與鼓吹。

　　由於雙方動機，作法均不謀而合，而且楊士芳等人擁有科舉功名與官銜仕紳之地位名望，陳祖疇等人想借重他們之聲望以資號召，所以禮讓楊士芳出面當頭，因此召集、買地、簽約率由楊士芳主事，在明治三十二年六、七月時向日方宜蘭廳長申請擴建，並經核准終於在明治三十二年（光緒二十五年，1899）碧霞宮才全部完成。以後碧霞宮第一任首事也是請楊士

芳擔任，而勸善局也併附在碧霞宮內。關於此次買地擴建之事，今廟內猶存地契一件，可作證明。至於該廟形制規模如何？史文有缺，不可得知，僅知：為兩進式建物，前後殿約六十坪，基地約百餘坪，外有圍牆，建物占地九十八坪一合二勻，採座北朝南之配置。

　碧霞宮既於明治三十二年全部竣工，嗣後有若干次之增建翻修，如大正四年（1915）增建東西兩廊及左右二廊，時外仍有圍牆，內有青雲閣與勸善局兩軒，所祀神明，中有岳王像，東西廊祀其部將，左右廊合祀五文昌。昭和二年或有修建，光復後，一九五三年一度修繕，一九六一年及一九八一年間大興土木，曾修補東西軒，包括天師壇及功德堂等處，另廚房、會議廳等亦一併整建，拜亭與三川門之門樓也在此時興建。一九八四年發動募捐，添購該廟後面空地，總計五百多坪準備作為擴建廟宇之用，幾經波折，至一九九六年一月，廟方才取得一百三十多坪土地所有權，一九九○年，由李肇基、簡松輝、陳生明、張茂坤等十八人，依據信徒大會決議案，組織「重建籌備委員會」。一九九一年十月起成立「重建籌備委員會」，並委託張清標建築師規劃重建，決定改建成鋼筋混凝水泥現代式多層廟宇建築。一九九二年完成設計請照，舉行破土儀式。不料，翌年五月宜蘭縣政府為慶祝「開蘭二百週年紀念」，將廟後方土地規劃為楊士芳紀念公園，並列報碧霞宮為古蹟，不准重建。以後幾經反覆陳情，縣府也召開古蹟勘查座談會協調，並委託臺灣大學城鄉研究發展基金會，完成「宜蘭縣古蹟遺址調

查研究計畫」。一九九六年起陸續完成廟後停車場建設，及一九九六年初廟後綠地之征收，與拆除舊屋。另以補助社區規劃名義，撥款協助還清該廟當初委請建築師重建規劃費用四十萬元等。同年（1997）信徒大會中同意縣府將碧霞宮列入古蹟保存，十月，碧霞宮正武列為縣定古蹟，並經委託中國工商專校負責該廟之調查研究案。一九九八年十月，續有油漆廟宇及電氣配線與雨棚換新之小型工事，並正在新建一棟文史館，作為展示廟中有關善書、神器等等古文物之用途。一九九九年一月，內政部民政司同意撥款維修，計經費有一千三百萬元，於二月發包維修左右廂房，五月全面修護正殿，目前已完成整修。

碧霞宮成立之初，便有宣講善書，教化善行之舉，惜因時移勢變，自一九六〇年代起，宣講多名存實亡，平時改以文宣刊物替代宣揚，僅於祭典時才有象徵性的宣講，至於其他社會救濟，如施棺賑米、恤孤憐貧，提供圖書閱覽，種種善行，不遑枚舉，歷經百年，未曾間斷，人咸稱頌。

至於其組織與祭典，早期有楊士芳擔任首事（即董事），嗣後改稱總董，分由陳祖疇、游聯甲、王蔡樹三人前後擔任。其中陳祖疇不僅為碧霞宮創建時實際出力者，為最大功臣，而且曾於明治四十年（1907），將扶鸞寫成之《敦倫經》，由陳祖疇不辭辛勞，親自攜往中國江西龍虎山，請六十二代嗣位張天師鑑定，並蒙贈二張天師符與一個雷牌。而光復後，一九五三年，第六十三代天師張恩溥曾蒞宮講道答報，成為當年盛事。光復後，因應政府法令規章，改為理事會，正主持人稱理事長，

也制定了組織章程。一九五一年為健全組織，成立董事會，正主持人又稱董事長，至一九九六年修訂管理委員會章程，再改稱主任管理委員會。日前之主任委員為李肇基，下設副主委，有陳旺叢、簡金德、廖世明、江林素蘭、游禎三等人，其他之委員、候補委員，與監察委員詳細名單，茲不贅。

　　碧霞宮較為特殊者為門生制度，分鸞、講、經三部分與賑救等修行，個人可自由選擇一項或多項參加，一九八七年時為配合組織改組，遂將門生制度改名信徒制度。光復前之門生率為男性，如今男女參半，目前約有近三百名信徒，平均年齡為六十三歲，百分之八十為公教人員及其子弟，年齡高、水準高，為其他廟所少見。

　　碧霞宮既以供奉民族英雄岳飛為主神，每年農曆二月十五日之例行祭典活動，已見前文，茲不贅引。

　　總之，碧霞宮之特色與價值，約略言之有三：

　　1.是臺灣少數幾個以岳飛為主神之廟宇，祭典不僅符合古制，而標榜忠孝節義之精神，保存民族正氣之宗旨，尤為他廟所罕見。

　　2.廟之創建歷史不久，卻善於保存文物、古蹟。

　　3.宣講善書，教化善行，與其門生制度，歷經百年而不墜，維繫百年傳統而不斷，不僅是該廟最具特色之活動，更是臺灣寺廟之僅存。可見以儒為宗，以神為教，以飛鸞濟世，宣講忠孝節義，出書警頑立廉，是該廟最具特色與價值所在，碧霞宮之善行，其功大矣！

羅東震安宮

	羅東鎮公所網站基本資料介紹

簡介	震安宮是羅東鎮上最早的「媽祖廟」，羅東在清末已是蘭陽平原溪南地區的重鎮，並有水路通往溪南大港－加禮遠港，人們為求船貨平安，於清道光 17 年建此廟，供奉海上之神－媽祖。 　　同治 6 年，五結人黃永在此集資，將廟改建成前中後三殿建築。民國 12 年，媽祖廟因地震而震倒，信徒再次捐款整修，廟名也因此定名為「震安宮」。

資料來源：

http://www.lotong.gov.tw/content.asp?PageId=F_M05_01

_01V&TourId=28

羅東震安宮建置沿革小考

賴俊嘉／卓克華

第一節　前言

　　羅東震安宮原名天后宮，創建於清道光十七年（1837），為羅東鎮上最早建立之媽祖廟。位於宜蘭縣羅東鎮仁和里中正路 35 號，為羅東鎮商業中心地帶，廟前為中正路，左為民族路，後為中正街，該地為羅東商業發展最早的地區，在清代、日據時期被稱為「羅東街」，亦是今日羅東最為繁榮的地區。震安宮廟貌雄偉莊嚴，主祀天上聖母，從祀觀音大士、十八羅漢、比干聖相、幽冥教主、三官大帝、關聖帝君、開漳聖王等，祭祀範圍涵蓋羅東、冬山、五結、三星，為溪南地區最重要的信仰中心。本文將探討震安宮創建年代、震安宮沿革等，以期對震安宮之歷史發展能有基礎性的認識。

第二節　震安宮之創建年代考

關於早期記載震安宮之文獻，由於史料甚少，至今僅見於陳淑均《噶瑪蘭廳志》卷三〈祀典志〉中，且極為簡略，記載如下：

> 一在羅東街，居民合建[1]。

從上文來看，陳氏不僅未紀錄震安宮之創建年代，甚至連創建者為何人，亦全無任何記載，震安宮之相關記載僅九字而已，因此難以確認震安宮正確之創建年代。大正十三年（民國十三年，1924）之〈寺廟台賬〉，更將創建年代記為「不詳，大凡百年前[2]」。

根據目前極為有限的相關史料及文獻整理，有兩種說法，一說為清嘉慶二十二年（1817）；一說為道光十七年（1837）。

震安宮於嘉慶二十二年（1817）建立之說，僅見於黃明田等編《羅東鎮志》第十篇〈宗教篇〉，其文如下：

> 該宮肇基於 1817 年（清嘉慶 22 年），相傳，當時由一「行腳僧」從福建湄洲聖女林默娘祖廟，背負分靈聖像

---

[1]　陳淑均，《噶瑪蘭廳志》，臺北：臺灣銀行經濟研究室，1963 年，頁 118。

[2]　中研院台史所藏，未出版。

金身渡海來臺，輾轉抵達羅東落腳，由地方仕紳倡議募
捐建廟[3]。

該志附錄之〈大事記〉亦如此記載：

1817（清嘉慶 22 年），義和里震安宮創建[4]。

而震安宮於道光十七年（1837）建立之說，則普遍為多數
人所信，大部分的史料、文獻、著作皆記載該年為建廟年代。
廟方人員逢慶典、廟志簡介亦是將該年作為建廟年代之基準。

震安宮於道光十七年（1837）建立之說，最早出自於大正
十四年（1925）一月，當時震安宮修建主事胡慶森，於後殿右
壁立之〈震安宮沿革碑〉記：

蓋東勢居民樂捨緣金貳千元以為工資建築壹棟為始。至
同治六年七月六日被風颱襲壞，彼時有五結庄黃永在為
發起，對於東勢居民募集緣金四仟圓重築壹棟。直至光
緒拾捌年五月廟宇傾頹時，有十六分張能旺及羅東街陳
謙遜兩氏再為主倡，由東勢土地甲數分攤募資壹萬伍仟
圓築成貳棟。繼以民國拾壹年之地震。廟勢因而傾斜，
此時地方志士仁人鑑及斯狀，誠恐崩潰傷人，因而各提

---

[3]　黃明田等編，《羅東鎮志》，第十篇〈宗教篇〉，宜蘭：羅東鎮公所，2002 年，
　　頁 622。

[4]　中華綜合發展研究院應用史學研究所編，《羅東鎮志》，附錄〈大事記〉，宜蘭：
　　羅東鎮公所，2002 年，頁 792。

重建之計，時有胡慶森及王長春主倡，陳純精、張阿力、洪阿捱、胡慶周、盧琳榮外數拾名贊成，更對蘭東居民募集緣金萬捌仟圓建築壹棟，以民國拾貳年拾月至翌年拾貳月竣工，凡歷拾肆個月而全部告竣。蓋自始至今，歷啟其經過年間，約有九拾年之久矣[5]。

以上碑文雖未明確列出震安宮之創建年代，但碑中提到「蓋自始至今，歷啟其經過年間，約有九拾年之久矣。」將立碑的時間（大正十四年，1925）上推約九十年為道光十五年（1835），接近道光十七年（1837），可知震安宮之創建年代約是道光十七年（1837）之說法的由來。

震安宮管理委員會於民國七十一年編《羅東震安宮修建落成鎮殿慶典手冊》，其中〈羅東震安宮修建簡介〉，內文如下：

本宮奉祀福建湄洲聖女林默娘祖廟分靈之主神天上聖母，先賢於前清道光十七年（公元一八三七年）建廟壹棟為始，歷經同治六年（公元一八六七年）、光緒十八年（公元一八九二年）及民國前八年（公元一九〇五年）先後共四次向「東勢」居民募集緣金為新（重）建廟宇經費[6]。

5　震安宮後殿右壁之〈震安宮沿革碑〉，1925 年。
6　羅東震安宮管理委員會，《羅東震安宮修建落成鎮殿慶典手冊》，1982 年，無頁碼。

　　此外，震安宮管理委員會昔主任委員劉圳松，於民國七十二年（1983）春節，於後殿右「震安宮開山門下一派功德先賢神位」旁之牆壁有〈功德堂緒緣〉，由羅東高工創校校長陳崑撰文[7]，記載如下：

> 羅東震安宮始建於前清道光十七年（一八三七），奉祀主神為天上聖母，迄今歷時一百四十五載，其間經過五次修（重）建，而達日今規模。據考，當初有一行腳僧從福建湄洲聖女林默娘廟背負聖神金身渡海來台，輾轉抵羅，旋即募集緣金興建廟宇以供，此乃本宮開山禪師[8]。

　　游謙、施芳瓏合著之《宜蘭縣民間信仰》，是依據上文〈功德堂緒緣〉所述，來編寫震安宮之沿革，其文如下：

> 清末，羅東已是蘭陽平原溪南地區的重鎮，並有水路通往溪南大港，及加禮宛港。據廟壁所刻沿革記載，當初有一位行腳僧，從中國福建湄洲媽祖廟背負一尊金身渡海來台。相傳，他是從加禮宛港上岸，輾轉來到羅東定居，不久，即招募緣金建廟。當時東勢（包括羅東堡、清水溝堡、二結堡、打那美堡、茅仔寮堡、利澤簡堡）

---

[7]　羅東震安宮管理委員會，《宜蘭縣媽祖弘道協會第六次聯誼會手冊》，2008 年，頁 21。

[8]　抄錄自震安宮後殿右壁〈功德堂緒緣〉，1983 年。

居民踴躍捐資，達 2000 元，於道光 17 年（1837）創建本廟[9]。

震安宮管理委員會於民國九十七年（2008）編《宜蘭縣媽祖弘道協會第六次聯誼會手冊》，其中〈羅東震安宮建廟經緯〉，內文如下：

> 羅東震安宮（下稱：本宮）原名天后宮，於清道光十七
> 年（按，一八三七）奠基，建廟壹棟為始，經先賢重建，
> 首有五結庄黃永在氏在同治六年（按：一八六七），次
> 為十六份張能旺與羅東街陳謙遜兩氏於光緒十八年
> （按：一八九二）發起，續由五結庄黃禮炎氏在民國前
> 八年（按：光緒三十年，一九〇四）重建，先後四次向
> 「東勢」居民募集緣金建廟[10]。

綜合以上文獻及史料來看，筆者對於《羅東鎮志》所採用之依據是有疑問的，《羅東鎮志》在對於震安宮記載之註釋中，雖表示震安宮創建年代有兩種說法，然其最終卻採用嘉慶二十二年（1817）作為創建年代，其最主要之依據為同樣引用自陳淑均《噶瑪蘭廳志》之記載，其文如下：

9　游謙、施芳瓏，《宜蘭縣民間信仰》，宜蘭：宜蘭縣政府，2003 年，頁 297。
10　同註 7 前引書，頁 49。

一在廳治大堂之右，東向；一佛堂，一外廳，一庭院，前後俱三楹。中奉神及觀音塑像，左奉火神，右奉藥王牌位。嘉慶二十二年，官民合建。護通判范邦幹額曰：「瀛海慈航」，通判高大鏞額曰：「祥凝福海」[11]。

　　從以上記載來看，「廳治大堂之右」所言之「廳治」是指噶瑪蘭廳之廳治所在地，而非是指羅東巡檢司，即使是指羅東巡檢司，然而當時羅東巡檢司是位於宜蘭城內[12]，是由於當時羅東地區「因該處墾荒未透，政務亦簡[13]」，並非設在羅東地區。因此，以上記載的，應是當時位於今宜蘭市內，已不存在之一間媽祖廟，而非指震安宮。問題是，以上記載之後，排版完全沒有分段，便直接連貫到「一在羅東街，居民合建。」，《羅東鎮志》會將嘉慶二十二年（1817）列為震安宮創建年代，可能是《羅東鎮志》宗教篇之編者許純蓮、黃明田等人，在考證引用《噶瑪蘭廳志》時，頗有可能將兩間廟之記載混淆，誤認為一篇，並抄錄史料錯誤，以及對於當時羅東司巡檢設置地並未考證周詳，因而將嘉慶二十二年（1817）誤列為震安宮之創建年代。

　　而要推論出震安宮之大致創建年代的方法，從《噶瑪蘭廳志》初稿、定稿之完成年代以及柯培元《噶瑪蘭志略》的內容、

---

[11]　同註 1 前引書，頁 118。
[12]　同上註前引書，頁 24。
[13]　同上註前引書，頁 53-54。

成書年代，也可看出一些端倪。《噶瑪蘭廳志》初稿完成時間，據《噶瑪蘭廳志》之〈自序（二）〉所言：「『蘭廳志』一編，粗就於王辰之秋[14]」，「王辰」指道光十二年（1832），初稿共十卷分八門。陳淑均於道光十四年（1834）內渡，道光十八年（1838）應鹿港文開書院之聘再次來台，在授課之餘，繼續收集、補充蘭廳資料，於道光二十年（1840）完成定稿，共八卷十二門。

　　而《噶瑪蘭志略》作者柯培元，於道光十五年（1835）任噶瑪蘭廳通判，在任僅一個月而去，在離去之前抄襲、整編陳淑均《噶瑪蘭廳志》初稿才內渡，即是將《噶瑪蘭廳志》初稿內容進行整理與增補，完成《噶瑪蘭志略》十四卷，因此最多僅是記載道光十二年（1832）至道光十五年（1835）之事。而《噶瑪蘭志略》之〈寺觀志〉，並未記載震安宮之存在，因此或能證明在道光十五年（1835）之前，震安宮仍未創建，亦證明《噶瑪蘭廳志》於道光十二年（1832）寫成之初稿，也應該未有記載震安宮之創建記錄。而《噶瑪蘭廳志》於道光十八年（1838）續修時，記錄震安宮之事雖僅九字，然已可證實在《噶瑪蘭廳志》定稿之前（即道光十八年），震安宮就已建立。換言之，道光十七年（1837）應是震安宮之創建年代，也意外提供了一條柯培元抄襲陳淑均之證據。至於《噶瑪蘭廳志》對於震安宮之記載僅九字，應是陳淑均在道光十八年（1838）續修

14　陳淑均，《噶瑪蘭廳志》，〈自序（二）〉，頁9。

《噶瑪蘭廳志》時，震安宮已存在，但未詳細記載何時創建，可能是不能確定震安宮之創建年代，也有可能是因為當時建築震安宮之工程尚未完竣，而不便論斷創建年代，因此僅簡略記載九字。而另一方面，《噶瑪蘭志略》之〈寺觀志〉，雖有記錄當時宜蘭地區已建立之廟宇，但內容大體上都是抄錄自《噶瑪蘭廳志》初稿，且該書於宜蘭地區之媽祖廟之記載中，並未看到當時羅東地區有建立媽祖廟之記載，因此可證實《噶瑪蘭廳志》初稿完成之時，震安宮還未建立，亦可證實震安宮之創建年代，範圍已縮小至道光十六年（1836）至道光十八年（1838）之間，因此，至今為廟方與大部分著作所採用之道光十七年（1837）建廟的說法，是較為合理的。

　　由於震安宮早期史料極為缺乏，目前廟中所能見到最早期的第一手文史資料，只有大正十三年（民國十三年，1924）第四次修建時所遺留的一些石柱、柱聯、雕刻，以及牆堵上的一些碑文而已，至於震安宮現有典章禮儀、行事記述、文史記載等資料，皆是從民國六十一年（1972）第五次修建才開始點滴彙集[15]，史料收集與記錄的年代相當的晚，因此僅能依照現有史料加以推論與證明，若往後能找到更多更早與震安宮創建年代有關之第一手史料，就更能詳加釐清震安宮之創建年代了。

---

[15]　同註 7 前引書，頁 45。

第三節　震安宮沿革考

如上文考證，震安宮創建於道光十七年（1837），據傳，當時有一位行腳僧[16]，自福建湄洲媽祖廟，背負媽祖聖靈金身渡海來台[17]，從加禮遠港登陸，並輾轉抵達羅東落腳，當地士紳為求船貨平安，於該年倡議由當地東勢地區居民，募捐兩千銀元於渡頭附近（即今址）建廟，安奉天上聖母媽祖，為震安宮建廟之始。廟成之後，每年仲春海水漲潮時刻，由加禮遠港（今宜蘭五結鄉清水大閘門海口），乘舟渡海回歸母廟謁祖[18]。然而，當時倡議建廟之仕紳為何人，由於早年史料極為缺乏，無詳細記載，僅知「居民合建」，可知並非官廟系統，時至今日，今人更不得而知其詳情了。

不過，回溯當年之創建背景，道光年間時羅東已是蘭陽溪南地區之重鎮，有水路由阿束社（今開明里一帶）南門港（今羅東國小旁）通往蘭陽溪南之加禮遠港，以運送糖、米等各種貨物，為當時羅東最重要的經濟命脈，亦對於往後羅東成為溪

---

[16] 該行腳僧被稱為「開山禪師」，法號不祥，震安宮後殿功德堂立先賢神位以奉祀之。參見羅東震安宮管理委員會，《宜蘭縣媽祖弘道協會第六次聯誼會手冊》，2008 年，頁 21。

[17] 震安宮之「鎮殿媽」為軟身神像，四肢關節皆可活動與拆裝，為粉面媽祖，全高六呎三吋，為全台最高，亦是最秀麗的軟身媽祖神像。參見林福春，《清代噶瑪蘭寺院之研究》，台北：巨龍文化出版社，1993 年，頁 154。但同理如此巨大神像若是當年行腳僧「背負」來台，亦是不可能，應非原物，乃後來雕刻，或另從祖廟請來。

[18] 同上註前引書，頁 20。

南地區重要的商業、貨物轉運中心，具有非常深遠的影響。羅
東街在當時，由於其地利之便，而成為附近各庄居民前往縣城
的必經之地，羅東街上的神祇自然成為來自四方的信眾祈求平
安的對象。而天上聖母為超越先民祖籍的神明，能夠滿足先民
精神上的需要，成為祈求海上運輸、貿易、漁獲以及事業平安
的對象。對該地域內人群的宗教結合，亦是基於地利之便，而
衍生出的地緣祭祀範圍關係。鄰近地區在未建立自己的廟宇，
或沒有奉祀更高神格的主祭神之前，就會先認同羅東境內的主
祭神[19]。也就是說，該信仰的祭祀範圍，通常會結合有地利之
便的鄰近地區，各項祭祀或慶典活動的涵蓋面積變得相當廣，
因而逐漸結合、擴大成為超村落的祭祀範圍，震安宮會成為今
日羅東、冬山、五結、三星等溪南地區之「主母廟」，便是因
為如此背景。

　　清同治六年（1867），由五結庄仕紳黃永在[20]發起修建，向
東勢居民募集資金四千銀元，將震安宮修建為前中後三殿之格
局，中奉聖母，後祀觀音，樓上奉祀水仙尊王[21]。此次修建不

---

[19]　許淑娟，〈蘭陽平原祭祀圈的空間組織〉，臺灣師範大學地理研究所碩士論文，
　　　1997 年，頁 52。

[20]　黃永在（1802-1870）：五結庄仕紳，同治元年（1862），黃氏等七十四人為發
　　　揚傳統道德、振興讀書風氣，捐資組織羅東文宗社。黃氏亦是五結福德祠、
　　　聖母會之創設者。同治六年（1867）發起震安宮第一次修建。光緒十六年（1890）
　　　於羅東街興建孔廟（該廟於民國五十五年遷至北成里現址）。參見黃純善公祭
　　　祀公業管理委員會編，《黃純善公家系譜附家誌》，1986 年，頁 50-51。

[21]　震安宮後殿左壁之〈羅東震安宮沿革碑〉，1925 年。

僅擴大廟宇規模，亦開始奉祀天上聖母之外的神明。光緒十八年（1892）五月，由十六份（今羅莊里）士紳張能旺與羅東街總理陳謙遜兩人發起修建，向東勢居民以各人擁有土地多寡份數來分攤建廟經費之方式，共籌得一萬五千銀元，將震安宮建為兩落式建築[22]，並於次年完工[23]。

　　據〈震安宮沿革碑〉以及《羅東鎮志》、《宜蘭縣民間信仰》、《宜蘭縣媽祖弘道協會第六次聯誼會手冊》之〈羅東震安宮建廟經緯〉等相關記載，光緒二十年（1894）三月二十二日，震安宮曾為火災所毀，由五結庄民黃禮炎發起重建，向東勢居民募集資金四千六百元，於明治三十七年（光緒三十年，1904）十一月二日重建，但震安宮重建為僅有一落之建築[24]。

　　筆者對於以上年代說法是有疑問的。首先，筆者查閱有關宜蘭、羅東地區記載，大部分皆無光緒二十年（1894）羅東地區發生火災之記載。有之，則是筆者於《羅東鎮志》之〈大事記〉與白長川於民國八十四年（1995）於臺灣史蹟源流研究會發表之論文〈我的故鄉—羅東文化發展的初探〉中，才發現有光緒十八年（1892）除夕，羅東街（今中正路）曾有發生火災之紀錄，由於當時羅東街菜市場商販搭建草棚遮雨防曬，且羅

22　震安宮後殿右壁之〈震安宮沿革碑〉，1925 年。

23　溫國良編，《臺灣總督府公文類纂宗教史料彙編（明治二十八年十月至明治三十五年四月）》，南投：臺灣省文獻委員會，1999 年，頁 277。

24　同註 3 前引書，頁 623。

東街路狹窄,造成大火延燒街道兩側店舖與民宅[25],當時羅東街總理陳謙遜之藥鋪與總理辦公室,以及羅東南門木橋,皆被大火燒毀[26],可見災情相當慘重。陳謙遜處理災後重建問題,將羅東街道拓寬,使街路兩側店舖各退後一丈半,使羅東街放寬至六丈(約十八公尺)。因此,筆者推測震安宮應是於光緒十八年(1892)或二十年被火災燒毀,陳謙遜進行災後重建,或是羅東街拓寬之時,亦有籌劃震安宮之重建事宜,該年並非一般說之「改建」,而是「重建」,並於次年建成。換句話說,上次重建原因可能因火災或因拓寬街道,或是兩者皆有之情況。而且,震安宮在當時已是溪南地區之信仰中心,對先民們來說是非常重要的信仰中心,若是光緒二十年(1894)被火災燒毀,照理來說應會馬上籌劃重建事宜,並募集重建資金,而非讓震安宮荒廢十年後,直到明治三十七年(光緒三十年,1904)才發起重建事宜。據台灣總督府於明治二十八年(光緒二十一年,1895)十月至明治三十五年(光緒二十八年,1902)之公文檔案,有當時記載震安宮之建築物坪數為四十四坪、用地之坪數為一千一百四十坪,以及「建立年度」為光緒十九年(1893)[27],此應是指「重建完成」之年,依此推論當時震安宮應還是存在的,且是一落式建築。若依照光緒二十年(明治

---

[25]　同註 3 前引書,頁 700。

[26]　白長川,〈我的故鄉—羅東文化發展的初探〉,《臺灣史蹟源流研究會八十四年會友會論文專輯》,臺北:臺北市文獻委員會,1995 年,頁 212。

[27]　同註 23 前引書,頁 277。

二十七年，1894）震安宮被火災燒毀，十年後才重建之說法，在總督府記錄公文檔案這段年代，震安宮之廟地在當時應是一片廢墟或空地，總督府如何能記錄震安宮用地之坪數與建立年代？可能因為災害甚大，居民財力有限，也有可能拓寬街道時，會損及某些居民的既得利益，在擾擾嚷嚷爭執的時代背景之下，原先預定建為兩落式，卻僅能暫時先建立一落式之廟宇。雖欲繼續興建，但緊接著乙未割臺，地方騷動不已，因此可能修建工程延宕，時斷時續，未有結果，直到明治三十七年（光緒三十年，1904）才又發起重建事宜。

關於此事之詳細曲折過程，幸近年出版之《臺灣總督府公文類纂宗教史料彙編（明治四十二年五月至明治四十四年十一月）》，剛好有收錄相關公文。該書〈廟產處分篇〉收有「核准媽祖宮處分所屬財產─陳純精等四人」，該四人為廟「管理人陳純精」、「信徒總代表賴榮春、藍新、顏乞食」，申請之事宜係是「右係羅東街所在廟宗媽祖宮之所屬地，本次申請無償出借為羅東街庄役場新建用地一節，經查該地向來並無收入，且將來亦無圖謀收入之計畫，是以縱然將之無償出借，對於該廟之維持費等亦絲毫未有影響，該地位處羅東街之中央，若作為役場所新建用地，最為適當，且上開處分乃關係者共同所冀，未有任何異議，敬請儘速核可，特此轉陳申請書，恭請鑒核。」[28]陳純精等人上書日期是明治四十二年（1909）五月二十八日，

28 溫國良編譯《台灣總督府公文類纂宗教史料彙編（明治42年5月至明治44年

宜蘭廳收文日期也是同年 5 月 28 日，轉陳上級是 6 月 11 日。是可知當年羅東街一帶大都是震安宮之廟產，日方強行以「無償出借」為由，侵借土地興建羅東街庄役場。

　　本文公文之「處分理由」內容竟意外詳敘此次火災後，震安宮之變遷：[29]

　　　　本廟所屬祠廟用地一百五十九番地，乃舊政府時代之舊廟用地，距今十五年前之廟宇，因火災而燒毀，以致遷建他處，使該用地成為空地。惟依本島人之慣例，由於忌諱借用原廟用地之信念甚深，故無借地他人。事實上，十餘年來均放置不管，無任何收入。本次經商議希望充當羅東區街庄長役場用地，爰本廟關係信徒遂一同協議，毫無異議地決議：「全無任何收入之土地，與其放置不管，不如充當公共用途。」爰擬無償出借該土地二十年，作為羅東區街庄場用地。

　　文末另附有震安宮明治四十一年及四十二年度收支決算、預算，四十一年是：收入 36 日元（喜捨金），支出 36 日元（整年廟維持費）；四十二年是：收入 36 日元（喜捨金），支出 36 日元（整年廟維持費）。

　　從上引公文，明治四十二年逆推 15 年，正好是光緒 20 年

11 月）》（南投，國史館台灣文獻館，民國 97 年 11 月 30 日，初版 1 刷），頁 9~12。

29　同前註。

（1894），可知前述傳說之火災，確有其事，發生時間是光緒
20 年，結果災情嚴重，舊廟付之一炬，徒留空地，而當時舊
廟位置是在日據時期羅東街庄役場建物所在地──159 番地，
廟之左右多為店舖與民宅，亦被大火燒燬，震安宮亦不得不「遷
建他處」──即今日所在位置（中正路 35 號），可能因倉促遷
建，加上光緒二十年清廷甲午戰敗，翌年割台，時局動盪不安，
人心惶惶，居民無心於此，建築規模、形制均是較為簡單，才
會有明治三十七年之重建工程。至此，此一糾葛不清之謎團亦
因此一公文之出現而得以釐清。

　　大正十一年（民國十一年，1922）九月二日，震安宮為地
震所毀，由新協泰商號之胡慶森與王長春二人主倡，與羅東街
長陳純精、地方仕紳藍新、藍廷珪、嚴欣榮、張阿力、洪阿挬、
胡慶周、盧琳榮、陳振光、陳進財、黃承爐、林玉麟、林燦然、
蔡士添、潘豐灶等數十名地方有力人士發起重建事宜[30]，向當
時溪南地區居民募集資金三萬八千日元。其中主事胡慶森曾因
募款不順，事先代墊工款達兩萬六千日元，導致他的事業大受
影響，此舉感動地方仕紳，大家因此才紛紛解囊樂捐[31]。於大
正十二年（民國十二年，1923）十月動工，至翌年十二月完工，
歷時十四個月[32]。

---

[30]　同註 23 前引書，頁 50。
[31]　同註 3 前引書，頁 624。
[32]　同註 22。

大正十二年（民國十二年，1923）之九月二十五日《臺灣日日新報》中的〈羅東特訊〉，亦用不小的篇幅報導震安宮修建之事（附圖一），相關報導如下：

> 羅東天后宮重修一事屢登前報，這番因申請中之捐款，有受過郡當局內示，不日方得批准，但興工之日既迫，而捐款及他諸項尚未協議，故于云十六日由發起人招集郡下信徒二百餘名，在同街奠安宮內，協議前記諸項。自午前十時由發起人陳街長起敘開會辭，次今井郡屬說明申請寄附募集許可經過，其次由藍廷珪氏說明重修之急務，並提出前記數項附議，來會者滿場一致贊成。至于捐款一事，亦得踴躍釀出之狀，聞是日選出胡慶森、林燦然，為實行董事，又選舉林玉麟、陳順德、黃丹晟等為工事監督，又該廟之方向再擇坐西向東，至正午散會移別室開宴云。

羅東天后宮重修一事，既去十六日開實行協議會，欲行諸事均已定著，來會者釀出捐款之踴躍難以言狀。協議之日在中食酒席上，互相釀出者不乏其人，資其應募者申達預定額，即胡慶森一千圓為最多，次藍振泰六百圓，朱林氏蘭、黃六成、嚴新榮各五百圓，張阿力二百四十圓，吳查某三百圓，陳連全、王長春各百二十圓，吳榮坤、廖志德、吳乞食、林邱玉生、江兆麟、游耕雲各百圓，謝清福、何水養各八十圓，其五十圓、四十圓、三十圓不遑枚舉。又林姓一同，靖邑縣會員一同，決定寄附石龍柱各一對，林余氏有、林張氏玉女、昭邑縣、龍溪縣、和邑縣會員，一同寄附正點石柱各一對，又陳明德、嚴瑞月、崑和社、金浦縣會員一同寄贈副點石柱各一對，林阿添、嚴新榮，正點柴柱各一對，右兩廊四角石柱七對即黃阿敏、洪阿挺、胡慶周、盧琳榮、黃丹晟、陳鄭順、張開章，既寄附足數云[33]。

　　從上文來看，震安宮修建之捐獻者可說是相當的多，捐獻者之姓名在今位於震安宮正殿左廊之捐題碑文中有所記載。捐獻之文物，如上文中所提之龍柱、廊柱、正殿點金柱，至今仍還存在（附圖二、附圖三）。較令人感興趣者，廟之坐向「再擇坐西向東」，則清代羅東震安宮之座向，有可能是坐東向西。

33　〈羅東特訊〉，《臺灣日日新報》，1923 年 9 月 25 日，版 4。

 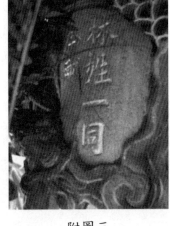

附圖二　　　　　　　　　　附圖三

　　並且，震安宮於大正十五年（民國十五年，1926）舉辦入醮與落成式，由於參拜者甚多，鐵道部甚至於宜蘭與蘇澳間加開臨時列車，相關報導如下：

> 羅東震安宮，去十八日前九時，舉行落成式。十六、十七兩日先行入醮與祭典，蘭陽三郡參拜者甚多。鐵道部于宜蘭蘇澳間，加發臨時列車一日三往復，自羅東驛乘降遊客。二日間有二萬百四十名，其他附近部落來集者，約三萬人。結壇、演戲、放水燈，異常熱鬧，水燈及壇頭特等者，贈與優勝旗及金牌。祭典中警官、消防組、壯丁團，協力取締交通，極為雜沓云[34]。

　　由上文可見，由於震安宮在宜蘭地區信徒人數眾多（約三

34　〈羅東震安宮落成〉，《臺灣日日新報》，1926 年 1 月 20 日，版 4。

萬人），不僅加開臨時列車，亦要讓警察、消防隊、壯丁團出動，以維持該地秩序，場面空前浩大，實乃羅東地區之一大盛事，可見震安宮在羅東地方信仰上，佔有極重要的地位，亦可確定震安宮在當時，已是羅東地區香火鼎盛的廟宇。

附圖四、五

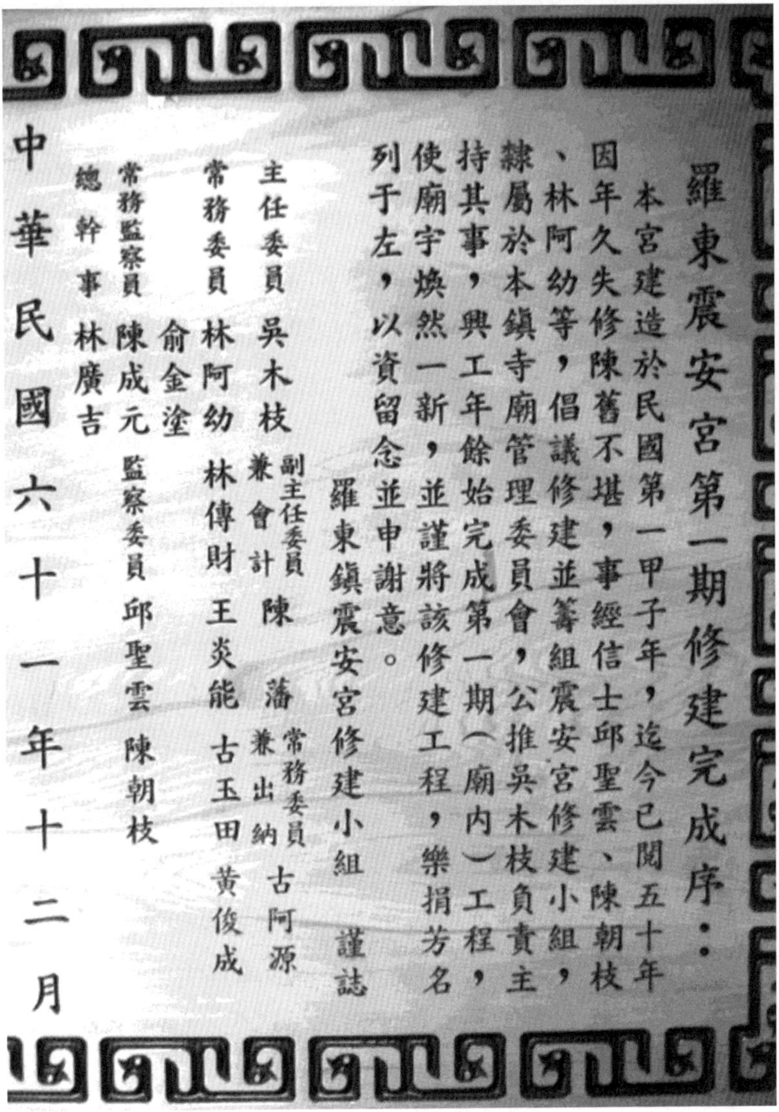

羅東震安宮第一期修建完成序：

本宮建造於民國第一甲子年，迄今已閱五十年，因年久失修陳舊不堪，事經信士邱聖雲、陳朝枝、林阿幼等，倡議修建並籌組震安宮修建小組，隸屬於本鎮寺廟管理委員會，公推吳木枝負責主持其事，興工年餘始完成第一期（廟內）工程，使廟宇煥然一新，並謹將該修建工程，樂捐芳名列于左，以資留念並申謝意。

羅東鎮震安宮修建小組　謹誌

主任委員　吳木枝

副主任委員　陳　藩

常務委員　林阿幼　林傳財　王炎能　古玉田　黃俊成

常務委員　兼出納　古阿源

兼會計　陳　藩

俞金塗

常務監察員　陳成元　監察委員　邱聖雲　陳朝枝

總幹事　林廣吉

中華民國六十一年十二月

附圖六

　　該次修建不僅將建築外貌與內部結構修築為今日之貌，廟名也正式定名為「震安宮」（此前泛稱媽祖宮）。主事胡慶森於震安宮修建完成之後，命人於廟內後殿右壁雕上碑文，記載震安宮自創建以來之沿革與修建過程，以供後人瞻仰，然該碑因年代久遠，累經風化，或因光復初期，因其為日據時代之舊文物，而遭到蓄意破壞而毀損嚴重（附圖四、附圖五）。該次修建是震安宮自道光十七年（1837）創建以來，最重要的一次修建。

　　民國六十一年（1972）十二月，有鑑於震安宮距離上次修建已歷近五十年，因年久失修，而有傾頹之危，由信徒邱聖雲、陳朝枝、林阿幼等人，倡議修建並成立震安宮修建小組，公推吳木枝為主任委員，主持第一期修建事宜，募集資金十六萬兩千元進行小修，費時年餘完成廟內之修補工作[35]（附圖六）。

　　民國六十八年（1979），廟內樑柱開始腐朽且漏水，蟲蛀侵蝕，廟壁龜裂，有崩塌之危，乃有重新修葺之議，由當時羅東鎮長陳圳鄉、震安宮管理人吳木枝、雷阿樹等人發起，於同年八月十二日成立「羅東震安宮修建委員會」，公推商界要人劉圳松為主任委員，羅東鎮前鎮長林洪焰為總幹事，主持修建事宜，於該年一月六日子時動工[36]，至民國七十一年（1982）一月底竣工。共計耗資新台幣千餘萬元之鉅[37]（附圖七）。

---

[35]　震安宮正殿左壁之〈羅東震安宮第一期修建完成序〉，1972 年。

[36]　同註 3 前引書，頁 625。

[37]　震安宮正殿右壁之〈震安宮修建沿革〉，1980 年。

附圖七

附圖八

　　在修建完成之後，舉辦「震安宮修建落成鎮殿慶典」，於該月二十六日子時，舉行安奉主神鎮殿大典，巳時（上午九時至十一時）舉行唐制官式三獻典禮，午時（中午十一時至十三時）遙祭湄洲天上聖母謁祖大典。溪南地區四鄉鎮首長、民意代表與地方仕紳均應邀參加，全臺各地信眾亦蒞臨震安宮參拜，祭典共舉行三天，亦可見震安宮信仰之盛，為地方公廟之地位。而震安宮亦準備「媽祖平安圓」，供信徒福食平安[38]。該次修建以太平山所產之檜木做為修葺木料，並將廟宇整體外貌

---

[38] 同註 7 前引書，頁 49。

保持胡慶森於大正十二年（民國十二年，1923）修建時之式樣
（附圖八），採取保存古蹟之態度進行整修，因此廣受各界好
評[39]。

　　震安宮於民國九十二年（2003）初，有鑑於距上次修建已
逾二十年，受蟲蟻侵蝕、地震之故，而又日漸老朽，牆壁龜裂，
樑柱腐朽漏水，因此便倡議再次修建。經震安宮第六屆第一次
臨時信徒大會通過修建案，經第六屆第八次臨時管理委員會
議，推舉正副主委莊來成、江錦坤、何振登三人為負責人，擔
綱監督修建之大任，並與志工分職執事，共同分擔修建工程。
修建工程於同年九月七日動工，翌年三月三十日舉行正殿主母
樑之上樑典禮，由羅東、五結、三星、冬山等四鄉鎮之行政與
民意首長，以稟文向主神天上聖母呈報修建工事[40]，迄民國九
十四年（2005）九月中旬竣工，共耗資新台幣一千四百萬元左
右，該次修建以經過防腐處理之進口紅木與檜木為建材進行修
補，並以不鏽鋼、防水層等現代性建材為主幹，力求堅固耐用
與長久，是為今日之貌（附圖九）。震安宮自道光十七年（1837）
創建以來，已歷經七次修（重）建，沿革碑文均置於正殿、後
殿之壁上，以供後人瞻仰與見證[41]。

39　同上註前引書，頁 50。
40　震安宮正殿左壁之〈羅東震安宮修建沿革〉，2005 年。
41　同註 7 前引書，頁 50。

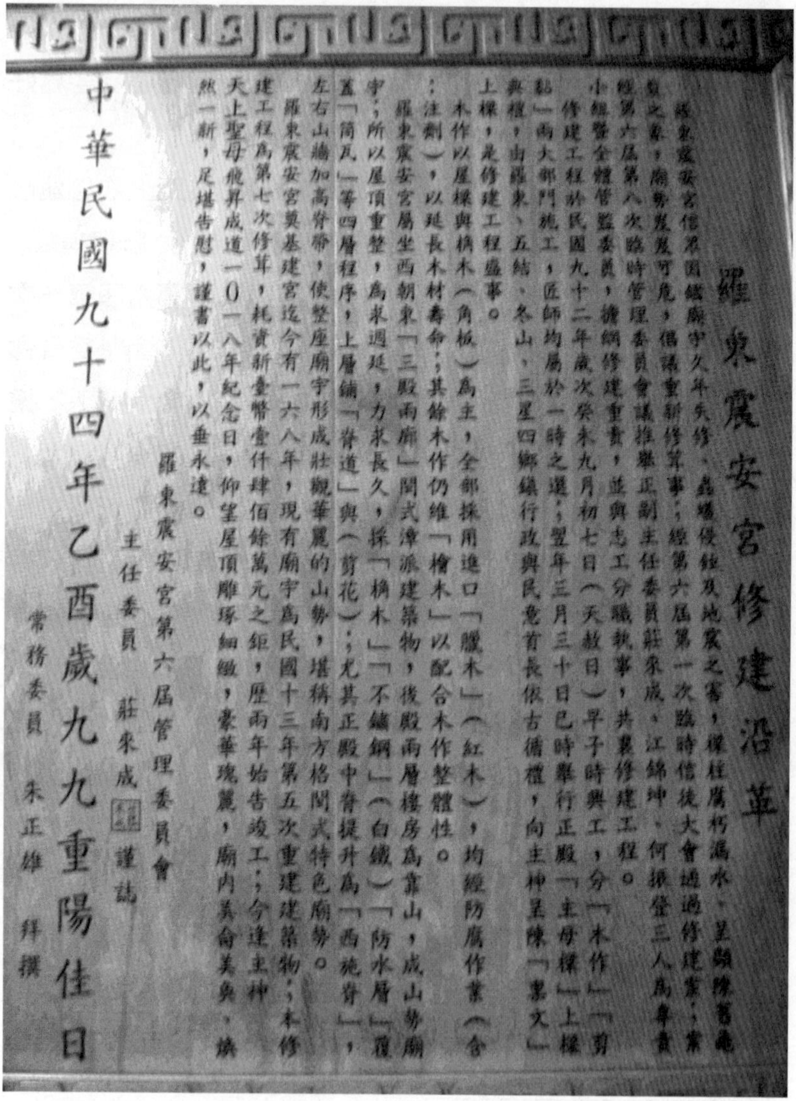

羅東震安宮修建沿革

羅東震安宮信眾因鑑於宇久年失修，蟲蟻侵蝕及地家之冤，樑柱屬朽漏水，呈顯修舊庵；倡議重新修定事；經第六屆第一次臨時信徒大會通過修建案，常經第六次臨時管理委員會議推舉正副主任委員、江錦坤、何振登三人為籌備之主，並與志工分職執事，共襄修建工程。

經第六屆第八次臨時管理委員會議推舉正副主任委員莊來成、江錦坤、何振登三人為籌備之主，並與志工分職執事，共襄修建工程。擔綱修建重責，小組監管全體管理委員，修建工程於民國九十二年歲次癸未九月初七日（天赦日）平子時興工，分「木作」「剪黏」兩大部門施工，匠師均於一時之選；翌年三月三十日己時舉行正殿「主母樑」上樑，由羅東、五結、冬山、三星四鄉鎮行政與民意首長依古備禮，向主神呈棟「棟文」。

上樑，是修建工程盛事。

木作以屋樑與桷木（角板）為主，全部採用進口「膠木」（紅木），均經防腐作業（念注劑）；其餘木作仍維「檜木」以配合木作整體性。後殿兩層樓房為靠山，成山勢廟建工程為第七次修葺，迄今有一六八年，現有廟宇民國十三年第五次重建建築物。蓋「簡瓦」「三等四層程序」，力求長久，採「楠木」「不鏽鋼」（白鐵）「防水層」「覆盆一等四層鋪「脊道」與「剪花」；尤其正殿中脊提升為「西施脊」，廟內美命美奐，煥然一新，足堪告慰，謹書以此，以垂永達。

羅東震安宮屬坐西朝東「三殿兩廟」閩式漳派建築物，所以屋頂重整，為求週延，採「楠木」「不鏽鋼」（白鐵）「防水層」「覆盆一等四層鋪「脊道」與「剪花」；

左右山牆加高脊聳，使整座廟宇形成壯觀華麗的山勢，堪稱南方格閩武特色廟勢。今連主神天上聖母飛昇道一〇一八年紀念日，仰望屋頂雕琢細緻，豪華瑰麗，歷兩年始告竣工，耗資新臺幣壹仟佰餘萬元之鉅，本修建工程為第七次修葺，

中華民國九十四年乙酉歲九九重陽佳日

羅東震安宮第六屆管理委員會
主任委員　莊來成　謹誌
常務委員　朱正雄　拜撰

附圖九

第四節　結語

　　羅東震安宮在創建沿革史上，有兩處關鍵年代有分歧之記載，一是創建年代，有嘉慶二十二年（1817）與道光十七年（1837），一是第二次修建年代，有光緒十八年（1892）、光緒十九年（1893）、光緒二十年（1894）三說。然而，震安宮現有文史資料，皆是從民國六十一年（1972）第六次修建時，才開始零星蒐集與彙整[42]，史料收集與記錄的年代相當的晚，早年之史料極為不足，因此關於清代兩次修建之記載，本文雖已有若干考證，仍有值得後人商榷與考證的。

　　本文採用人類學之田野調查方式，實地調查震安宮內之柱、牆、碑、匾、神像、神桌、棟樑等文物，及建築構件，並輔以歷史文獻等，參考志書（縣志、鎮志）、耆老口述等交互運用之下，相信對震安宮之創建年代及沿革歷史已有清晰之釐清考證，並且意外得到柯培元《噶瑪蘭志略》抄襲陳淑均《噶瑪蘭廳志》之一條有力證據，可謂意外之收穫。

　　最後將本廟創建、修建之沿革，列表如附表一，以清眉目，略作小結。

---

[42]　同上註前引書，頁45。

附表一　羅東震安宮沿革表

年代	事件	發起人	緣由
道光 17 年（1837）	震安宮創建	不詳	保佑水上航運平安
同治 6 年（1867）	震安宮第一次修建	黃永在	不詳
光緒 20-21 年（1894-1895）	震安宮第二次修建	張能旺、陳謙遜	火災、拓寬街道
明治 37 年（1904）	震安宮第三次修建	黃禮炎	承前次修建之續修
大正 12-13 年（1923-1924）	震安宮第四次修建	胡慶森	因地震而廟勢傾頹
民國 61 年（1972）	震安宮第五次修建	邱聖雲、陳朝枝、林阿幼	年久失修，有傾頹之危
民國 68-71 年（1980-1982）	震安宮第六次修建	陳圳鄉、吳木枝、雷阿樹	承前次修建之續修
民國 92-94 年（2003-2005）	震安宮第七次修建	莊來成、江錦坤、何振登	因建築老舊而修建

頭城鎮新長興樹記

文化資產局網站基本資料介紹

文化資產類別	古蹟		
級別	縣(市)定古蹟	種類	街屋

歷史沿革	1.本建物與隔壁 123 號，係同時興建的一式兩間街屋，源由為來台第 20 世陳春榮（老紅）創立長興行，至其次子陳木樹於昭和 7 年（1932）8 月 1 日，與 其兄正式分戶析產，另立店號「新長興樹記」，以示與長子陳全娥之「老紅長興」有所區別。 2.新長興樹記是當年頭城最大最有名的南北雜貨批發店，生意鼎盛時，店中雇有 3 位伙計，負責送貨催款。店外則是「離阿卡」與腳踏車川流不息地載貨進出，眾人咸稱為「大賣店」

而不稱「新長興樹記」。

3.「新長興樹記」與「老紅長興」皆屬昭和時期建築，臨街的西洋式橫條山牆，建材為鋼筋混凝土及洗石子，支撐柱則以洗石子搭配紅磚。屋內則是傳統中國式木構造，兩者形成外西內中的特殊風格。這兩棟建物在天井的前半部，依然保存舊有風貌，除了大門的店號門聯是採用特殊的「鑲崁法」刻製外，窗戶的柵條原是銅件，日治末期才改成木條。而在日治時期以彩繪磁磚裝飾的首面，及白色橢圓形門牌磁磚，色彩依舊鮮豔明亮。

歷史沿革資料來源	《宜蘭縣傳統街屋保存與再利用—新長興樹記》，中國工商專校，2000；2.《頭城鎮文化史蹟勘察測繪報		
評定基準	具歷史、文化、藝術價值		
指定/登錄理由	1.長條街屋在台灣民居建築中，佔有很重要的地位，但新長興樹記的中西合璧建築形式頗為罕見，甚具特色。		
法令依據	「古蹟指定及廢止審查辦法」第2條規定指定為縣定古蹟		
公告日期	2007/03/08	公告文號	府文資字第0960001124號
主旨	公告本縣「頭城鎮新長興樹記」為縣定古蹟		
所屬主管機關	宜蘭縣政府		
所在地理區域	宜蘭縣　頭城鎮		
地址或位置	頭城鎮城東里和平街121號		
經度	121.824414729893	緯度	24.8575303285407
主管機關	名稱：宜蘭縣政府文化局 聯絡單位：文化資產課		

	聯絡電話：9322440*475 聯絡地址：宜蘭縣 宜蘭市 復興路二段 101 號
管理人／ 使用人	關係　　　　　名稱 管理人　　　　莊淑娥
土地使用分區 或 編定使用類別	都市地區 保存區
定著土地之 範圍	頭城鎮頭圍段 58、58-1 地號，土地面積約 128 平方公尺
所有權屬	關係　　　　公私有　名稱 土地所有人　私有　　頭城鎮新長興樹記
創建年代	日大正年間 10 年
創建年代 （西元）	西元 1921 年
竣工年代	日大正年間 13 年
竣工年代 （西元）	西元 1924 年

資料來源：

http://www.boch.gov.tw/boch/frontsite/cultureassets/caseBasicInfoAction.do?method=doViewCaseBasicInfo&caseId=LA09605000023&version=1&assetsClassifyId=1.1

頭城陳家新長興店舖的歷史研究——兼及和平老街的興衰

第一節　頭城的開拓與設治

　　頭城在蘭陽平原的最北端，背山面海，東臨太平洋，西、北有群山，與新北市貢寮區、坪林區及雙溪區接連，南與宜蘭縣礁溪、壯圍鄉交界，呈現一長條形地理形勢，西半部為山地，東邊則有小片平原。頭城鎮另一特色為海岸地形發達，但因缺乏良好灣澳與腹地，且適於建港之處多為沙岸，因此港澳雖多而小，缺乏大型港灣條件，再加上河道短淺，洪水沖刷之下，河港不免滄海桑田，變化頗大，興衰無常。

　　一部蘭陽平原的開拓史須從頭城說起。

　　頭城古名頭圍，係十八世紀漢人入墾宜蘭第一個漢人聚落，隨後開拓範圍漸次南進而展開，扮演了漢族文化、社會及經濟活動進出蘭陽平原的衝要角色與孔道。

　　頭城的開發，遠較臺灣西部平原為遲，在漢人移民之前，此地區住民為散佈山區的泰雅族人，與居住平地的平埔族噶瑪蘭人，即清代文獻中常見到的「王字生番」與「平埔番」二者。因地處山後，重山環繞，峰巒險峻，形勢隔絕，一向被視為「後山」，不僅行旅困難，又有「番害」之虞，因此早期統治者，均未積極開發，西班牙人、荷蘭人如是，明鄭、清初時期亦是，僅有少數漢商與原住民有所往來，與之貿易。如康熙末年周鍾瑄《諸羅縣志》〈風俗志〉記：[1]

> 蛤仔難、哆囉滿等社，遠在山後。……越蛤仔難以南有猴猴社；云一、二日便至其地，多生番，漢人不敢入。各社於夏、秋時，划蟒甲（船名，見山川註），載土產（如鹿脯、通草、水籐之類），順流出，近社之旁與漢人互市。漢人亦用蟒甲載貨以入，灘流迅急，蟒甲多覆溺破碎；雖利可倍蓰，必通事熟於地理，稍通其語者，乃敢孤注一擲。

　　浸而久之，這批漢人與「生番」雜處日久，通番語、解番情，識山川，成為「漢番」媒介的「番割」。透過他們建立了漢人與原住民之間關係，也促成了以後漢人漸漸移入宜蘭的基礎，如藍鼎元《東征集》卷二〈檄淡水謝守戎〉記：[2]

---

[1]　周鍾瑄《諸羅縣志》（臺銀文叢第一四一種），卷八〈風俗志〉雜俗蛤仔難條，頁 172~173。

[2]　藍鼎元《東征集》（臺銀文叢第一二種），卷二〈檄淡水謝守戎〉，頁 26。

查大雞籠社夥長許略，干豆門媽祖宮廟祝林助，山後頭家劉裕，蛤仔難夥長許拔四人，皆能通番語，皆嘗躬親涉其地贌社和番，熟悉山後路徑情形。該弁其為我羅而致之，待以優禮，資其行餱糧之具，俾往山後採探，有無匪類屯藏巖阿，窮拯幽遐，周遊遍歷。……但恐許略等或有畏遠憚行，弗克殫心竭力，潛蹤近地，飾言相欺。……更選能繪畫者與之偕行，凡所經歷山川疆境，一一為我圖誌。自淡水出門，十里至某處，二十里至某處，水陸程途，至蛤仔難接卑南覓而止。百里、千里，無得間斷，某處、某社、某山、某番、平原曠野、山窩窟穴，悉皆寫其情狀，註其名色。使臺灣山後千里幅員，一齊收入畫圖中，披覽之下，瞭如身歷。

這批人可以說是漢人移入噶瑪蘭的先驅，但境遇不同，如康熙六十一年（1722）一何姓番割曾拯救落難的漳州把總朱文炳，力勸原住民勿殺害，款待殷殷，再以蟒甲送還大雞籠。[3]反之，林漢生於乾隆三十三年（1768）召集眾人入墾噶瑪蘭被殺，功敗垂成，墾眾只得退回。[4]

繼起者為吳沙其人。吳沙為福建漳浦人，早在乾隆三十八年（1773）入居淡水廳三貂社，與「番人」貿易，眾人喜其信

3　詳見黃叔璥《臺海使槎錄》（臺銀文叢第四種），卷六〈番俗六考〉，頁140。

4　詳見陳淑均《噶瑪蘭廳志》（臺銀文叢第一六○種），卷七〈雜識‧紀文〉所收姚瑩「噶瑪蘭原始」，頁371。下引吳沙事，同出處。

義任俠，三籍流民前來投靠者越多，聲望日隆。嘉慶元年（1796）吳沙與友人番割許天送、朱合、洪謀商議開墾噶瑪蘭，幸得淡水柯有成、何繢、趙隆盛等人資助，募集漳、泉、粵三屬流民、民壯，於是年九月十六日進據烏石港南方，築土圍、佔土地、開始拓墾。遂引發噶瑪蘭諸社疑懼，全力抗爭，衝突頻傳，吳沙婉語寬慰，率眾退回三貂，等待時機。適巧翌年，諸社流行時疫，吳沙出方施藥，拯救性命。社人感激，遂願意提供土地讓漢人移墾，吳沙又依埋石之俗，誓言並無侵佔異心，並防堵海賊，表明為原住民外援之心志。於是吳沙得以順利率眾再度開墾，此據點乃成為漢人建立的第一個據點，故名「頭城」，歸化後改名「頭圍」，得名緣由或因初期以土石、木柴圍而居之，且是第一個據點，故名「頭圍」。[5]

　　吳沙入墾初成，流民聞風踵至，吳沙恐私墾獲罪，乃赴淡水廳治請諭札丈單，官方給予一方義首戳，上書「吳春郁」。沙乃進而採「結首制」開墾。其制大略由數十人乃至數百人組成團體，投資多而為眾人信服者為大結首，下分成為若干小結首，十數丁為一結，墾成之地，除大小結首分地較多外，餘由成員平均鬮分。此種武裝移民開墾方式，遂在宜蘭境內留下眾多「圍」、「結」等地名，即為例證。而吳沙也在嘉慶三年（1798）

5　在宜蘭地區被稱為「城仔」為雜姓集村，依其起源又可分為農墾城仔和隘墾城仔。「圍」在溪北具有雙重意義，一指拓墾單位及其空間範圍；另一則指建有竹圍、土圍或石圍，而為墾佃聚居之處的開墾據點。詳見施添福《蘭陽平原的傳統聚落》（宜蘭縣立文化中心，民國86年5月修訂版），頁4、41。

病逝，子光裔不能服眾，由姪吳化代領其眾，繼續往南拓墾，不數年由此而二圍、三圍、四圍（今吳沙村），乃至五圍（今宜蘭市）。約略地說，溪北地區大約在嘉慶十五年（1810）開發告一段落，溪南地區約在嘉慶末年（25 年，1820）除近山、沿溪等地區外，亦開發完成。[6]

漢人開發蘭地之後，民間屢有將其收諸版圖的呼聲，但官府卻以界外「番地」，恐啟「番釁」為藉口而拒絕，直到海盜蔡牽、朱濆覬覦窺伺，清室懼其地淪為賊藪，至嘉慶十五年四月，閩浙總督方維甸奏准設治，命楊廷理駐辦創始事宜，楊氏殫精竭慮，完成創始章程，奠下基礎，於嘉慶十七年（1812）八月，終於正式設置噶瑪蘭廳。

時噶瑪蘭廳，轄境東至過嶺仔，西至枕頭山，南至蘇澳，北至大三貂遠望坑。廳治設於五圍三結街，轄有六堡。一堡曰頭圍，原名頭城，為免名稱與廳治混淆，乃改今名，置縣丞一員，掌緝捕。其時頭圍轄區頗廣，包括今日礁溪、大福、壯圍鄉部份，境內鄉莊有八，即白石腳（今礁溪鄉玉石村、白雲村）、二圍莊，港仔墘、抵美簡埔、頭圍街、頭圍莊、大堀莊（今壯圍鄉大福村）、乳母寮莊。「番社」有五，即哆囉哩遠（或哆囉妙婉）、幾立穆丹（即棋立丹，今礁溪鄉德陽村部份）、都立媽（即抵巴葉，今德陽村部份）、達媽媽（打馬煙，今頭城竹安里）、都美幹（抵美簡，頭城、礁溪交界）等五社，惟因各社

---

[6]　溪北、溪南開發過程，詳見施添福前引書第二章，頁 30~73。

或由外來，或移徙不定，以上地點僅供參考。舖遞有三，即烏石港舖、北關舖、隆隆舖。嗣後台灣雖有析府縣置行省之變動，但頭圍轄區隸屬少有變動，茲不贅述。

及至日據時期，初隸屬台北縣宜蘭支廳，明治三十年（光緒 23 年，1897）四月，從台北州劃出，宜蘭支廳升格為廳，下設頭圍、宜蘭、羅東、利澤簡四辨務署。同年十月，頭圍辨務署升為支廳，下轄頭圍、二圍、蘇澳三區。明年，又改全臺為三縣三廳，宜蘭廳設宜蘭、羅東二辨務署，頭圍隸屬宜蘭辨務署。迨及明治三十四年，大幅更動全台行政區劃，本鎮仍為宜蘭廳下一支廳。大正九年（民國 9 年，1920），續有更改，其中台北州下轄有宜蘭郡，郡下設有宜蘭街、礁溪、頭圍、壯圍、員山等庄，原屬頭圍支廳轄下的大福庄、白石腳庄分別劃歸壯圍庄與礁溪庄。

光復之初，重劃區域，原台北州析分為台北市、台北縣及基隆市，原宜蘭三郡分設宜蘭區、羅東區和蘇澳區、宜蘭市，屬台北縣轄，本鎮隨之改為台北縣宜蘭區頭圍鄉。民國三十五年（1946）九月易名為頭城鄉，三十七年元月，升格為頭城鎮。三十九年九月，將台北縣分為台北、宜蘭二縣，廢宜蘭區署，本鎮改屬宜蘭縣，直迄今日。目前本鎮轄有二十三里，分別為：石城、大里、大溪、合興、更新、外澳、港口、武營、城東、城西、城南、城北、大坑、竹安、新建、拔雅、福成、金面、金盈、二城、中崙、下埔、頂埔等里，原龜山里因民國六十六年

遷村而廢之。[7]

第二節　頭城街肆的形成、擴大與商業活動

　　蘭廳既於嘉慶十五年收入版圖，十七年正式設治，然而頭圍街又是何時形成？其時商業活動又是怎樣情形？

　　約修於道光年間的柯培元《噶瑪蘭志略》志書，於〈建置志〉、〈疆域志〉、〈城池志〉、〈街市志〉、〈關隘志〉、〈津梁志〉等等均未有一語提及有關頭圍街肆的記載。約略同時期修於道光十二年（1832），再續補於十八年的陳淑均《噶瑪蘭廳志》亦少有記載，僅在卷二規制〈鄉莊〉中提及頭圍堡轄有頭圍街與頭圍莊，則至遲在道光初年，應有頭圍街肆。然而其初成何時？形制如何？範圍何在？均是值得討論問題，今嘗試——稽考原貌。

　　一、《宜蘭古文書》收錄一執照，乃嘉慶二十一年（1816）四月十五日，時通判翟淦發給民人吳翰哥的執照，內文中有云：「臺灣噶瑪蘭管糧總捕理番海防分府、加五級記錄十次翟，為執照事。照得噶瑪蘭奉恩旨收入版圖，查頭圍為設立縣丞衙門分駐之所。該處有充公管地堪作市鎮。除留蓋衙門公館並營汛基址外，餘地分割街路，召募民人起蓋店屋，認納地租以成

---

[7]　參見：（一）莊英章等《頭城鎮志》（頭城鎮公所，民國 74 年 12 月），參〈沿革志〉，頁 69~71。（二）不著撰人《頭城鎮慶元宮》簡介（頭城鎮慶元宮管理委員會，民國 85 年）〈頭城鎮沿革誌〉，頁 22~23。

街市，而利民居。茲據民人吳翰哥請給天后宮字第四十八號店地一坎，坐西向東，寬一丈五尺，深就地勢之便，東至後車路，西至空地，南至高泉，北至吳文水；合行給照。為此，照給街民吳翰哥即便遵照四至界址，深寬丈尺，起蓋店屋開張，每年每間納地基銀一錢不得抗欠，仍將此照執業，毋違，須照。右照給吳翰哥准此。嘉慶二十一年四月十五日給，分府行。」[8]

　　二、再據同書收錄道光八年（1828）九月，林光細等人的房屋地產買賣契，內文中記載：「……店地基二坎，址在頭圍街天后宮，第七十四號，坐東向西，東至莊炭，西至街路，南至林族、北至吳然。此店后尾又有店地基二坎，亦是坐東向西，東至楊仰□（原件缺）西至林族、南至吳瑞、北至莊天生，四至明白為界。……今因乏銀別創，情願將四坎店地出賣……招賣於吳合成出頭承買，……實出佛面銀一百七十五大元正……交與賣主前去掌管，蓋築開張舖戶，永為己業，不敢異言阻當。……」[9]

　　三、光緒十一年（1885）十一月，吳江、吳振傳為頭圍中南街瓦店全立杜賣盡根瓦店連地基暦契字，內文記：「……緣有承先父遺下瓦店連地基壹座，前後兩進連過水，以及門窗戶扇、樓枋杉梯、水井、浮沉磚石諸物，一切在內，址在頭圍中南街，坐東拱西，左至林陽店為界、右至賴吉盛店為界、前至

8　　莊英章等《頭城鎮志》；貳〈開闢志〉，附件一「執照」，頁49。
9　　前引書，附件七「房地產買賣契」，頁53。

街路中為界、後至港為界，四至界址明白……外托中引，就買
主陳永興出首承買，當日三面議定該店並地基諸物，時值價銀
貳百壹拾大員正……」[10]

　　四、光緒十七年（1891）十一月，吳步蟾、吳日昌叔姪分
管合約字，中云：「…緣有承祖父遺下兩坎瓦店連地基在內，
址在頭圍街，坐東向西，又帶溪仔底地基一所……將兩坎瓦店
地基，分為南北畔，及溪仔底地基……均平拈鬮為定，各坎各
掌……。步蟾憑鬮拈得富字號南畔瓦店一坎，前後落相連地基
在內……東至楊家厝，西至車路，南至林祚地基，北至吳日
昌……。日昌憑拈鬮得貴字號北畔瓦店一坎，前後落相連地基
在內……東至楊家厝，西至車路，南至吳步蟾，北至吳文
烈……。公見人總理吳舜年……」[11]

　　五、為光緒十九年（1893）十一月，吳步蟾、吳庚午兄弟
為頭圍中北街瓦店仝立胎借銀字，內文中有：「……緣有承伯
父遺下股分應得瓦店壹坎連地基，址在頭圍中北街，坐東拱
西，前後兩進連過水……今因乏銀應用……於是托中，向與康
石金官手內，借出佛銀壹佰大員正……當日三面議定每佰員
銀，每仝年願貼利息銀壹拾陸大員正，分為兩季納清，早季六
月初旬，對稅店之人支收利銀捌大員正。晚季拾貳月初旬，再

---

[10]　邱水金編《宜蘭古文書》第伍輯（宜蘭縣立文化中心，民國87年5月，初版），
　　　頁50。
[11]　邱水金編《宜蘭古文書》第壹輯（宜蘭縣立文化中心，民國83年6月，初版），
　　　頁128。

對稅店之人支收利銀捌大員正……如有短少者，願將此瓦店任
從銀主別稅他人收稅抵利。該店逐年應納慶元宮香燈租銀，以
及修理店開費，業主自理，不干銀主之事……」[12]

　　據以上五古文書內容析論，吾人可推知：

　　（一）頭圍縣丞衙門本初建於嘉慶十七年（1812），當時
為草屋五間，提供辦公，後因地震損毀（按嘉慶十九年北部有
大地震，或在此次地震而震損），析改為倉廒。至二十五年署
縣丞朱懋移建烏石港之南，東向、凡四進。[13]可知在嘉慶二十
一年四月時，縣丞衙門、公館等官方建築尚未建成，但基址位
置已大體決定。

　　（二）頭圍街在嘉慶二十一年（1816）左右尚未成形（或
其前已略具雛形，但因十九年地震而毀損），於是在通判翟淦
主導新造市街的計畫下，以慶元宮（天后宮）為指標，劃分街
路地基，並予以編號，且召募民人，起蓋店屋以繁榮市面，而
且也有獎勵措施，初期每年每間僅納地基銀一錢而已。

　　（三）頭圍街的形成，不僅是一條貫穿南北往來聯絡的主
要街路，極有可能初起時是單線單列的街屋，其方位坐西向
東，寬一丈五尺，後為車路，前為空地，顯見屋前為面河海的
交通運輸路線，為貨物起卸裝載之處。其後愈趨繁榮，出現另
一列街屋（坐東向西），形成一路兩列街屋、彼此面向的長條

---

[12]　同註 11 前引書，頁 168。
[13]　陳淑均前引書，頁 24。

形街屋，形制為單開間兩進連過水廊，兩進頗有可能有閣樓。（因有樓枋杉梯）

（四）地基編號出現天后宮第 48 號、74 號等字樣，粗略估計，百號是少不了，若每列以 50 號為基準，每間屋子「寬一丈五尺」，估計長達七十五丈，約略一里長，恰與今和平街北起十三行，向南延伸至慶元宮距離相等，此段路街應即是原始老街－頭圍街發源地。也即是說，市街的發展以北段十三行至慶元宮為主，南段延伸至渡口形成另一區市街，此種市街結構發展到同治年間已然定型，形成完整之規模，所以漸形成中街、北街、南街之分。再，數字編號到光緒年間不再出現，改用吉祥用語的「富字號」、「貴字號」，當然，也有可能是楊家分家產的自行編號。

（五）到光緒年間，老街續向南北延伸，所以才出現「中北街」、「中南街」等街名。而且地價、租金也幾經演變，如初起時「認納地租」、「每年每間地基銀一錢」，但到光緒十九年「稅店」之人每年要至少支付十六銀元。地價方面，道光初年，店地基二坎賣價一百七十元（平均每坎八十五元），至光緒十一年每坎高達二百一十元，漲幅高達二倍四。另外，從文書中也得知頭圍街諸店舖尚需負擔慶元宮的緣金香燈錢。

總之，從嘉慶年間的造街開始，到道光年間，不過短短十數年，租金、地價均上漲，也形成兩列彼此面向的長條形街屋，長達一里，反映了此時頭圍的繁華興盛。何以頭圍的發展會如此迅速呢？這當然與其交通位置有關，近人黃雯娟說得好：「頭

城乃入墾初期最早建立的武裝據點，從其區位來看，恰位於海（烏石港）、陸（淡蘭古道）入平原的起點位置，具有交通及防禦功能。發展成為初期的政治中心。在設廳之前，一直是平原上人口聚集最多、最繁榮的城鎮。」[14]

　　所謂海陸交通入蘭的起點，「海路」指的是烏石港，乃昔日冷水溪的分流頭圍溪由南北流，到此入海，海口處形成一河港，即烏石港，與蘭陽溪口的東港──加禮遠港，彼此對稱為西港。自嘉慶元年吳沙率眾入墾蘭陽，漢民大批湧至，烏石港成為當時蘭地出入要口，不僅與淡水等地通航，且遠渡大陸，與江浙、福州、漳州、泉州、惠安、廈門等地口岸往來，使得頭城大大繁榮起來，陳淑均《噶瑪蘭廳志》記烏石港：[15]

　　　　烏石港在頭圍汛，離廳北三十里。其水從廳治通東北淺澳接大溪流北行十里，至大塭口，匯小港眾流，經頭圍而入海。口窄、礁多，隨風轉徙。未設官以前，每年三月杪至八、九月，常有興化、惠安漁船遭風到口；樑頭不過四尺及三尺五、六寸，裝貨二百餘石，前來寄椗。自設官招商後，疏通土產米穀；而順載日用貨物，於地方各有裨益。惟港道難行，不能照鹿耳等口大號商船可以配運官穀。現於道光六年，奉文開設為正口，仍准免

---

[14]　黃雯娟《清代蘭陽平原的水利開發與聚落發展》（國立臺灣師範大學地理研究所碩士論文，民國79年6月），頁69。

[15]　陳淑均前引書，頁42。

行配運。「石港春帆」為蘭陽八景之一。烏石港倣照澎湖設立尖艖商船之例，由興、泉等處額編小船三十隻，赴蘭貿易。其船隻准由內地五虎門及蚶江正口廳員掛驗，蓋用口戳，在地設立行保。保結仍將舵水人數貨物填註單內，到蘭原議由廳查驗相符，始准入口貿易。蘭地亦設立行戶認保。返棹時仍將米貨填歸原處掛驗入口。

再記其貿易情形：[16]

蘭中惟出稻穀，次則白苧。其餘食貨百物，多取於漳、泉。絲羅綾緞，則資於江、浙。每春夏間，南風盛發，兩晝夜舟可抵浙之四明、鎮海、乍蒲、蘇之上海。惟售番鍬，不裝回貨。至末幫近冬，北風將起，始到蘇裝載綢疋、羊皮、雜貨，率以為恆。一年只一、二次到漳、泉、福州，亦必先探望價值，兼運白苧，方肯西渡福州，則惟售現銀。其漳、泉來貨，飲食則乾果、麥、豆；雜具則瓷器、金楮，名輕船貨。有洋銀來赴糶者名曰現封（每封百元，實正九十八耳），多出自晉、惠一帶小漁船者。蓋內地小漁船，南風不宜於打網，雖價載無多，亦樂赴蘭，以圖北上也。其南洋則惟冬天至廣東、澳門，裝賣樟腦，販歸雜色洋貨，一年只一度耳。北船（往江、

---

[16] 陳淑均前引書，頁 196~197。

浙、福州曰北船，往廣曰南船，往漳、泉、惠、廈曰唐
山船）有押載。押載者，因出海（船中收攬貨物司賬者
曰出海）未可輕信，郊中舉一小夥以監之。雖有亢五抽
豐，然利之所在，亦難保不無鑽營毫末也。

《頭城鎮志》亦詳述當時盛況：[17]

> 清代，烏石港為本縣三大港之一，以商港著稱，為蘭陽
> 地區與大陸之間的貿易要口，出口貨物以米、石、油、
> 麻苧、雜子為主。進口貨物則隨販運路線而異，當時主
> 要路線有三：一為來往江、浙、福州者，稱為「北船」，
> 近冬回航時，裝載綢疋、羊皮、雜貨。二為往來漳、泉、
> 惠、廈者，稱為「唐山船」，多裝載乾果、麥、豆、磁
> 器、金楮等物回航。三為往來廣東、澳門者，稱為「南
> 船」，往時多載樟腦，返時則載雜色洋貨以歸。至於船
> 隻噸位，大者可載穀四、五百石至七、八百石，稱之為
> 「澎仔船」。小者稱之為「頭尾密船」，可載百餘石。而
> 聯繫內地小港者稱為「舢仔船」。

　　所謂「陸路」即指淡蘭古道，由於當時宜蘭對外山道有數
條可通，同一路線又分歧不一，一直是後人探勘稽考時，混淆
難明，頭痛不已的問題。其中對外通路，自然以俗稱「淡蘭古

---

[17]　莊英章《頭城鎮志》，頁290~291。

道」的淡北路線為主，約略言之，其路線凡三變：（1）乾隆年
間自昔時艋舺出發，循基隆河東北行，經汐止－八堵－獅球嶺
－基隆－循海路－深澳－三貂大嶺－隆隆嶺－噶瑪蘭。（2）嗣
後向東另闢蹊徑，至嘉慶初年，改由八堵入山，經暖暖－四腳
亭－瑞芳－苧仔潭－三貂嶺－牡丹坑－頂雙溪－下雙溪－隆
隆嶺－噶瑪蘭。（3）但此段路途迂遠陡峭，漸為棄廢，遂改由
下雙溪－魚桁仔－槓仔寮－遠望坑－草嶺－大里－北關－頭
城。[18]

　　是以嘉慶十五年（1810）以後，草嶺古道成為入蘭的「官
道」、「正道」，是北台與宜蘭之間，商旅糧食往返必經之孔道。
另外尚有一條頭圍後山通艋舺小路，沿路所經的木柵、深坑、
石碇、坪林一帶，早在道光初年「開闢田園千萬頃」，成為安
溪茶販商路。[19]而且板橋林家為當時淡北首富，自道光以降，
在頭城從事水利建設與土地開墾，設有租館，並派人管理其名
下土地、租穀等。[20]宜蘭盧家先祖在頭城經營的「十三行棧」
（即今日和平老街之 13 行，今人多誤解為 13 家行郊，實為
13 間貨棧）即在此年代完成，頭圍成了船郊與商賈落腳聚集
之處。此時期頭圍街商業型態與分佈，大體北為盧家所經營的
十三行棧、及林本源之租館、一般商賈聚集街區。另外以慶元

18　詳見卓克華〈淡蘭古道與金字碑之研究〉，《台北文獻》直字第一〇九期（台
　　北市文獻委員會，民國 83 年 9 月），頁 112。

19　卓克華前引文，頁 77 與 80。

20　卓克華前引文，頁 98。

宮為中心的一段南北街肆應是以中盤割店及文市小賣為主的
店舖與住家，是頗為熱鬧喧嘩生活化的街區。街區之外，南北
分別有縣丞署、武營駐軍與建物，直到後來南端福德溪畔的土
坵下又漸發展成另一區市街，不以河運為臨，乃是後來開蘭路
的濫殤，形成與頭圍街平行兩條街道。明白了以上的開拓與歷
史背景，自會明白何以短短數十年，頭圍繁榮如此，街肆繁盛
如此，而屋價竟高漲如此。

　　但依常情判斷，經濟不可能長期地、永遠地，持續繁榮上
升。烏石港本身有「口小」、淤積、風向（季節風）等諸多航
運問題存在；道光、咸豐年間，中國大陸面臨一連串外憂內亂
的動盪事件，臺灣在此時期又遭逢漳泉械鬥、頂下郊拼，與戴
潮春之亂，造成俶擾不安，生產貿易大受影響，傳聞同治初年，
頭圍居民為避免經濟衰退為由，在街肆兩端，籌建了南、北門
福德祠，以守住兩端財氣，[21]此傳聞若屬實，反應了當時的時
代背景，也證實了頭圍經濟漸走下坡，同時兩端福德祠的建
立，正可明顯標示出鼎盛時期頭圍老街的範圍與規模。

　　大約在光緒四年（1878），烏石港因淤塞，逐漸失去商港
功能，船隻改由打馬煙出入。至光緒九年（1883）二月初三，
一艘美國大型角板船失事堵塞烏石港，船沈沙積，至此，諸船、
貨出入改途，所幸之後在大坑罟南方開嘴，形成一新港口，尚
可對外往來，舺艕（俗名杉板龜）可駛至頭圍慶元宮前交易，

---

[21]　莊英章前引書，玖〈宗教志〉，頁384。

遂名為頭城港，也暫時維繫住頭圍的繁榮。另外，也在南端福德溪畔的土坵下，漸發展成另一新市街，形成與頭圍平行的雙線街路，這不是以河運為臨的街道，即今日的開蘭路，當時居民俗稱新街，以區別原有的頭圍街（舊街）。[22]

日據時期，頭城港因頭城溪無法與上游水源相接，水道日縮，船隻出入困難，航運功能日漸衰微。大正十三年（民國13年，1924）夏，因豪雨導致山洪爆發，大量砂石淤塞港道，頭圍的海運盛況遂告結束，而港埠遺址今也闢成稻田，滄海桑田又添一例證。

第三節　日據時期的變遷

清光緒二十一年（明治28年、1895）日本據台，當時宜蘭地區改置宜蘭廳，隸屬台北州，其貨品轉向台北、淡水、基隆等處買賣貿易。至大正十三年，宜蘭與台北之間的鐵路通車後，所有蘭地產品，皆由火車輸往台北販售，或轉基隆港外運。其中土產的米穀、木材、食糖、紙張，供本省內外銷售，而柑桔類及生薑，曾輸往中國東北的大連各地，直至日據末期，因太平洋戰爭，船舶不通，貿易才告停滯。[23]

日據時期，宜蘭地區的市集交易有買賣魚類、青果類之中

22　同註17前引文，頁291。

23　詳見李春池《宜蘭縣志卷四經濟志商業篇》（宜蘭縣文獻會，民國53年7月），第一章第三節，頁6~8頁。

盤市場、家畜市場、食料小賣（零售）市場三種，頭圍市場基本上屬於生產地市場，也設有頭圍魚市場（大正 14 年設置）、頭圍庄家畜市場（昭和 10 年設）、頭圍庄食料品小賣市場（明治 39 年設）。[24]此時宜蘭各地商賈，大都集中在宜蘭市、羅東兩地，交易繁盛，商業發達，已成宜蘭地區商業中心，取代頭圍地位。

按，頭圍在清代是商業重鎮，貨物大多經頭圍販運至宜蘭、羅東，對外貿易亦以頭城為主要出口，其中頭圍街又為該地工商政治中心，故人口一向最稠密。但光緒年間，商況已有由盛轉衰現象。到了日據時期，日人大力開發蘇澳港，加以大正十三年頭圍港淤塞，從此商況一落千丈。同年，宜蘭鐵路全線通車，台北、基隆可直通宜蘭、羅東，較大商店集中於宜蘭、羅東，頭城地位無復往昔，商業發展呈現停滯狀態，生計日困，人口成長甚緩，舊街發展已達飽和點，商業中心由舊街（和平街）轉至新街（開蘭路）。

早在日據初年，便以軍工修築基隆至蘇澳間輕便車路，此條軍用道路完全以筆直的形式，一刀劃過原有頭圍街的西側，直到福德溪畔才折回西側，於翌年完工，創造了第二條線性發展的市街空間，明治三十一年（光緒 24 年，1898）南端出現頭圍公學校；慶元宮後方建立頭圍分駐所，不久陸續出現小賣市場，庄役場、信用組合等等，日本官方公共建築，且各分佈

24　李春池前引書，第二章第二節，頁 17、19、21。

在開蘭路西的北端,說明開蘭路已漸成為頭圍重心,集政治、金融、倉儲、交通重要設施於此。反映了由入墾的移民經濟活動改為殖民資本化的經濟,由水路到陸路的消長過程。[25]

頭圍港維持水路出入的功能,直到大正十三年大水衝垮福德溪堤防而淤埋,才結束了頭圍河港市鎮的水運生命。但昔年依附河道航運的頭圍街仍然保持了一段歲月的商業活動,以慶元宮為核心的南北兩端市街,西側出現一些中小盤商業的文市店面,東側則是漸建立純住居的街屋,兩側形成對比特色,新長興樹記即是在此背景下興起。

第四節　新長興樹記的興廢

新長興樹記前身原是長興行,其創始人是陳春榮(又名老紅),生於同治五年丙寅(1866)正月七日,卒於大正八年己未(民國 8 年,1919)四月七日,享壽五十又四。關於陳氏家族先世,及入台經過、

新長興樹記木聯

25　詳見陳登欽《宜蘭縣頭城鎮文化史蹟勘察測繪報告》(宜蘭縣立文化中心,民國 81 年 10 月,初版),頁 11。

從事工作，代遠年湮，已難詳實，茲據陳天階先生所提供之《陳氏家譜》及其本人之口述，先將入台始祖，直至陳天階先生世代作一世系圖表，表列如下，再加以說明：

〈表一：陳氏世系表〉

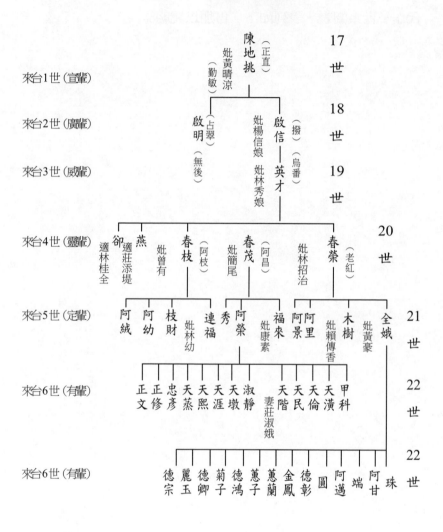

陳氏來臺前原住福建省漳州府漳浦縣大坑罟灣仔內一

地，至十七世陳地挑（正直）始入臺，地挑生於乾隆四十一年丙申（1776），卒於道光十三年癸巳（1833），享年五十八歲，葬於烏石港附近。關於地挑入臺經過，據其裔孫口述，乃嘉慶元年（1796），時二十一歲，同吳沙由海路至烏石港登陸，在今港口里山腳之港澳橋附近（烏石港南）落腳。妣黃晴涼（勤敏），生二子。長子啟信（撥），次子啟明（占翠，未娶，無後），為十八世，死後也是葬於烏石港附近。傳十九世陳英才（烏番）。陳烏番生於道光十年乙未（1835），卒於光緒二十年甲午（1894），享壽六十。妣林秀娘，生三子二女，三子依次為陳春榮（老紅）、陳春茂（阿昌）、陳春枝（阿枝）。春榮（1866－1919）於光緒九年（1883）十八歲時，娶鄰村美女林招治（1866－1942）為妻。據聞他當年曾親見美國船隻失事，堵塞港道始末。陳家到他這一代始遷居慶元宮北旁頭圍街址（日據時地址為58、59、60番地，今和平街121、123、125號）。他為人忠厚，孝友父弟，二弟阿昌於三十三歲英年早逝，遂負起照顧弟媳簡尾，遺侄福來（時為幼嬰，為陳家獨男）之重擔，安排謀生，預為置產。與么弟春枝亦能同心融洽，共興家業，並與姻親康家合買四甲多旱地，也在大溪、港口、武營、拔雅、頭圍、二圍、中崙、宜蘭等地陸續置產，可稱經營有道。而且以豐盛田產嫁妝，為大妹阿燕、么妹阿卻風光嫁出，鄉里傳為美談。另大房獨女阿里嫁武營望族康聰茹；三房長女阿幼嫁宜蘭望族郭丕謨；三房次女阿絨嫁二結望族簡雙溪。總之，陳家二十世三大房人丁旺盛，除親生子女外，亦收養螟蛉。尤其大房陳春

榮更是一生辛勞，奉獻特多，眼見長子全娥，次子木樹正要長大成人，為家業打拼時，竟未及享福，於五十四歲壯年去世，不無遺憾。

陳春榮創立長興行，根據日據時期「戶口調查簿」職業欄所載，其職業為米商，再據陳天階先生口述其祖父常背負一把傘，四處行走「吃稻仔」，可見記載並無錯誤，所謂「吃稻仔」其營業方式，有可能不外乎下列二種情形：一是《淡水廳志》說的：「至所謂『青』者，乃未熟先糶，未收先售也。有粟青、有油青、有糖青，於新穀未熟，新油、新糖未收時，給銀先定價值，俟熟收還之。」[26]此種「買青」、「賣青」的生產貿易方式，是建立在批發商與生產者之間的預先借貸資金上，取得產品購買控制權，從而操縱市價，需極大雄厚資金，揆諸當時陳家尚處在初創時期財力難稱雄厚，可能性不大。另一種情形是《新竹采訪冊》所記：「別有不開店舖，遇米、糖、油、棉花、白布、紫花布，各貨價賤之時，罄本收買，屯積家中，俟價昂始發售者，謂之『笨客』，此行商居賈之俗也。」[27]此種方式較諸第一種方式，以當時陳家財力考慮，反倒較有可能，在如此辛苦，克勤克儉地經營下，累積資財，終於得以創建店舖，大約在大正五年（民國 5 年，1916），由陳老紅與其弟春枝將和

---

[26] 陳培桂《淡水廳志》（臺銀文叢第一七二種）卷十一考一〈風俗考〉商賈條，頁 299。

[27] 陳朝龍著，林文龍點校《新竹縣采訪冊》（臺灣省文獻會，民國 88 年 1 月），卷七〈風俗〉商賈條，頁 364。

平街老屋翻修，合力籌建了長興行，一式三間有亭仔腳的磚造瓦葺住商合一的街屋。[28]另外，陳老紅也與姻親康家合股，曾購買烏石港附近土地，但嗣後被其弟侄賣掉。此三間街屋，明間為神明廳，次間為店舖。後代分產，老紅子嗣陳全娥、陳木樹，分別分得右次間與中間的明間，左次間歸其弟陳春枝一房，後春枝之子陳連福將屋賣掉，新屋主將之拆掉改建，無復原貌。至於今保存再利用之老紅長興及新長興樹記兩間店屋，則是陳老紅逝後五年，陳全娥、木樹兩兄弟在大正十三年（民國 13 年，1924）合資請土木司傅曾炳茂修建而成，門前店號對聯則是雕刻司傅陳銀生負責。當年修建雕刻事宜，陳家最長之大姊陳珠（時六歲），至今尤印象深刻。

　　陳老紅於大正八年（民國 8 年，1919）四月七日仙逝，事業由其二子陳木樹承接。陳木樹出生於明治四十年（光緒 33 年，1907）三月，於大正十年二十歲時娶妻賴傳香（時賴氏十九歲），後陸續生十二子一女。父親陳老紅過逝後，由兄弟兩合力經營長興行，至昭和七年（民國 21 年，1932）八月一日，兄弟兩正式分戶析產，陳木樹另取店號為「新長興樹記」，時年二十六歲，堪稱少年有為。

　　陳木樹頗擅經商，不再從事米糧生意，改為南北食品什貨的批發零售，日後並在新建里堤防旁開設米粉工廠，在下埔設廠釀酒。據其後裔陳天階先生與鄰居邱金魚老先生回憶道：新

28　據陳天階先生口述，及所提供諸多家族資料，謹此致謝。

長興樹記為當年頭城最大最有名之批發店，從宜蘭、基隆、台北永樂町一帶進貨批賣，貨色甚雜，諸如金針、木耳、冬粉、蝦米、麵粉、黑糖、飼料、豆餅、油品、豆類、酒類、食鹽⋯⋯等等，甚至也有石油，銷售地點主要是附近沿海地區，有頭城、大溪、大里、外澳、梗枋、下埔、頂埔、二城、中崙、金面等地。生意興盛時，店中曾聘有三名伙計，負責送貨催款，店門口則是二輪手拉車「犁阿卡」（リアカ）與腳踏車川流不息地載貨進出，眾人咸稱為「大賣店」，而不稱「新長興樹記」。甚至光復初期，陳木樹還是臺灣省菸酒公賣局頭城地區菸酒配銷所的首屆主任。

　　歲月荏苒，半世辛勞，年華老大，不免力不從心；而另一方面隨著和平老街的沒落，開蘭新街的興起，生意也大不如前，陳木樹終於在民國四十五年（1956）得卸仔肩，告退享福，交棒給下一代，時年五十歲。這一年不妨視為新長興樹記結束的一年，因為其後店名已改（見後）。直至民國八十年正月初二陳木樹往生，享壽八十有五歲。

　　新長興樹記交給陳天階先生接手。陳天階生於昭和九年（民國 23 年，1934），出生在頭城老街家中，二次大戰結束時正畢業於頭城國小，後再就讀省立宜蘭初中、高中，民國四十五年考取美術專科教員，四十六年應聘母校教職，時年二十四歲，至民國八十八年二月一日榮退，任職四十二年，育才無數，廣為頭城學童家長感念。

　　民國四十六年陳天階初任教職，五十年七月十四日結婚，

娶妻莊淑娥，夫妻倆胼手胝足，合力奮鬥，在開蘭路西側一巷租屋賃居，兼開一小店舖，由其妻繼續菸酒雜貨營業，作為家庭補貼的收入，但是店號取名「明和興行」，已非「新長興樹記」，直到民國八十五年才完全結束，也結束了陳家三代營商的歲月，「新長興樹記」也罷，「明和興行」也罷，皆走入歷史，留下一段歲月悠悠的記錄。

黃舉人宅

國立傳統藝術中心網站基本資料介紹

| 簡介 | 位於園區之西南，與園內的民藝街坊、戲台隔水相望，為一座三合院的傳統民宅，面寬為 26.25 公尺，進深為 24.17 公尺，總面積約為 193 坪。前有門樓，左右矮牆開立直櫺窗，牆之外觀以卵石牆基及斗砌磚牆組合而成，屋頂鋪紅瓦，中庭開闊，內埕之中軸步道鋪設紅磚。原係宜蘭鄉賢黃纘緒舉人之宅第，已有一百三十餘年歷史，現遷移原有之木棟架，組建於園區內。整座建築因屬於民宅性質，故比園區內的文昌祠及廣孝堂等宗廟建築低矮，較具有親和性，雕飾樸拙雅緻。

正身一面寬七開間，五間見光，讓室內引入更多的光線，產生較舒適的空間。中央三開間屋頂抬高，使得屋頂曲線稍有變化。前置廊可通護龍，地坪為條石鋪面，牆基鋪鵝卵石，檻牆則砌紅磚，牆身在中庭面多施編竹夾泥牆，而在外牆面 |

則階為紅磚砌。前廊正中置凹，左右對看牆設有門以供人進出門楣上懸掛「文魁」匾。排樓立面中立板門，兩側設窗板，窗上雕刻有「夔龍團爐」，是由八隻夔龍組成的鏤空圖案，左右垛雕卷草，頂堵財雕飾有琴棋書畫，凹壽通楣上立有瓜筒，瓜仁形體圓中帶方，為宜蘭地區匠師典型之手法。通楣下有軟夔龍透雕的員光，束隨及看隨亦施鏤空透雕「壽楣下有鳳形托木，造形古樸優美，這些皆是建築裝飾之視覺動點。進入正堂，地面為紅磚斜鋪面，屋架採十二架前後用六柱之穿斗式棟架，柱身及兩邊木質壁堵均漆黑未繪有彩畫，乃一般民宅常見的作法。正堂內並置有對聯曰：「地宜遷鶯洽比其鄰孟母擇，門堪容馴克昌厥後于公興」。「匯東賢祖新居落成句以誌喜，潘廷勳拜贈」，及「化達穎川第一循良名學士，譽流江夏無雙孝友古完人」。

　　護龍－檻牆砌紅磚，柱身及窗框皆為木造，室內屋架亦採穿斗式。分頂山、下山兩個部分，頂山有三開間，中間置門，餘開木質的直櫺窗；下山為兩開間，亦開一門，餘置直櫺窗。

　　資料來源：

　　http://archive.ncfta.gov.tw/01_VisitThePark-2.aspx?id=24

清代宜蘭舉人黃纘緒生平考——
——從平民到舉人的傳奇

第一節　前言

　　宜蘭昔為三十六社「番」棲居之地，自嘉慶元年（1796）始有漢人吳沙率漳、泉、粵等三籍人士入墾拓荒，篳路啟疆，用奠開蘭之基。嘉慶十七年（1812），設置噶瑪廳，而考舉一事，初附試於淡水，嗣為免士子跋涉之苦，自設專學，乃卜擇廳治之西文昌宮左，創建仰山書院，尋即延聘湖南湘潭歲貢生楊典三主講，越數年，應試文童即有三百餘人之多，可見河川毓秀，山嶽鍾靈，文風之鼎盛。道光十七年（1837）丁酉科，首有拔貢生黃學海，二十年庚子科繼有黃纘緒孝廉，為邑人登第嚆矢。

　　蘭邑科甲鄉賢，傳記頗多，詳實具備，獨纘緒其人，傳聞失實，又復缺漏不少，今試從廳誌、縣誌、古契、家譜、古宅

文物、裔孫口述等資料勾稽，予以較全面較完整面貌之敘述，其中《黃姓家譜》允為第一手史料，惜仍十分簡略，且矛盾牴牾者亦復不少，不可儘信。茲者以《黃姓家譜》為藍本，旁採他項資料，夾敘夾議，勾稽辨白，以求其信實可靠，還纘緒本來之面貌。

第二節　黃氏先世

今存《黃姓家譜》乃黃纘緒女婿連碧榕（字青城，號企真山人）所修[1]，據家譜序言，敘此一家譜：「皆余內弟黃君作璜兄弟等，以其近錄家譜，屬余修葺。」（頁一）此一家譜又是「岳丈啟堂，手自草錄」（頁二）；在後記內也敘及：「本家譜主承連公碧榕姑丈公祖，依據纘緒高祖公草本的內載及傳聞實錄而記載」（頁二十七），時為日據時期明治四十二年（宣統元年，1909）夏月，上距黃纘緒之死不過十六年，已有「紛紜錯宗，支世系茫不可知」（頁一）之嘆，其原因不外乎黃氏二百年來渡臺遷徙，變亂相遭，「在臺灣分離散處，世系宗支，已不可問」（頁二），「余嘗欲考其宗派所分，雖耄期遺老，亦且

---

[1] 《黃姓家譜》作者為黃纘緒長女黃金參之先生連碧榕所修，修於明治42年（1908年）夏月。後由二十世孫女素英，在民國66年（1977）4月30日手抄。手抄本之家譜影本乃宜蘭農專（今宜蘭大學）陳進傳教授所提供，在此謹致萬分謝意。又，本文基本上是由家譜所鋪述，為節省篇幅。茲直接在正文或引文下註明頁數，不另附註，特此先行說明。

茫然罔覺」（頁二），因此雖經連碧榕「余乃極力考其舊本，訪其遺軼，蒐集久之，始乃得其大要」（頁二），而且是「乃就榕所知，與夫輿眾傳諸行實，質諸二、三遺老而無異辭者，一一錄之，著為行狀。」（頁二十一）但是仍然有「余生也晚，未能親接啟堂公，而詳加考究之，僅仍得之於草本，未免有缺略有不完之憾。」（頁二）史料既有先天之缺略紛錯遺憾，兼且文字訛誤錯白，有不忍卒讀之嘆，故引用時不得不略加稽考，尤以黃家先世更覺紛紜錯綜，但苦於資料僅有此家譜，亦不得不採用之，知者識者，其寬宥乎！茲先略錄家譜所載世系表，再於其後說明稽考之。

黃氏世系略表

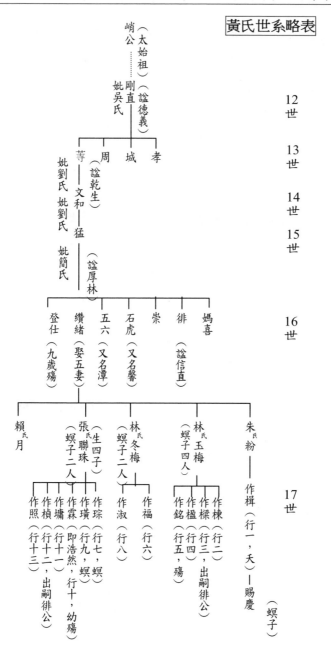

　　江夏黃氏，原係閩南大姓，雖支派分綜，究其源，無不本於太始祖峭公。黃纘緒家系亦是峭公派裔，其先世不知何時遷徙閩之漳浦（俗稱金浦），後於清初由金浦遷居臺灣，家於淡水八芝蘭之石角，即今臺北市士林區，約略位於石角溪東側，芝山西方一帶，芝山岩俗稱員山仔，石角在員山仔山麓，因石質暴露之地而得名。[2]

　　至十二世祖黃剛直（諡德義）才稍知其詳。黃剛直生卒年未詳，今以六月初五日為忌辰，生有四子：長孝、次城、三周、四菁，女未詳。乾隆庚寅三十五年（1770），葬於芝蘭石角黃九連宅內。後在日明治三十年（光緒丁酉二十三年，1897）因拓寬築路而損毀，三十六年乃遷葬宜蘭頭圍白石腳庄土地廟後，內崙仔田面。姒吳氏，家譜謂「履歷、墳穴俱不詳」，卻又謂「乾隆四十二年丁酉葬在淡水八芝蘭林嘎嘮別山（或作咳瘤別山）仙窟下，土名圓仔湯嶺。……在辛家之山場面前一小潭水。」（頁十），家譜後又云「十三世祖姒吳氏諱坤成，履歷及生卒未詳，以六月初五為忌辰。」（頁十一）、再記「乾隆二十八年癸未葬於淡水八芝蘭林、雙溪內蔡佛成松柏林。」墳穴碑文曰：「皇清十三世顯祖姒例贈安人諱坤成黃媽吳氏之佳城」，左右畔書「十六代裔孫舉人黃纘緒立石」（頁十二），前後二吳氏，若是不同二人，自無疑問，若是同一人顯見矛盾，

2　洪敏麟《臺灣舊地名之沿革》第一冊（臺灣省文獻委員會，民國 69 年 4 月出版），頁 229。

據連碧榕稽考云：「纘緒三兄崇之言曰：此穴係是叔祖考，名壽元，不是坤城媽」、「或曰此則文和公，如此則又與碑文相反，未知熟（孰）是？」（頁十二），而且黃纘緒一代又有是十五世或十六世之爭？黃家不過世隔二、三代，於家世不明混淆如此，真有令人慨嘆之感，蓋皆乾隆末年全家遭難，遂傳聞失實。家譜既然失實，茲據黃纘緒鄉試中式齒德錄為斷：

齒德錄內填先代云：「高祖德義、高祖姚吳氏；曾祖乾生、曾祖姚劉氏；祖文和、祖姚劉氏；父厚樸、母簡氏。」（頁十三），姑且先撇開十二、十三代及黃纘緒本人是十五、十六代之爭，會造成如此困擾，很明顯地有兩種可能性：一是前敘黃剛直之妻正是吳氏坤成，一是黃剛直娶有二房，皆姓吳氏，以致有此困擾。又按嘎嘮別山在今臺北市北投區關渡山麓一帶[3]。據此二墳之遺址，可推知黃家遷蘭前原住居在今臺北市士林、北投一帶。

黃剛直長子黃孝，生卒、墳穴俱不詳，以正月十二日為忌辰。次子黃城，生卒墳穴皆不詳，亦以正月十二日為忌辰（頁十三）。三子黃周，家譜失記。四子黃荸（諱乾生），即黃纘緒本生祖。

黃乾生生子文和，其生卒、墳穴未詳，後以六月二十八日為忌辰。娶劉氏。所生子女亦未詳。劉氏諱招，淡水人，生於乾隆二十年（1755）乙亥，月日未詳，卒於道光二年（1822）

3　洪敏麟前引書，頁 232。

壬午十一月十八日，享壽六十八，贈太安人，諡慈慎，葬宜蘭
四圍柴圍庄草湳山柴城湖，土名乾埤仔。

關於十三、十四兩代記載如此簡略，而且黃孝、黃城二位
伯祖之履歷、墳穴皆無可覓聞，據家譜記乃因戰亂所致：

> 當時係與泉人戰亡，乾隆間漳泉分黨作亂，漳人多避於
> 八芝蘭石角之圓山上。泉人環攻之，乘漳人窘時，佯言
> 曰：凡下山髮辮相扭者，視為平人（泉人？），皆勿殺
> 之。於是漳人受困者多互相扭髮下山，泉人殺之，遂互
> 相鏖戮。（頁十三）

家譜又記祖姒劉氏遷居宜蘭之原因：

> 劉氏祖姒居八芝蘭。乾隆間家遭泉人之難，孑然一身，
> 乃同族親遷避宜蘭，家于北門口。勤儉聊生，乞族親為
> 己子，撫育成人，孫枝挺秀，宗祀賴以有傳，皆祖姒一
> 人之力也。夫圓山遭戮，全家俱亡，當是時我臺灣之德
> 義公派固已絕矣！而能以煢悍之一女流，跋涉關山，營
> 造家室，繼絕祀於離亂之中，嗚呼！凡為之子孫者，每
> 當掃墓忌辰時，可不信加敬慕，以報此莫大之功於萬一
> 哉。（頁十五）

家譜此段記載，略有失誤，蓋乃林爽文之亂與漳泉械鬥混
淆之誤記。漳泉械鬥乃咸豐年間，而林爽文之亂起於乾隆五十

一年，此役之慘烈，據「芝山合約碑記」載：[4]

> 全立合約人施主黃承帶、黃耀宗、黃秀傑、首事何繪、
> 陳輝、何蘭清等。緣黃承帶等，有祖父承給芝山即土名
> 員山仔一所，原供牧地。因乾隆五十一年匪亂，難民逃
> 奔其上，悉遭屠戮。及蕩平之後，枯骸露積，時黃承帶
> 等先人黃文欣，倡義將此山施捨給付，總理吳慶三同眾
> 呈蒙袁前憲，暨文武官紳士庶捐鳩，就於該山置塚，歷
> 有年所。

《淡水廳誌》亦記此事：[5]

> 同時賊黨林小文等，亦於初八日毀新莊巡檢署，巡檢王
> 增錞，奔艋舺免。賊因同知程峻，巡檢李國楷眷屬於滬
> 尾。初十日己酉，遍豎偽旗，踞新莊、擺接、八芝蘭、
> 滬尾、八里坌等處，焚害良民。署都司易□□（原文缺
> 按，即易金杓）招募義民。十二日辛亥，率千總席榮，
> 把總蘇陞，守備董得魁，同義民首黃朝陽等，先搗新莊，
> 殺賊，獲劉長芳。十三日壬子，擊滬尾，救程李兩眷，
> 駐守港口。十四日癸丑，署都司易□□同千總張正耀，
> 把總譚朝亮，率義民夾攻八芝蘭。賊併眾力拒。官軍火

4　邱秀堂《臺灣北部碑文集成》（臺北市文獻委員會，民國75年6月出版）〈芝
　　山合約碑記〉，頁99。
5　陳培桂《淡水廳志》（臺銀文叢第一七二種），卷十四附（兵燹），頁358。

砲齊發，殺傷甚眾，賊潰逃入金包裏。是夜林小文、賴
欲、黃祖成、葉山林等，從擺接潛攻艋舺不克。十五日
甲寅，署都司易□□復率官軍義民合圍擺接，四面殺
入，群逆不能當，皆奔。獲賴欲、鄭昌盛、蔡紅等。逆
散，復糾黨據險自守。署都司易□□悉心征戰，日無寧
晷。

　　據上引兩史料，可知林爽文之亂，波及北部之新莊、擺接
（板橋）、八芝蘭（士林）、滬尾（淡水）、八里坌（八里），而
逃至圓山仔之難民「悉遭屠戮」，與家譜所記情節正相符合。
不僅此，前引黃剛直葬於芝蘭石角黃九連宅內，再參上引「芝
山合約碑記」中之諸黃姓人士，筆者懷疑黃纘緒家族殆與士林
黃姓家族有極深之血親淵源，恐為系出同支。

　　復按，家譜記劉氏「生子女亦未詳」，而不明確記載「未
生子女」，亦可反推劉氏應生有若干子女，恐亦在此亂事遭難，
遂剩劉氏一女流，孑然一身，隨族親逃奔宜蘭，暫居北門口，
北門口一帶在宜蘭民間傳說此一帶為墳場所在，且為羅漢腳、
乞丐所棲息，固可見其時劉氏困窮窘迫之艱難。為求繼絕祀，
造室家，遂向族親收養一螟蛉子，以為後嗣。不過在此遂有一
問題值得提出一探：即是劉招若要移居宜蘭應在乾隆五十三年
起較有可能，其時劉招三十四歲，但是一介女流，人生地不熟，
冒險前往原住民棲息之宜蘭，於情於理皆有所未洽，恐怕以嘉
慶元年後隨吳沙集團率三籍移民進墾蘭地較有可能，此時劉招

已四十二歲，於該時代而論，年紀又已顯稍老，若真是入蘭後四十餘歲才再領養一螟蛉子，也實在不符常情常理，應該是入蘭之前已領養黃猛，而且恐怕反倒是隨其螟蛉子黃猛一起入蘭。因為黃猛生於乾隆三十九年（1774），嘉慶元年（1796）時已二十三歲，正是年輕力壯之時。總之，較可能之情形是：乾隆五十一年林爽文之亂，黃家全家遇難，僅存劉招子然一身，事後向族親收養螟蛉子黃猛（是在士林，非在宜蘭），時黃猛十三歲。再於嘉慶元年後，隨兒子、族親移居宜蘭北門口另圖生計。[6]

　　黃猛（諡厚朴，又作厚樸）乃螟蛉子。生於乾隆甲午三十九年，月日未詳。娶妻簡氏，生有七子：長媽喜、次徘、三崇、四石虎、五五六、六即黃纘緒、七幼殤，女一適三貂社泖澳張姓。猛卒於道光三年癸未（1823，時黃纘緒七歲），六月二十五日辰時，享年五十，贈文林郎，葬頭圍白石腳新車仔路。妣簡氏諱景，宜蘭員山堡大三鬮庄人，生於乾隆四十八年癸卯，

6　又，林煥星編〈板橋林氏家譜〉（《臺灣文獻》二十七卷二期，民國 65 年 6 月，頁 334~341）內文記載：二十三世諱士知公，公於乾隆抄東渡臺北，初居興直保之新莊街。至嘉慶中移居芝蘭一「堡」（按原文作「壁」，誤）洲尾庄，耕田為業，娶黃氏水娘（原註：即開蘭文舉人黃纘緒之胞姑也）。黃氏家譜已明確記載劉招「子然一身」、「全家俱亡」，而且黃猛為「族親」之子，則此黃水娘非劉招親生之女，應與黃猛為同一父母所生之親姊弟或兄妹。再則，林氏家譜記林士知於嘉慶中移居芝蘭一堡，又於此時期娶黃水娘，如是，則筆者推論黃纘緒家族與士林黃姓家族系出同支，而且劉招與其螟蛉子黃猛是在嘉慶元年之後遷居宜蘭，又得佐證。此條資料乃唐羽兄所提供，謹此致謝。

卒於道光二年壬午八月三十日，年四十，贈太安人，諡勤慈，與厚朴公合葬，移居匏靴崙（頁十六）。

黃纘緒，字紹芳，號啟堂，生於嘉慶二十二年丁丑（1817）六月二十二日，卒於光緒十九年癸巳（1893）十一月十日，時壽七十又七。翌年四月十四日未時，葬于四圍堡草湳山頂埤，其生平行誼見下節。纘緒娶妻四房：

（1）朱氏諱粉，宜蘭員山堡吧荖鬱庄人，生於道光四年五月，卒於同治三年六月十五日，時年四十一，誥封恭人，例贈宜人，葬草湳山乾埤。朱氏生一子，作楫，行一，十六歲殤。

（2）林氏諱玉梅，宜蘭城內林長發之姐。生於道光九年正月二十五日，卒於同治十二年二月初二，時年四十五歲。諡慇懿，誥封恭人，同年四月十六日葬於四圍堡烘爐地山八塊厝仔。林氏無出，收養四螟蛉子：曰作棟、行二；作樑、行三、出嗣黃徘；作楹、行四；作銘、行五，殤。

（3）林氏諱玉枝，又名陶或冬梅，福建侯官縣人，生於咸豐七年三月二十日，卒於大正十年（民國 10 年，1921），時年六十五。林氏亦無出，收養螟蛉子二：一作福、行六；二作淑、行八。

（4）續娶張氏諱聯珠，民壯圍堡過嶺庄張麗水之長女。生於咸豐十一年六月初七，卒年不詳。張氏生四子，收養螟蛉子二，又生二女：

黃纘緒是第一位高中舉人的宜蘭人，其宅已遷建傳藝中心

一作琮、行七、螟蛉子；二作璜、行九、螟蛉子；三作霖，即
浩然、行十、幼殤；四作墉、行十一；五作禎、行十二，出嗣
黃徘；六作照、行十三。長女金參，適三貂嶺連日春五子碧榕。
次女金錠，適本城堡中北街石豐泰六子煥長。（頁一七～一八）

　　黃纘緒早歲登科，享隆福者五十餘載，娶妻四房、子男十
三人，裔孫蕃衍。而數十年間持身涉世，身後頗有積蓄，惜乎
未重視子女教育，所延聘教席，又偏武術[7]，乃致後三代，沾
染惡習，吸食鴉片，坐吃山空，耗財不貲，而子孫爭產，嫡庶
散資，尤為身後痛事，家譜記：「啟堂公所生子及螟蛉計十三
人……乃考作樑兄弟鬮分產業竟作十二房，而十房作霖又置之
不齒。平時又以作棟稱長，作樑稱次，置作楫於不論。故長孫
業又以作棟子松茂承。……然則天倫之序，可以貴賤易之乎？
此其倫常倒置，甚非所以訓後世，重久遠也。」（頁十九）

　　兄弟不和、子孫不賢，家道之中落，傾覆之易散，良有以
也。而子弟不肖，則黃纘緒不能制其愛，嚴其誨，是亦不能諱
其疚也。纘緒之後裔，以其非本文之範疇，茲不贅。

第三節　　纘緒行誼

　　黃纘緒，字紹芳，號啟堂，祖籍福建漳浦，父黃猛、母簡

7　安易〈開蘭舉人－黃纘緒〉，《蘭陽青年》雜誌（蘭陽青年雜誌社，民國81年
　　3月出版），頁19。

景，排行第六。纘緒生於嘉慶二十二年（1817）丁丑六月二十二日，甲午日己巳時，卒於光緒十九年（1893）癸巳十一月十日未時，享壽七十又七。翌年四月十四日未時葬於四圍堡草湳山頂埤上，墓位坐西向卯兼庚申。死後留有泥塑人像二，一存於黃仲德先生處，一在黃新壁先生處，或云某瞎子所塑，或云來自唐山某張姓匠人所捏，二像不同，不知何者肖近黃纘緒之形貌神采。[8]纘緒昆季凡七人，彼其六也。六歲（道光二年，1822）母卒，七歲父亡，怙恃俱失，全賴大嫂張氏照顧，視如己子[9]。家貧甚，無餘錢購布，嫂常改製舊衣予公穿。自少籌燈佐讀，課訓有方，訓育成人，皆嫂之力也，而纘緒亦事之如母。故纘緒發凡成名，思嫂慈恩，請旌節孝，贈安人，又置田產贍其後，報其功也。

黃纘緒少時就學於陳瑞林，陳係秀才，設帳於衙署後靈惠廟內。惟因家貧，無力師事而輟學。及長全恃己力苦讀。未從名師遊。時於礁溪二龍村任長工。工餘之暇，全力準備科考。[10]道光元年，姚瑩署蘭廳通判，此時文昌宮內姚瑩一度延有主

8　安易前引文，頁 19。

9　家譜記黃纘緒「生六歲怙恃俱失，見撫於大嫂張氏」（頁 21），後出諸文皆輾轉抄襲，均患嚴重錯誤，黃猛卒於道光三年，簡氏景死於道光二年，而黃纘緒生於嘉慶二十二年，則六歲喪母，七歲失父，非六歲俱失怙恃。

10　安易前引文稱與某賴氏寡婦同居，賴其謀食。但家譜世系圖（一）謂纘緒娶五妻，其一是賴氏月，恐皆傳聞失誤。家譜記纘緒長嫂張氏「又乞養女配五叔為小嬸，即賴氏名月，而更以乳哺小嬸焉」，是知賴月為老五黃潭之妻房，事涉名節不可不辨，若謂叔嬸間有私情，則非所問矣！

講授課,從師肄業生童共八十餘名,後因經費不敷,事難中止,[11]經此整頓,始有游泮青衿,附入淡水廳學。道光四年甲申,姚瑩適在府幕,議定蘭制奏咨事宜,並為轉請道試拔取一名,歲以為常。而且其中如緩陞新墾,撥給隘糧,鹽不加銷,契免重稅,經理番租、不配商船諸惠政,皆姚瑩之建議,蘭人尤感戴之。[12]先是噶瑪蘭以未建專學,不設學額,向附童子試於淡水廳。歷屆歲科考試,酌撥一名給蘭廳,附隸淡學。自嘉慶二十二年丁丑奏定,後至道光元年辛巳,始有林濱洲一名入學。迨道光九年己丑、十三年癸巳、十六年丙申,有三次加撥府學,酌添兩名,亦或竟有不取進者。至是,道光十九年己亥九月初二日,經臺灣兵備道兼學政姚瑩批准,援照澎湖廳例,將府、縣兩考併歸蘭廳,就近錄取,逕送道考,得應試者二百十三名。二十年春,蘭廳通判徐廷掄因就膏火田盈餘項內,每名資送八金。時赴道試者一百有五人,與淡童人數不相上下。取進黃纘緒等三名,皆撥府額,為開蘭未有之盛。[13]黃纘緒順利折桂,而《黃姓家譜》記:「學力尚缺,姚公留諸署肄業,食以己食,衣以子衣,學成始返焉。」(頁二十二)姚瑩如此器重,故纘緒「常念石甫姚公大德,歲時伏臘,必詣祠致祭,且戒子孫輩勿怠,亦不忘本意也。」(頁二十四)而墓墳對聯「栽成每念

---

[11]　陳淑均《噶瑪蘭廳志》(臺銀文叢第一六○種),卷七「雜識」、〈紀文〉收姚瑩〈籌議噶瑪蘭定制〉,頁354。

[12]　陳淑均前引書,卷四學校〈書院〉附考,頁142。

[13]　陳淑均前引書,卷四學校〈應試〉附考,頁153~154。

姚公德，撫育常懷長嫂恩。」亦可見黃氏稟性忠厚，有恩終生不忘。

　　按姚瑩之器重於黃氏，私也，其有功於蘭廳，才真正是大恩大德。道光十年掌教仰山書院之陳淑均對蘭廳諸生評價極高，認為實勝於淡艋兩地，但疑惑於為何蘭廳生童不肯前往應科考，謂：「今諸生按課則百十數人，而附淡廳試乃僅二、三十人，迨應道、府試，則又無過十人？」蘭邑人士回答：近者易從，而遠者難赴，蓋「蘭陽距郡（指台灣府，今之台南）將千里，往返二十六程，衹撥一名耳。又必先試於竹塹，多一往返十二程，則跋涉已自困頓，加以籌備盤川，預料家計，約輸七、八十金，然後出而逐隊，又誰將以難得之經費，求無定之功名者。故自開蘭至道光初年，始有一、二土著叼附膠庠……。」[14]因此道光十一年辛卯冬，蘭廳閣屬生員、監生德昭等呈稱：「……似應請即照澎湖，歸入本廳開考，將其名冊於送道時取進之日，仍附淡水廳學，照常管理，似為公便。若仍附淡水廳試，應請即仿照淡水附彰化縣試之例，合同去取，似可不限以另額，庶鼓舞蘭士，寬之以上進之階，自不致一廳童生而分投四處。」道光十九年三月，拔貢生黃學海等再度僉請，通判閣炘轉呈示遵，而姚瑩於九月即行批准，予以方便。朝廷則遲至道光二十二年九月，奉憲准到部，內開：「臣等公同酌議，擬如所請，准其於淡水廳額六名之外，酌加二名。以五名為淡水

14　同前註，頁155。

額，編為炎字號，以三名為噶瑪蘭額，編為東字號。各由該廳考取，徑送道考。至噶瑪蘭廳學額，既增二名，其廩、增亦應如所請，各加二名，於蘭、淡二廳附生內，分別東、炎字號考補。其廩糧於噶瑪蘭廳正供內，照例分撥，以免淆混。」[15]嗣後至二十六年科考，提學道熊一本撥府學一名。二十七年，徐宗幹，又每科加撥府學二名，為五名。三十年恩詔廣額，撥府三名，廣廳一名，則共進七名矣。[16]

　　根據上述諸史料，自可明白姚瑩對宜蘭考生之恩澤，不僅增加二名學額，且免去兩番跋涉之艱苦，從此振興宜蘭文風，多士聯翩秀出，姚瑩之大有功於宜蘭固可知也。而黃纘緒乘此時機，順利考上臺灣府學附生，為開蘭未有之盛，豈能不感戴思恩呢！

　　道光二十年（1840）春，黃纘緒考上臺灣府學附生，遂一鼓作氣，是秋赴福州秋闈。而準備盤川、跋涉艱頓、困苦異常，留下二段傳聞：（1）據說黃纘緒住進某客棧，老板見其身後跟進一女子，問道是否二人住房，黃回答只有一人，但老板問身後白髮婦人不是跟你一道來嗎？黃回頭探視，並無人影，經老板描述婦人容貌，方悟是已死大嫂形容，才知大嫂英靈一路庇佑而來，感念不已。（2）又據說由於攜帶錢財不夠，適逢天寒，暈倒在路上，為一員外之婢女所救，延至員外家，留住直至考

完。以後至福州任官時，曾小住濟助之員外宅，員外有女貌美，黃欲娶之，員外捨不得女兒嫁臺遠離家鄉福州，且恐其受苦，代之以救過他的婢女，這就是《黃姓家譜》中的「福州媽」[17]。此次赴考，除上述兩則傳聞外，尚留下一則比文論詩的答嘴鼓軼事，至今仍為蘭地耆老所樂道：話說黃纘緒前往福州參加應試，住宿客棧時巧遇一位白姓士子，兩人遂吟詩對詠，一拼高低。白姓士子高吟：「日黃黃，白舉人，騎黃牛上北京」，黃纘緒不甘示弱，隨口吟出：「月光光，秀才郎，騎白馬過南唐」，一「騎黃牛」，一「騎白馬」互相諷刺不分上下，遂結成好友，而這兩句對聯也流傳民間，成為閩台童謠「月光光」之由來。是邪？非邪？民間傳聞，本就無稽難考，不必過於當真，姑撷錄於此，以為趣談。總之，黃纘緒榮登道光二十二年（1840）庚子恩科第八十三名舉人，乃池劍波榜，時年二十四，少年揚名，墓墳對聯：「種桃侯縣雖將老，折桂蘭陽獨占先」，正是得意之情，成為開蘭第一位舉人，不僅光顯列祖列宗，其後衍傳十三房，遂成為蘭邑首屈望族。今門楣尚懸有「文魁」匾額，為「欽命兵部侍郎福建巡撫部院吳文鎔為道光庚子科開蘭文舉人黃纘緒立」，為其風光之寫照。按，鄉試考列榜首稱「解元」，考列前五名稱「五經魁」。又有稱第二名為「亞元」，第三、四、五名為「經魁」，第六名為「亞魁」，六名以下稱「文魁」。不過此後晉京會試，七度參加，終未能如願，家譜稱其「屢困公

17　安易前引文，頁 17。

車，壯志猶躍躍」（頁二十四），正是無可奈何之筆，終其一生未能成為進士，恐怕是心中一大憾事吧！

中舉為一大喜事，不僅揚名立萬，且耀及先人，因此昔日中舉成名，新科舉人回鄉，多半會祭拜祖先、廣畜妻妾、購置田產、大興土木，以誇耀鄉邦，黃纘緒自不例外。《黃姓家譜》記黃氏十二世祖黃德義「乾隆三十五年庚寅葬於芝蘭石角黃九連宅內，坐寅向申兼艮坤。光緒戊子（14 年，1888）玄孫纘緒重修。」（頁十）十三世祖妣吳氏坤成「乾隆二十八年癸未葬於淡水八芝蘭林雙溪內蔡佛成（即蔡寬裕之父、蔡振之叔父也）松柏林，坐巽向乾兼己亥。同治丙寅年（5 年，1866）曾孫纘緒重修立石。」其墳墓碑題：「皇清十三世顯祖妣、例贈安人諱坤成黃媽吳氏之佳城。」旁畔書「十六代裔孫舉人黃纘緒立石」（頁十一、十二）其祖妣劉氏招「贈太安人諡慈慎，葬宜蘭四圍柴圍庄草湳山（柴城湖、土名乾埠仔）坐庚向由兼申寅，地合畫眉跳架形（俗名花眉跳竹篙），同治戊辰年（7 年，1868）孫纘緒重修立石。」（頁十五），其父黃猛「贈文林郎，葬頭圍白石腳、新車仔路下，坐乾向巽亥己（查係坐亥向己兼乾巽），同治丁卯（6 年，1867）重修。」（頁十六）凡此諸例，雖非新中舉人即有修墓之舉，但落款大書書「裔孫舉人」，無非感戴祖先，兼有功成名就誇耀鄉邦之意。

廣畜妻妾方面，黃纘緒曾娶四房，有子十三人，可謂子孫滿堂，前文已詳述，此處不贅。

至於購置田產方面，今可知黃氏曾擔任番業戶，取得辛仔

罕社番田之永耕權，並在附近購得二十餘甲田，並投資月眉圳，擁有若干田產，另外也購置金結安水圳與四圍三十九結水圳（詳見下節）。在大興土木方面，黃纘緒因娶多房妻妾，在鄰近聚居，先後蓋有三處大厝。最早住在孝廉里舊城北路七十四巷底。後遭回祿之災，乃遷至聖後街二〇四巷，俗稱菁仔地，是二廳三進式的四合院，門前有戲臺，大門左右有守衛住處，雕工精緻，備極豪華。無奈先因子孫變賣，拆除大半，再因馬路拓寬，如今已拆除殆盡。嗣後因子孫繁多，又籌建第三間大厝，位在東門新民路一〇〇巷七號今宅，典雅精緻，主要供第四房太太張聯珠住居，其他各房則留住菁仔地古厝。[18]

　　中舉返籍後，或云任宜蘭仰山書院教授，或云與陳淑均、李春華、貢生黃學海、黃鏘、生員李祺生、楊德昭等合力編修《噶瑪蘭廳誌》[19]，皆誤，蓋不明清代教育行政制度。清代掌管教育設施之最高行政機關，為中央之禮部。在地方，則各省置有學政一人，隸屬巡撫，綜覽全省有關學校、貢舉一切事務。各府置有提調官一人，協佐學政，辦理該府學政；另置教授一人，掌管府儒學的事務。州置學正一人，掌管州儒學事務。縣置教諭一人，掌管縣儒學事務。府、州、縣、廳之儒學中，另設訓導若干人，以為教授、學正、教諭之輔佐。而書院之主持人為山長，又稱院長；下設有監院一人，掌管一切金錢收支及

18　安易前引文，頁19。

19　見（1）安易前引文，頁18。（2）林萬榮〈舉人黃纘緒傳〉，《宜蘭鄉賢列傳》（宜蘭縣政府民政局，民國65年5月出版），頁45。

雜務。另延聘教師主講，課讀諸生。又有地方諸紳耆或擔任董事（首事）、爐主之職，負責經費之籌措、院長及職員之任免、教師薪俸和學生膏伙及其他雜費之開銷。家譜稱黃纘緒「學力尚缺」，光緒十八年有關書院膏伙田執照中（見後文）稱黃纘緒為「招瞨職員」，諸如以上說明，試問書院何來「教授」一職？黃纘緒又何曾主講仰山書院？修志書乙事，陳淑均於道光十年應聘掌教仰山書院，留意文獻，道光十一年總纂廳志，十二年九月成志稿。十四年，淑均內渡，十八年再應聘渡臺掌教鹿港文開書院。此一時期黃纘緒正刻苦讀書，尚未膺選府學生，何能參與其事？至道光二十九年，董正官任蘭廳通判，因議刊廳志，乃採陳氏稿本，詳予校正，並委李祺生任其事，於咸豐二年付印，黃纘緒擔任「彙校」，廳志記載斑斑，那有可能與陳淑均等人合力編修廳志，此二事皆不可採信也。

　　關於黃纘緒嗣後行誼，資料瑣碎不全，茲爬梳史料，以大事年表方式條列於下：

　　道光二十九年至咸豐二年（1849～1852），彙校噶瑪蘭廳志。二十九年閏四月，與各街庄頭人稟請立石禁止踐踏破壞礁溪庄義塚。[20]時年三十三歲。

　　咸豐四年（1854）瞨得辛仔罕社番田永耕權（約百餘甲），至光緒十九年（1893）陸續購買二十餘甲田地。時年三十八歲。

20　見陳進傳《清代噶瑪蘭古碑之研究》（左羊出版社，民國78年6月出版）〈礁溪庄義塚定界碑〉，頁166。

　　咸豐六年（1856），擔任某「總局」頭人，曾與職員林國翰等人，呈稟通判楊承澤，爭取原住民權益，禁革各種索詐勒派規費，疏解民困。[21]時年四十歲。

　　咸豐八年（1858），捐輸重建先農壇，並議定章程，分頭勸捐。[22]時四十二歲。

　　同治二年（1863）二月，花費了八千多銀元，從黃隆興、張暉春手中取得金結安圳管理權，並代原圳主股夥清償債務，至同治十一年六月告一段落，收回完帳。嗣後獲利鉅大。（見下文）

　　同治四年（1865），與黃學海、李逢時、林國翰等人倡建文廟，遇亂，物價飛漲停工，事未果。[23]時四十九歲。

　　同治五年（1866）六月，與李春波、林國翰、楊士芳、李逢時、黃鏘、李望洋等人，呈書通判章觀文，禁止居民放牧牛羊踐踏西勢新城仔庄附近塚地，並捐款立碑示禁。[24]同年重修十三世祖姒吳氏坤成墳墓。時五十歲。

　　同治六年（1867），重修父親黃猛墳墓。時五十一歲。

　　同治七年（1868），重修祖母劉氏招墳墓。時五十二歲。

　　同治八年（1869）三月，出面調解四圍三十九結水圳圳戶吳梓隆與李海、李生吉等人用水欠資之糾紛。同年十月，吳梓

21　陳進傳前引書，〈嚴禁差胥需索社番貼費碑〉，頁133。

22　陳進傳前引書，〈重建先農壇碑〉，頁142。

23　《宜蘭縣寺廟專輯》（宜蘭縣政府民政局，民國68年10月出版），頁61~76。

24　陳進傳前引書，〈禁止踐踏塚地乞食祭餘及捐題碑〉，頁148。

隆等人因家窮乏力管理此圳，以銀一百四十元轉讓黃纘緒。[25]時五十三歲。

同治九年（庚午，1870）蠟月（十二月）特授福建侯官縣儒學正堂，在任四年。按林萬榮在《宜蘭鄉賢列傳》〈舉人黃纘緒傳〉中稱：「在福州府教諭任內，曾參與撰修福州府志」[26]不過，經查《中國地方志總目提要》（漢美圖書有限公司，一九九六年四月初版）及朱士嘉《中國地方志綜錄》（新文豐出版公司，民國六十四年十一月印行），均未有記載此時期福州有纂修志書之舉，有之，乃明代正德年間、萬曆年間，與清代乾隆年間刊本，此說恐有待進一步證實。

光緒元年（1875）為鄉試同考官。[27]時五十九歲。

光緒三年（1877），於今址（宜蘭市新民路一○○巷七號）新建家宅。民間傳說是供四夫人張聯珠住。黃纘緒親題「四德記」以為子孫勖勉，另或撰聯「四壁鼎新輪奐永垂奕世、德興照耀休光肇啟文明」，與「四鄉資澤處、德宅卜安居」。時年六十一歲。

光緒四年（1878），擔任公親，調解林青華與林礽藏有關林寶春圳權之分割，商妥按股攤分修圳，割佃分收水租谷。（見下文）時年六十二歲。

25　《臺灣私法物權編》（臺灣文叢第一五○種），第九冊第三章第七節第四四合約字（頁 1193~1194）、第五六杜賣圳契字（頁 1245~1247）。

26　林萬榮前引文，頁 45。

27　同前註，此說亦有待證實。

　　光緒七年（1881）欽加同知銜加一級，誥授朝儀（議？）大夫。（頁二十一）時六十五歲。

　　光緒九年至十八年（1883～1892），擔任仰山書院招贌職員，負責膏伙田招佃承耕事宜，並一度與呂傳輝為納租穀事互控，經代理宜蘭縣知縣蕭贊廷裁判議定。[28]

　　光緒十年（1884），擔任首事，出資修築辛永安圳（後改名金永安圳），並訂下管理條例，此規則一直施行至日據時期。而所購買附近田畝數十甲，永免配納水租，以資酬勞。時年六十八歲。

　　光緒十三年（1887）歲末，捐銀十六元，重修礁溪協天廟。[29]

　　光緒十四年（1888），重修十二世祖黃德義墳墓。同年因清賦事，力爭之下才得以將沿河濱海之田地免入等則計稅，負責官吏銜恨，鼓動原住民設詞控訴黃纘緒，黃氏前赴臺北府辨白，被拘留至年底才釋回。（頁二十三）時七十二歲。

　　光緒十六年（1890）六月，與李望洋、李及西、楊士芳、李春波、周家麟等人，僉稟知縣沈繼曾，禁止宰殺耕牛，以牛油作蠟燭敬神，並一併建議禁止村莊演唱丐戲，喪事比賽扮演觀音等事，蒙沈知縣採納，立碑示禁。[30]時七十四歲。

[28]　《臺灣私法物權編》，第九冊第四章第二節番社第十五執照（頁1415~1416）、第十六執照（頁1416~1417）。

[29]　陳進傳前引書，〈重修協天廟捐題碑〉，頁188。

[30]　陳進傳前引書，〈憲禁使用牛油碑〉，頁194。

　　光緒十八年（1892），與楊士芳、李望洋、李春波、張清源等人編輯采訪《宜蘭縣采訪冊》。[31]時七十六歲。

　　黃纘緒軀體壯偉，龍行虎步，雖是文人，武術亦佳，據聞平日返回東門家中，不喜叫家丁開門，輒躍牆跳入，一展武功。[32]居常寬心，擅於調攝，且平日觀書，遍及醫命卜卦諸術，尤喜治醫方，故年逾古希，矍鑠如壯，素少病痛。光緒十九年（1893）十一月，一日微恙，施藥過寒，以致多矢，然不知苦，食如恒，「嗣聞異香陣陣，至竟怡然而終」（頁二十四），時年七十七，葬於四圍堡草湳山麓。

　　黃纘緒生平著述、文章詩賦不多，惜未刊行於世。留傳後世零縑片語之聯文有如：「事事如棋，讓一著不為虧我；心田似海，納百川方見容人。」、「鶯遷喬木，桃花開簇錦；燕喜新居，柏酒漾流霞。」、「門庭無別玩，當盡兄友弟恭；德行有何奇，只在父慈子孝。」、「地擅龍蟠，天開鴻宇；世詒燕翼，人慶鶯遷。」、「栽成每念姚公德，撫育常懷長嫂恩。」、「種桃侯縣雖將老，折桂蘭陽獨占先。」、「安居以古人為則式，言行是君子之樞機。」、「側聞君子論、想見古人風。」、「化達穎川第一循良名學士，譽流江夏無雙孝友古完人。」等等，是否均為彼親撰詩文，待考焉。

31　鷹敏田一郎《臺灣列紳傳》（臺灣總督府，大正 5 年 4 月出版），頁 87。
32　安易前引文，頁 18。

第四節　致富之道

黃纘緒家貧，自小刻苦篡酷，中舉之後「至是稍稍經營」，《黃姓家譜》載：「三十六社諸番目亦咸托以社務，尊為先生，事無大小咸賴焉。」（頁二十二）再根據同治八年之〈杜賣圳契字〉（見後），稱其為「噶瑪蘭廳業戶黃纘緒」，我們又從光緒十四年土地清丈時「又有嗹熟番訟公者」一語，得一旁證，因此很明顯地黃氏頗有可能兼為番業戶，業戶在漢人，亦稱為墾戶，乃請開墾而經官准墾之人。但是在宜蘭較為少見，蓋為官府有意禁抑，柯培元「禁充業戶諭」：[33]

> 臺中獨蘭無業戶，爾等嘖有煩言。當開闢時，誠恐經費不足，故以田六、園四之租穀盡歸諸公。除應完正供而外，所餘者名為餘租，凡地方一切公費，皆取辦於此。爾等不推原其故，動以業戶為請，不特柯、趙、何三姓求充已難也，且開徵已數載矣，章程既定，自當凜遵。乃劉碧玉、王有福等冒昧瀆求，試思利既歸公，權以官重，官為爾等削去力役之徵，芻儀之供，並非侵蝕肥己。如在於四六、園四而外，動額已置業租，在各農佃力既有所不堪，如就田六園四之中，加設業戶，則官有胥役，尚不能使民按期完納，又安能憑一二業戶而總匯全蘭之

---

[33] 柯培元《噶瑪蘭志略》（臺銀文叢第九十二種），卷十四〈雜識志〉，柯培元「禁充業戶諭」，頁 203。

糧儲乎？且出工本已開透荒埔者，臺之所謂業戶也，今
蘭中散佃各支丈單，既有開墾，辦有成案，亦未便使業
戶坐享其利。公私既有不便，情形亦所不能，爾等毋生
覬覦之心而嘵嘵上瀆不已也！

　　所謂「田六園四」指的是每甲田徵租六石，每甲園徵租四
石，較臺島他地簡便賦輕。

　　按番業戶始於乾隆二十二年（1757），所謂番業戶有兩種：
一是代表番社者，二是個人資格者。番社之特設業戶，乃因漢
通事徵收大租，往往中飽私吞，不發口糧「番眾」。為防止此
流弊，如不以番人充任通事，則設番業戶以收納番社大租，完
繳正供及分配口糧，惟仍有由漢人充任。[34]黃纘緒若果真以漢
人充任番業戶，正可見其為人正直公義，為三十六社諸番目所
信服尊重。而業戶主要職責在於：將社地給墾與佃戶，向其收
租，分發口糧與「番眾」，繳納正供、屯課，付其他社費，但
仍擴及於一般社務。業戶從其所管收租谷中，支領辛勞谷，也
即是說，依社約，開除正供，口糧及社費外，剩餘歸其所得，
[35]如是，亦黃纘緒之一項收入。

　　事實上不僅只此，黃纘緒早在咸豐四年（1854）已向辛仔
罕社番土目購得水田永耕之權，《宜蘭廳管內埤圳調查書》中

---

[34]　戴炎輝〈番社組織及其運用〉，《清代臺灣之鄉治》（聯經出版公司，民國 68
　　年 7 月初版），頁 393~396。
[35]　同上註。

收錄一有關契字，文頗長，但由於有關黃纘緒史料極少，茲不避文抄之嫌，本諸恐漏寧詳之原則，轉引於后：[36]

> 「仝立永配水圳合約字人，辛仔罕社番土目龜劉武禮，永耕漢佃黃纘緒、林德馨等。緣禮眾社番等，所有開闢辛仔罕並瓦洋一、二結、新店、梅洲圍等庄一帶水田，至今大半付與漢佃為永耕，配納每年口糧粟，配食二條番圳水，其一條，自梅洲圍庄起，至辛仔罕庄止，……。又一條，自梅洲圍庄起，至新店辛仔罕庄止，……，此二條水圳，係禮眾社番，昔年協力同心，各將社番田地，浩用工本開鑿成圳二條以灌溉。此數庄番田，原無配納水租底例，祗因吳惠山另墾新店庄水尾水圳一條，欲自開鑿水源，恐其工本浩繁，疊向禮眾社番等，墾瞨水源借過水路，每年願貼納圳底粟壹拾石，以為禮眾社番作公用之需。是時大戶漢佃聞知，出首爭執，不肯許允。竊恐世代久遠，吳惠山借圳源之水，效霸荊之術，爰邀禮眾社番到場妥議，立約執憑，若異日吳惠山貪圖漁利，別生事端，則禮眾社番等出首，一力抵當，不干永耕漢佃之事，……。禮等永不敢將此二條水圳地，盜賣典掛他人財物等弊，如有此弊，禮眾社番等，情願將此口糧租粟，一盡抹銷，豁免配納。……。

---

36 《宜蘭廳管內埤圳調查書》下卷（臨時臺灣土地調查局，明治38年3月發行）第二篇第二章〈辛永安圳〉，頁254~255。

即日禮等全場立過，永配水圳合約字參紙壹樣是實，再
照。
一批明：吳惠山水圳，自新店庄起，至五間庄田洋止。
其餘水尾田，若要求水灌溉，要向辛仔罕社土目相商，
不得擅便許允，又照。

代筆人　　　　　吳卓漢

後見西勢二十社總通事　　　什美籠

永耕漢佃　　　　黃纘緒

林德馨

全立水配水圳合約字人辛仔罕社番土目　　龜劉武禮
咸豐肆年柒月　　　日」

　　契字中稱黃纘緒、林德馨等人為「大戶漢佃」，可知其時
所贌耕之田已不少。而黃、林二人怕吳惠山所借水路，日久侵
佔，「效霸荊之術」，反向二人抽取水租，還要勞動辛仔罕社（約
今宜蘭市新生里）番土目龜劉武禮率眾社番出面妥議，立約執
憑，亦可想見二人之憂慮。再，附帶一筆，此份契字內容文筆，
比較其他俗見之契字，讀來流暢通順，顯然此時宜蘭地區文化
水平不低。

　　其後此一番圳水道因光緒七年被洪水沖壞，由於需買地鑿
圳，採辦材料，應用工木浩繁，光緒十年（1884）「是以人番
佃眾，僉邀出黃纘緒先出工本修圳」，該圳並命名為「辛永安
圳」，由黃纘緒擔任「首事」管理，也訂下管理、使用、納租

之規則，《宜蘭廳管內埤圳調查書》載曰：[37]

「仝立水圳合約字，西勢辛仔罕社土目奪武江因瑤，通
事兩爻寶瑪，暨各佃眾林德馨、范啟文等。緣我本庄番
田底，並有官界各田，自開蘭以來，原有配食番圳水道。
水源頭從三鬮仔、一、二結等庄、保腳泉水，並梅洲圍，
流落溝底，用竹筏攔截，引水上圳，……順流灌溉各田
畝，但圳應埋大樟槺，穿過一結溝至。近因洪水沙壓，
高低不一，又有應築浮槺等件，並買地鑿圳，應用工本
浩繁，是以人番佃眾，僉邀出黃纘緒先出工本修圳，採
辦木料槺梘，計應銀伍百貳拾貳元。僉議所有田畝，配
食此圳水者，約計數十甲，每甲定貼早晚水租谷壹石八
斗，號付圳長工谷壹斗五升，雇圳長二名、番一名、人
一名，務要巡視圳水，灌田充足，……，若有分開小圳，
當上流下接，各田鄰不得刁難，惟定應買圳地，每分定
價銀參拾元，加減照算，至逐年應修圳道、圳岸兩邊田
地，任從圳工取土，不得出阻。至若應造陡門梘槺本料，
不管多少照算，議定圳主出壹半，各佃田底出壹半。又
圳小壞十餘工，係圳長應料理，至二十餘工以上，係圳
主應雇工修理，如此議約，……。倘圳有不虞大壞，應
隨時酌議，照大小股，與佃眾攤出資本費用。又議立刻

37　同上註前引書，頁 255~256。

一圳戶名辛永安公記，交圳主收執，以便逐年印串，收
水租執憑。……

即日仝立合約字是實，再照。

一批明：水頭圳底，原係眾番開築，茲僉議就圳租每年
踏出壹拾石付土目收，分給社番，批照。

$$\text{代筆人} \quad \text{黃劉祥}$$

二十社總通事

$$\text{西勢辛仔罕社土目} \quad （缺）$$

$$\text{仝立水圳合約字人首事} \quad \text{黃纘緒}$$

$$\text{佃戶} \quad \text{林德馨}$$

$$\text{范啟文}$$

光緒十年八月　　日」

　　此一水圳可灌溉一結（今宜蘭市西北）、二結（約今五結
鄉）、辛仔罕、武暖（約今礁溪鄉光武村）等地約三百甲水田，
光是水租之收入，黃纘緒自是獲利頗多，何況嗣後黃氏買下水
田「貳拾餘甲」[38]並陸續「建買該處田畝數十餘甲，盡行永免
配納水租，歸其自收，以資酬勞。」[39]而且直到日據後，該水
圳之管理辦法「至若修理圳地條規，務要遵前宜蘭汪縣尊告
示，並黃纘緒舊合約而行。」[40]正可見黃氏的管理方法為眾所

38　同上註前引書，頁256。

39　同上註前引書，頁257。

40　同上註前引書，頁259。

公服，直到日據時期依然不變，也佐證了前引《家譜》謂三十六社諸番目尊為先生，托以社務，咸以賴之的記載可信。再，此次修圳先由黃纘緒先出工本資付，且其金額高達五百多銀元，亦可見此時黃氏之財力雄厚。

《黃氏家譜》再記：「邑東金結安圳，灌田千數百甲，源流屢決，管理者多虧失。公出理之，獨得寧順，獲利以巨。」（頁二十二）關於「金結安圳」，柯培元《噶瑪蘭志略》記：[41]

> 金結安圳，在廳治西南十里，以釀金結契、修治平安得名。其圳寬二丈四尺，長四千餘丈。從西勢、大三鬮、溪墘開成圳道，截引叭哩沙喃出口之溪水，順流而趨。自大三鬮起，經魚鰍斗、員山、金結、七結、六結、五結、四結、至廳治西門濠溝，復分兩支；一由濠溝過南門轉東門出一結、二結，接民壯圍之三結、四結、五結、六結、七結，至流流等莊止；一由濠溝繞北門，出三結，透下渡頭，至郎君地、公勞埔、十三股等莊止。約灌田一千七百餘甲。每年各佃地照引灌遠近貼納圳主租穀，以為修理之需。

陳淑均《噶瑪蘭廳志》亦有相同記載：[42]

41　柯培元前引書，卷四水利志〈水圳〉，頁38。

42　陳淑均前引書，卷一規制〈水利〉，頁38。

金結安圳：在廳西南十里，以釀金結契修築平安得名。
其圳寬二丈四，尺長四千餘丈。從西勢大三鬮、溪墘成，
截引叭哩沙喃出口之溪水，順流而趨，自大三鬮起，經
魚鰍斗、員山、金結、七結、六結、五結、四結，至廳
治西門濠溝復分支，一由溝濠過南門轉東門，出一結、
二結，接民壯圍之三結、四結、五結、六結、七結，至
流流等莊止。一由濠溝繞北門，出三結透下渡頭，至郎
君地、公勞埔、十三股等莊止。二處約灌田一千七百餘
甲。每年各佃按照引灌遠近，貼納圳長租穀，以為修理
之需。

《宜蘭廳管內埤圳調查書》也收有多份相關契字與告示，
在此僅轉錄乙件[43]，餘請參考原書，茲不再贅引：

「仝立合約憑準字，接辦金結安黃纘緒，佃友銀主林天
南。緣金結金頂手有移借佃友銀元，租難抵償，是以股
夥參議，願將該圳無租接辦幾年，抵償債項。所有帶欠
佃友銀項，惟接辦結安之人，楚還明白，出結在案，尚
未贖字。據現有佃友林天南，被頂手贖佃王實蒂欠銀
元，過十股內，計銀三百七十五元。又有圳主原帶欠銀
二百八十五元，統計欠銀六百六十元。經憑總局頭人公

---

[43] 《宜蘭廳管內埤圳調查書》下卷，頁 159~161。另相關契字與告示，分見頁
161~162，163~164，164~165。

斷，應歸（纘）緒，限年對佃租刈串，攤還足數。每元銀議定谷壹石，谷價高低逢人造化，各不得刁難，按作四年分攤，逐年該攤還谷一百六十五石，照佃租早陸晚四，各年早冬該對佃租谷玖十九石，晚冬亦對佃租六十六石。逐年如斯，願還足數為憑，不敢短少，如有逐冬短少升谷，惟保家之人賠補足額。則現斷之谷，逐年早冬谷單，擬定三月十五日刈串，晚冬谷單，擬定八月十五日刈串，交中人轉付銀主林天南，向佃自收，別人不得混爭，並許對佃面敘明白。而各年早晚租收，明訂至十月，各執字據面核，攤還谷數，批明在字，以杜糊混。苟四年晚租谷，對佃收完足額，如全立給約憑準字，佃友壹紙，應送還管圳之人收貯，以便至限對圳主股夥開明，總還若干，然將合約焚銷，此係憑公妥議，口恐無憑，舉出妥保耽認，全立合約憑準字二紙一樣，管圳以及銀主，各執一紙，批照。

即日由中保，全立合約憑準字，將欠數作四年早晚攤還足數，是實又照。

一批明：癸亥年六月，黃纘緒代十股圳主措還債主林天南，去早栗一百一十一石，九月間又代還去晚栗七十四石，本年計共代還去，早晚栗一百八十六石，合二紙批明一樣，批照。

一批明：子年早季，黃纘緒代十股圳主，還林天南觀，
去早栗九十五石，晚季又代還去，晚栗六十三石，共代
還去，早晚谷一百五十九石，批明再照。

為中並代書圳股夥　　林三合

保認銀合圳股夥　　林瑞圭

仝立合約憑準字　管圳　　　　　　黃纘緒

佃友　　　　　　林天南

同治二年歲次癸亥二月　　　日

一批明：憑公新斷議，自此限年攤還，母銀無貼利息，
又照。

一批明：前年業佃結控銀債，今已和睦，所有衙門事務，
管圳之人，請公親稟息，不干銀主之事，又照。

一批明：再議癸亥年，該添加早晚公二十石，少補定頭
之額，下三年各減攤，頭年加額之谷，頭年癸亥早冬，
該攤還谷一百十一石，晚冬該攤完谷七十四石。第二年
甲子，早冬該攤完谷九十五石四斗，晚冬該攤完谷六十
三石六斗。第三年乙丑該攤完谷九十八四石八斗，晚冬
該攤完谷六十三石二斗。第四年丙寅，早冬該攤完谷九
十四石八斗，晚冬該攤完谷六十三石二斗，照約而行，
違者倍償。又照。

一批明：乙丑年早季，代圳主措還早栗九十四石，晚季
又措還晚栗六十三石，共措還早晚栗一百五十八石，批
明再照。

一批明：丙寅年，早晚代圳主措還早晚谷一百五十八石，連癸亥、甲子、乙丑三年，共四年，計共代十股圳主，還去粟六百五十九石，批明照。」

金結安圳原名金泰安，乃嘉慶十三年（1808）由民壯圍結首簡利興及眾佃農合資十股，開鑿而成，但於十七年因洪水沖破而失敗，遂由李裕、林瑞圭等九人再合資十股，予以接手修築，並改名金結安圳。卻不料此數名圳主分向多人借貸款項，移交下手，管圳之人又換帶借之債愈多，輾轉交接，糾纏難清，至同治元年（1862）高達八千餘元，而黃隆興、張暉春兩人於咸豐十一年秋（1861）向李裕等人贌管水圳，原盼就本得利，反因上手欠債孔多，兼之水圳疊崩，修理耗費無窮，水租又被債主抗抵不交，無力支撐，遂於同治元年夏，立約將此圳交付黃纘緒一手獨理，黃氏也代墊本銀數千元，並且「至十股圳主所有帶欠他人債項，以及前後控案，俱係緒一人之事」。而黃氏一手獨理，於同治二年正式簽約接手，抽絲剝繭，一一理清，分年按期攤還，至同治十一年告一段落。根據此四份契字，正可印證家譜所記「管理者多虧失，公出理之，獨得寧順，獲利以巨。」為寫實之記，並無誇大失實之處，黃氏處理糾纏事務之能力，允為把手，不作第二人想，其得眾人之信服，其來有自。

《宜蘭廳管內埤圳調查書》復收有二件官方告示與黃纘緒

有關，其一：[44]

> 「欽加同知銜署理宜蘭縣正堂馬，為換給諭戳以專責
> 成事。照得蘭屬自開闢以來，有將荒埔開成溝道，引
> 水灌溉禾苗，號曰水圳。於嘉慶、道光年間各圳戶稟
> 請給發諭戳，以便蓋用串單，向佃收取工資、水租執
> 憑。現奉大憲奏准，將噶瑪蘭廳改為宜蘭縣，所有前
> 領廳戳，例應繳縣戳，以杜弊端。茲本縣蒞任，業經
> 飭吊廳戳繳銷外，合行換給縣戳。為此諭仰：糧埤圳
> 戶金結安，即管辦舉人黃纘緒、職監李光昭，即便遵
> 照，務須認真修築圳道，巡視圳水，通流充足，灌溉
> 田苗，仍將頒發戳記，蓋用串單，以為遞年向佃量收
> 水租執憑，不准濫行蓋用，如有玩佃抗納，許即稟追，
> 凜之切切，此諭。
> 計發長行戳記一顆
> 光緒六年十月二十六日諭」

其二：[45]

> 「欽加同知銜特授宜蘭縣正堂馬，為出示曉諭事。本年
> 九月十八日，據圳戶金結安即辦理圳務職員黃纘緒稟
> 稱，緣本年三次水災，雖有沖壞埤堰，圳道未壞，迨閏

44　同上註前引書，頁137~138。
45　同上註前引書，頁138~139。

七月間，二次水災，圳道已被沖失數次，當經據情稟懇示諭，攤修在案。蒙批錄後，足見明慎愛民至意，詎料至此九月初，為洪水更橫流，在大三鬮庄埠堰下，首節圳道沖失作溪八十餘丈。又越至下渡頭庄，由本城東北，偏分支一圳道，沖失作溪二百餘丈，三處約計沖失五百餘丈。均約照章自邊移入八十三丈五尺，另開新圳上下兩頭灣接，尚存舊圳引水灌溉，流通課田，然欲再新圳，地價工費浩繁，在金結安圳主，有十股夥。在太山口圳主，有十二股半。股夥皆當備資本，與佃眾照約，攤供費用。若非稟懇示諭，傳集攤鳩，就緊開新圳，恐季冬欲下種，孟春欲播秧，乏水灌田，有誤耕稼之期，國家民食攸關，咎將誰歸。合亟遵批粘圖，據實聲明，伏乞電察，恩迅示諭，以便就緊攤移，俾課命有賴，萬姓謳頌，沾感切稟等情。據此，除批示外，合行出示曉，為此示仰該處佃戶人等知悉，所有坍壞水圳，應需買地，另鑿之處，爾等務照舊約均攤，剋期興築，俾復水道，免誤農時，各宜凜遵，毋違特示。

右諭通知

光緒七年九月三十日給

告示　　實貼　　曉諭」

此二件「告示」，明確指出「圳戶」金結安，即「管辦舉人黃纘緒」、「圳戶金結安即辦理圳務職員黃纘緒」足可說明歷

經同治年間糾葛痛苦之處理後，到光緒年間雖已可掌控水利，而且期間洪水橫流，沖失圳道，黃氏亦頗曉借重官威，諭眾佃照約攤鳩費用，其處事理財之手腕，實不得不令人佩服。

不僅「金結安圳」為黃纘緒所掌管，而且黃纘緒又收購另一水圳，《臺灣私法物權編》收錄一同治八年（1869）十一月〈杜賣圳契字〉，茲引錄於下：[46]

> 「立杜賣圳契字人吳梓隆，同姪吳旺、吳義成等，緣有承吳佔當開蘭之初，自備銀數百元，代眾佃墊用工本，由四圍堡山腳，土名柴城仔坡，開築水圳，延長千二百五十四丈五尺二寸，寬二丈四尺零，引水至三十九結莊，灌溉官番田業四十三份，併帶公埔莊兩邊埤地，……併帶門門一坐，以備旱潦攔水消洩之用。茲因家窮乏力管理此圳，欲銀別創，願將此圳出賣，先盡問房親叔兄弟姪人等，不欲承受，外托中引賣與黃纘緒掌管，收租為業。即日同中議定時價銀一百四十元正交收足訖；將埤圳隨即踏明界址，併佃份水租額約等件，概交黃纘緒掌管收租，永遠為業。一經杜賣，日後雖值千金，不敢言贖言找。口恐無憑，今欲有憑，合立杜賣圳契字一紙，並帶佃眾圳約字二紙，共三紙，付執存炤。……即日同中親收此契內佛銀一百四十元正完足，再炤。

---

[46] 同註25，頁1245~1247。

……同治八年十一月　　日。…

……契尾

計開：業戶黃纘緒買吳梓隆、吳旺、吳義成水圳，延長一千一百五十四丈五尺二寸，寬二丈四尺零，坐落四圍堡山腳柴城仔陂，用價銀九十六兩六錢，納稅銀二兩八錢九分八釐。

布字九百七十一號。

右給噶瑪蘭廳業戶黃纘緒，准此。

同治八年十月　　日。」

此圳應即是「四圍三十九結圳」（約今礁溪鄉二龍村），柯培元《噶瑪蘭志略》有記：[47]

四圍三十九結圳，在廳治北七里，因地得名，寬八尺，長六百餘丈，其源在四圍山腳平壤中湧出，居民開圳道，自四圍山腳引灌公埔至三十九結等莊田約一百餘甲。每年修費，聽民自鳩。

陳淑均《噶瑪蘭廳志》亦載：[48]

四圍三十九結圳，在廳治北七里，寬八尺，長六百餘丈。其源在四圍山腳平原中湧出，居民因合開圳道，自該處

47　柯培元前引書，頁 39~40。
48　陳淑均前引書，頁 40。

山腳，引灌公埔至三十九結等田約一百餘甲。每年修
費，聽民自鳩。

以上二圳（金結安圳、三十九結圳），一灌田一千七百餘
甲，一灌田一百餘甲，合計約一千八百餘甲，每年水租之收入，
是一大筆款項收入。另外值得注意的是，〈契字〉中有提到此
條水圳「灌溉官番田業四十三份」不知是否即前文提及黃纘緒
擔任番業戶所掌管之田地。而且劉招葬於四圍草湳山柴城湖土
名乾埤仔地，黃纘緒葬於四圍草湳山頂埤，其嫡妻朱粉亦葬於
草湳山乾埤，而此條水圳源起於四圍堡山腳土名柴城仔坡之
地，兩者參照，似乎說明此條水圳給黃纘緒帶來莫大利益收
入，或許因此死後葬於此處，以示飲水思源不忘發達之本。

此外，黃纘緒另投資今羅東鎮金瑞安圳(一名月眉圳)，《宜
蘭廳管內埤圳調查書》載有光緒十三年五月之契字一件：[49]

「仝立合約字人進士楊士芳、周治振、游合茂、林成裕、
舉人黃纘緒、林吉記、張五美、練如海暨十八埒至月眉
等庄眾田主等。緣自嘉慶年間，開墾田地，自阿里史庄
起，開鑿圳道，透落十八埒、及月眉庄、武煙溝止，眾
業主各備工本，開築成圳，水灌溉數庄田畝，交付佃人
掌管，抵今七十餘載，若圳頭崩壞，佃人應照田甲攤工
補築修理，向來如斯。但佃戶既眾，每有不齊，爰是邀

集業佃、公仝妥議，立定條規，自今以後，凡遇築埤修
圳，務要齊心協力，照約而行，若托故推諉不前者，莫
論何人何佃，公同議罰，倘有要用竹木多少，照田甲均
攤，違者議罰以照公允。此係公議圳事，各無反悔，口
恐無憑，仝立合約，定一樣捌紙，右執一紙為照。

即日仝立合約字壹樣捌紙，再照。

一批明：此圳原是眾業佃，自出工本開鑿而成，倘有豪
惡恃強欲行詐索霸佔，毀圳斷水，致誤農時，各佃人要
公同向前理論。如是不聽，則拏獲送官究治。若有托故
不前者，公周議罰。所有開費，按照田甲勻攤。或向較
被傷者，眾業主務要公出藥費醫治痊癒，此照。

代筆人　　　　藍清漣

　　　　　　　周治振

仝立合約字人進士　　楊士芳 _{外五十四名}

舉人　　　黃纘緒

　　　　　林吉記

　　　　　游合茂

　　　　　張五美

　　　　　林成裕

光緒十三年五月　　日」

其他如「平居喜觀書房，通及山醫命卜諸術，而尤喜研究
醫道」（頁二十三），類似如此「五術」，應該多少也會有患者、

算命者之致贈感謝金，勉強亦算收入之一，如是累積，「公既早有名，邑有煩劇，恒倚重焉，由是名日顯，而家亦稱素封矣！」（頁二十二）

綜觀黃氏一生，文事精湛，武藝擅揚，又擅經營，是以家道興旺，裔孫蕃衍，足為黃家典範！

第五節　有功鄉梓

黃纘緒為人，《黃姓家譜》稱「性恬淡和，貌溫而柔，遇人無貴賤，接之如一」（頁二十二），「朴直，性直流露」、「心慈善喜接士，待下以寬」（頁二十四），臨事「勇氣過人」、「溫而能剛，有膽識，遇事無小縮」（頁二十二），何況是開蘭第一舉人，「公即早有名，邑有煩劇，恒倚重焉」、「歷事久，深諳世故，縣有疑難常諮訪焉，故每公誕辰，縣文武恒造廬稱祝，尊為老師。」（頁二十四），因此介入地方事務頗多，有功鄉梓自是至鉅且深，茲分項目，介紹如下：

一、輕賦稅

《黃姓家譜》載：

> 光緒戊子（按十四年，1888）蘭地清賦定則，間有貧瘠（瘠？），地多水患者，公請別為不入等則，賦吏怒不可，力爭曰：民終歲胼胝，一水旱，農本且不知何有，

是而不分之，民疲矣，豈朝廷綏撫吾民之意乎？吏益
怒，公持議益力，卒得如公議。然吏由是銜之，是秋遂
有府訟之案。先是公四子作楹頗不（？疑「少」字之誤）
霸；俗多以「三王爺」稱之者，吏搜公劣跡，並以是詳
之；又會有噭熟番訟公者。案遽發，公至郡，力辯不小
屈，以言過激，稽留寢臘，案始釋。蓋公勇氣過人，其
臨事也，往往類此。（頁二十三）

按此事應指清賦之事。光緒十二年四月劉銘傳設南北兩府
清賦總局，並派官吏三十餘人，辦理清賦，分赴各縣，會同地
方紳縉，先查保甲，就戶問糧。戶畝查明，再行逐田清丈，就
田問賦。丈竣之後，一律由藩司給單，私租悉行入公。至光緒
十四年六月，全省清賦大致藏事，盈溢田糧，計逾舊額不下四
十萬兩，民間供賦反較減輕。此次土地清丈，蕃社土地一併丈
量，業主亦須負擔地稅，並將蕃租提高，自然對身為番業戶之
黃纘緒不利。而接近蕃界及沿河濱海之耕地，以往不列入等
則，宜蘭縣自不能例外。[50]黃纘緒在該處有田二十餘甲，如今
既要報納國課，又要納番口糧，雙款賦稅，負擔已重。再加上
光緒七年洪水為災，沖崩堤岸，大半水田雙成旱園，不免為難，
不得不力爭，《宜蘭廳管內埤圳調查書》收有相關告示，文曰：

50　陳芳草《宜蘭縣志》卷三政事財政篇（宜蘭縣文獻委員會，民國 50 年 3 月印行），第一章第十一節，頁 22。

51

「調署宜蘭縣正堂加十級紀錄十次汪，為出示曉諭事。本年四月初四日，據職員黃纘緒稟稱，竊四圍保辛仔罕庄社前後，有番界水田約一百餘甲，本配番圳水租穀，納番口糧。迨光緒十四年，蒙上憲清丈，又報納國課，雙款賦稅。慘因辛巳年洪水為災，沖崩堤岸，沙壓深重，高低不一，大半變成旱園，空累租賦，民食為難。茲因緒亦有田貳拾餘甲在該處，據左右鄰田邀緒代備資本，向社番立約，逐年津貼一十石水圳租，又設立圳長貳名，一漢一番，巡視水圳，亦就田每甲定貼工谷，每圳長年一斗立，從番圳頭，由一、二結庄陰溝，築閘欄水上圳，引灌田畝，但應買地移鑿水圳，由一結庄橫圳埋地械，築浮圳、駕水梘，引水到社後灌旱園耕作田，應需工本地價銀共計五百餘元，現水先流通灌田。會議俟此本年變冬，照金吉安、太山口例，每甲願攤出本銀陸元，永遠免納水租。如無攤工本地價，每甲定納水租壹石八斗，以資工本，公立圳名金永安圖記壹顆，如此辦理，未知可否，稟明存檔，恩截曉示，合亙粘圖稟明。伏乞電察裁示，祗遵公侯萬代，沾感切叩等情到縣。據此，除批示准予存案外，合行示曉諭，為此，旨仰該庄

51　同註 37 前引書，頁 256~257。

　　業佃人等知悉，爾等如有田地在於該處，配灌圳水，務
須照納而行。仿照金吉安、太山口之例，每甲應攤出本
銀六元，永遠免納水租。如無攤工本地價，每甲定納水
租壹石八斗，以資工本，其各遵照毋違，特示。

　　　右　　諭　　通　　知

　　　光緒十九年四月　　　日給

　　告示　　實貼　　曉諭」

　　今黃纘緒力爭之下，「卒得如公議」，執事官吏當然銜恨，
遂設詞構訟，偏偏黃氏言語激烈，遂被故意拘留至年底除夕，
始釋回歸蘭。黃氏此次力爭不將沿河濱海之田地列入等則，雖
有私心，但到底還是為蘭邑農佃、地主爭取了若干權益。除此
外，此次清賦，土地丈量方面，宜蘭縣尚有基數度量之爭執，
《清代臺灣大租調查書》收有劉銘傳一件諭示，與此有關，茲
引錄於后，以供參考：[52]

　　欽差督辦臺灣防務、頭品頂戴福建巡撫部院一等男，為
剴切曉諭事。照得現在全臺田園舉辦丈量，前經按淡水
廳誌載定弓尺制度，每戈一丈二尺五寸為准，分頒各屬
應用在案。現據宜蘭、新竹兩縣先後稟稱；該二邑丈量
田畝，向以一三尺五寸為一戈，與現頒之戈互相比較，
每戈多加一尺之額，紳民嘵嘵置辯不休，請示遵辦等諸

<hr />

52　《清代臺灣大租調查書》（臺銀文叢第一五二種），第一章第二節，頁 56~57。

語前來。查臺灣自國初始入版圖，核算田畝有所謂每
戈、每甲等名目，皆係鄭氏一時權宜。雍正九年，特奉
廷旨，臺灣田畝化甲為畝，係以戈數核為弓數，其弓定
制六尺，積二百四十弓為一畝，載在誌乘，遵行已久，
現在舉辦丈量，猶用戈甲目者，不過因其舊俗，以計總
數，為將來積算之端。至於量即升科，仍應遵照定章，
以弓計畝。……該二邑以戈小一尺，藉詞爭執，難保不
誤執戈大賦輕，戈小賦重之成見，亟應剴切曉諭，以昭
定制，而釋群疑。為此，示仰各屬紳民人等一體知悉：
臺灣田園化甲為畝，係奉旨進行定章，繼不能仍復論戈
納賦。現在所用舊弓尚是五尺，迨清丈之後，仍應以戈
伸尺，按六尺為一弓，積二百四十弓為一畝，計畝升
科。……爾紳民務當曉然朝廷治賦經邦，一秉大公，毫
無偏挪，毋得藉詞爭執，致干未便，其各凜遵，毋違，
特示。

光緒十二年八月　　日給。

二、解紛難

　　清代民間糾紛雖有賴官府衙門判案，但事實上多賴地方領
導階層予以調解，以樹立民間之自治。《臺灣私法物權編》收
有一件黃纘緒擔任公親，勸議排解水圳糾紛的合約字，文如

下：[53]

> 同立合約字人圳戶吳梓隆，佃戶李元益、李元玖、李江
> 楓等。緣開蘭之初，三十九結莊四十三份佃眾有公議，
> 請吳梓隆之父吳佔巡圳，多墊資費修築，從四圍保柏仔
> 寮陂引水上圳，灌溉田份，每份逐年原議貼吳佔工資穀
> 一石二斗。前約敘明，由來已舊。祇因該陂頭係與柴圍
> 莊佃眾公共分水之陂，遇亢旱時，每被盜決陂水，以致
> 三十九結莊李元益、李元玖、李江楓管耕三份半田業，
> 缺水灌溉充足。是以有從礁溪尾之梘水引出多少灌溉田
> 苗，其水路應由李元益等田頭經過。茲憑公親勸議，李
> 元益等三份半田，應貼巡圳工資穀計四石二斗，永遠免
> 貼。至吳梓隆於富前憲任內，有呈控李海等抗欠工資穀
> 一案，亦甘願息訟不討。其餘三十九份半之工資穀，概
> 歸吳梓隆永遠自收；而李元益等有引梘水灌溉，其田食
> 剩之水亦當永遠放過，不得攔截。至李生吉等有攝情赴
> 丁廳憲稟控吳梓隆之案，俱願任從請銷。……此係眾佃
> 水圳陂頭公約，不得廢蕪。此係二比甘願，憑公親勸處
> 息事和氣，各無反悔異言，口恐無憑，同立合約字二紙
> 一樣，各執一紙存炤。
>
> 即日同立合約是實。

---

53 同註 25，頁 1193~1194。

同治八年三月　　日。

代筆人　　　　　吳泰昌

公親人　　　　　黃纘緒

如見胞姪人　　　吳　旺

圳　　　戶　　　吳梓隆

同立合約字人佃戶　李元益

李元玖

李江楓

　　根據此件合約字，我們可以發現經由黃纘緒之勸議，結果有四：（1）李元益等三人免貼巡圳工資。（2）梓隆呈控李海等人抗欠工資，甘願息訟不討。（3）李生吉等人稟控吳梓隆之案，俱願請銷。（4）倘遇旱時，與柴圍莊計較灌溉用水取出分水陂約字紙公約評斷。經過黃氏出面調停，順利解決牽扯三方之糾紛，我們不能不承認黃氏之手腕高明，為人信服之事實，也印證了家譜之記載。也或許因為如此，事隔八月，「吳梓隆家窮乏力管理此圳」，乾脆就將其賣給了黃纘緒（見上文）。

　　另外，《宜蘭廳管內埤圳調查書》亦收有一件光緒四年五月，黃纘緒擔任公親，調解林青草與林初藏有關林寶春水圳之劃分，商妥按股攤分修圳，割佃分收水租谷，其合約字如后：[54]

<hr/>

[54]　同註 49 前引書，頁 329~330。

「仝立約字人，林青草、礽藏等。緣藏承曾祖父林秋舉，與林青草即林心嫂合夥公號林平源，承買奇武荖月眉山腳林寶春水圳二道，其東西四至界址，俱載在墾契字內明白。但當日所買之水圳，係藏曾祖父林秋華出賣，時值價銀九百四十大元。因林青草銀元一時不能辦足，故按作四股均開，林青草備出佛銀七百四十元，應得水圳三股。藏曾祖父林秋華備出佛銀二百大元贖回，應得水圳一股。於同治九年間，亦曾立約二紙一樣，但前約中有未妥議銷。於同治九年間，亦曾立約二紙一樣，但前約中有未妥議銷。全年收水租谷四百八十石，除圳長工資八十石外，尚剩水租谷四百石。前年尚未按股瓜分，於是藏與草聚首相商，此租與其概經一手，恐致併吞，何如割佃分收，為尤愈也，所以邀仝公親族正妥議，爰將林寶春圳戳，並林平源買契，連司單一紙，合約三紙，共四紙，概交林心嫂收存，後日若有要用，務宜取出公照，不得刁難。至於修理陡門諸費，亦按股攤開，此係二比甘願，均無抑勒反悔，口恐無憑，實乃有據，應立合約字二紙一樣，各存為照。

即日憑公，草與藏各執過合約字一紙是實，再照。

代　筆　人　　廖國英

公　　　親　　黃纘緒

在　　　場　　林國翰

光緒四年五月　　　日　　　仝立合約字人林^{青草}_{礽藏}」

三、建寺廟

　　寺廟之興建，在清代臺灣幾乎可說移民託命依歸之所在，不僅具有執行村落與團體之自治、自衛、涉外等各種機能，並擔負信仰、文教、娛樂、福利等功能，成為一股安定鄉土，處理地方事務不可或缺之信仰力量。宜蘭縣各寺廟的興建管理，黃纘緒亦積極參與。如文廟之建，始於同治四年（1865），舉人黃纘緒、拔貢黃學海、拔貢李逢時、仕紳林國翰等人發起興建，但遇大陸內亂，物價飛漲而停工。直到同治七年，進士楊士芳、舉人李望洋、歲貢鏘等人倡議再度捐修，方得以完成此廟。[55]另，陳進傳大著《清代噶瑪蘭古碑之研究》，對於宜蘭古碑，搜羅宏富，關於寺廟興建修葺中有黃纘緒史料者，茲摘錄如下：

> （1）咸豐八年六月「重建先農壇碑」，此次重建，乃蘭廳通判富謙、蘭營都司黃遇春首先捐俸以為之倡，「即諭飭職監林國翰、舉人黃纘緒、職員林啟勳、職監黃玉瑤等齊集公所，會議章程……」。[56]
>
> （2）光緒十三年冬月「重修協天廟捐題碑」中有「黃纘緒捐銀拾六元」。[57]

55　同註 23。
56　同註 22。
57　同註 29。

四、矯風教

矯風義行，黃纘緒亦不落人後，《清代噶瑪蘭古碑之研究》亦收有若干黃氏義行碑文：

> （1）同治十一年二月「礁溪庄義塚定界碑」中記載道光九年五月總理楊德照等人，稟請洪煌通判准定四圍山等處山場，留為塚地，供民埋葬，作為義塚，訂立木牌告示。不數年因蘭地卑濕，木牌朽壞，弊混滋生，「二十九年閏四月間，復經街庄各頭人黃纘緒等，稟請牌示已毀，重新泐石，以杜流弊等情，又蒙楊前憲（按指楊承澤）再為出示，並予泐石各在案。」[58]
>
> （2）咸豐六年正月「嚴禁差胥需索社番貼費碑」，此碑文略謂：東西勢各社番正副頭人、總通事等人投訴官府，指稱總理、佃首間有侵漁剋扣糧餉，不肖書役藉換戳、點驗、造冊名目，勒派規費，深感苦累哀痛、蘭廳通判楊承澤「諭飭總局頭人稟公議覆、勒碑示禁可也。嗣據該總局頭人舉人黃纘緒、職員林國翰、林啟勳、生員陳階平、職員林成、蘇陳等，稟覆前來」，黃纘緒等人認為「各社番日益調（痌？）瘝，不能不正本清源，以甦番命」，因此建議各戳記「載明長行字樣，上流下接，隨時行用，毋庸更換」，所有不肖書差，巧借各種

名目「凡一切弊端及索詐諸費，悉予禁革，誠為當務之急，准出示立碑，一面牒府存案，以垂永久。」楊令乃將陋規革除，並立碑署前，以昭遵守。[59]

（3）同治五年六月「禁止踐踏塚地乞食祭餘及捐題碑」，碑文內容略謂：西勢新城仔庄附近有塚地，庄民放牧牛羊豬犬縱橫踐踏，以致白骨漂曝、棺罐露出。又有一班遊民在塚地窺伺，求討祭餘食品，稍不滿意，暗中作弄墓碑，或將牛糞亂塗，或將后土碑抽匿。因「紳士李春波、林國翰、楊士芳、黃纘緒、李逢時、黃鏘、李望洋……」等十八人，稟承通判章觀文勒碑示禁，並捐款立碑昭示。[60]

（4）光緒十六年六月「憲禁使用牛油碑」，乃「紳士李望洋、黃纘緒、李及西、楊士芳、李春波、周家麟」及諸貢生、廩生、生員、聯首等紳董，僉稟知縣沈繼曾，禁止宰殺耕牛，為害農功，並不得以牛油作蠟燭敬神；也一併禁止村莊演唱乇戲，喪事妝賽扮演觀音等等，立碑示禁。[61]

五、育人才

　　黃纘緒不僅曾任侯官儒學正堂，培育侯官人才，所謂「種

[59]　同註21。
[60]　同註24。
[61]　同註30。

桃侯縣雖將老」（時年五十四歲）正是指此。嗣後並經理書院
膏火田事宜，招佃承耕，並一度與人互控，是可見其用心負責。
《臺灣私法物權篇》收有兩件執照，茲轉引於后，以見梗概：
[62]

（1）

即補清軍府、調署宜蘭縣正堂彭，為給照管耕事。光緒
九年四月二十日，據紳士黃纘緒、黃鏘、李春瀾、李及
西等稟稱；緣蒙鈞諭，據楊廷柳與林先進控爭鎮平莊浮
復園地，業經斷將地充入仰山書院，仰即招佃承耕，議
定租額等因。現經招得佃人王協記到地指明四至……，
交佃管耕，每甲年定園租穀八石，全年共應納租穀一十
一石二斗，列入充公書院徵簿，遞年赴房納清，以資各
生童膏伙之需。又有餘埔四分零，金並交該佃墾耕；但
該地實係傍地瘠劣，沖復靡常，日後倘被沖沒，准予退
納。僉請給照管耕，並繳認耕結狀紙。據此，除批示外，
合行給照。為，此給佃人王協記遵照後開四至界址管
耕，遞年租穀務須照數完納清款，截串執憑，不得越界
侵佔，凜之毋違，此照。……
光緒九年四月二十八日給。
光緒十五年三月初六日換給司單一紙。

62　同註28。

（2）

准補澎湖海防分府、代理宜蘭縣正堂蕭，為給照永耕事。本年閏五月初六日，據糧總黃隆稟稱：竊隆稟舉民人張簡銘招墾職員黃纘緒與呂傳輝互控案內，充入仰山書院之魚鰍斗莊埔地一甲八分，赴房當場議定，每甲年納租穀四石八斗，全年共應納該租穀八石六斗四升，不敢少缺；如有少缺，惟該保耕是問，任憑起退。該埔地若遇洪水沖沒，應請准予具呈退耕，稟乞准給照承耕等情。計繳陳紳輝煌保耕狀，並張簡銘認耕狀各一紙前來。據此，除批示准耕外，合行給照。為此，仰民人張簡銘即便遵照後開四至界址，前至管耕，逐年應納租穀八石六斗四升，須年款年清，不得絲毫蒂缺，致干究追。其課租仍歸於佃人照則完納，凜遵，毋違，此照。……光緒十八年閏六月初八日給縣行。

六、修志書

　　噶瑪蘭之建置設官，始於嘉慶十七年，設置既遲，記錄乃關。臺灣府志或寡記載，諸羅縣志亦傳聞失實。至嘉慶間，謝金鑾撰〈蛤仔難紀略〉一卷，道光初，通判姚瑩有〈噶瑪蘭原始〉一卷，蘭地始有可信記載。道光十年，晉江舉人陳淑均應聘掌教仰山書院，頗留意文獻，適福建省重修通志，臺灣府亦有此議，因徵求史料於蘭廳，廳之人士乃敦請陳氏為總纂，並以例貢生盧永昌、林逢春，監生楊德照、蔡長春，生員李祺生

等任采訪。事始於道光十一年（1831）九月，十二年九月成《廳志稿》。十四年，淑均內渡，十八年應鹿港文開書院之聘返臺。授課餘暇，續採資料，成續補二卷，復向蘭廳追索前稿，重為訂正，而成志稿定本，時道光二十年也。迨道光二十九年（1849），董正官任通判，因議刊廳志事，乃採陳氏稿本，詳與校正，並委李祺生任續輯，於咸豐二年付梓刊行，題曰《噶瑪蘭志》板藏仰山書院，從是志之纂修至付刊印後，蓋歷二十有二年，[63]而是書之彙校者，有「舉人黃纘緒，本廳人，庚子科（按即道光庚子二十年）」。[64]此後，及至光緒十八年（1892），臺灣省設局纂修通志，分巡臺灣兵備道顧熙為「臺灣通志局」監修，臺北府知府陳文騄為提調，淡水縣代理知縣葉意深為幫提調，總局設於臺北，各州縣立設立分局，並規定修志事宜十四條，頒采訪冊式一種，以為各廳縣修志張本。越明年，《宜蘭縣采訪冊》竣稿，此志之編輯，據《臺灣列紳傳》記張清源「班列臺灣通志采訪事務局，與楊進士士芳、李刺使望洋、黃教授纘緒、李孝廉春波諸老輩，編纂《宜蘭採訪冊》」[65]是可知宜蘭前後二志書，黃纘緒皆有參與彙校采訪，有功於地方文史。

---

[63] 詳見高志彬《臺灣方法解題》第一分（成文出版社，民國 74 年 4 月印行），頁 47。

[64] 陳淑均前引書《噶瑪蘭廳志修訂銜名》，頁 15。

[65] 同註 31。

七、濟貧困

　　《黃姓家譜》云黃纘緒慈惠感人,「惠深窮庶」,謂其「旁通及山醫命卜諸術,而尤喜研究醫道。疫作時,輒自製方藥以施。濟闤闠貧困者,躬親診治時,往巡視饋藥,無少德(豫?)色。水災饉歲,每午飯有逃頓者至,輒督家人接納,如恐不周。」(頁二十三、二十四)可惜事無實例,不能舉列佐證,予以譽揚。

八、平亂事

　　《黃姓家譜》又記黃纘緒平戴萬生之亂:

> 咸豐之間,戴萬生揭竿作亂。當其共薄郡城,官軍數挫,勢殊急,公時適在姚道處,請於姚公曰:事迫矣,今囹圄中死人良夥,良公曷不設一生途,盡出囚人,誓而教之,使居陣先拼一戰。夫死於罪,於死於戰,均死也;況戰未必死,而功有可望,人有不奪勇先,精神百倍乎!姚公曰:善。公素諳拳技,隨著公同其屬吏主之止齊,步代既小嫻。既會官軍,出城衝殺,果大捷,寇賴以戢。
>
> (頁二十二、二十三)

　　案,此事記載牴牾失實,不可相信,原因如下:

　　戴萬生(即戴潮春)之亂,起於同治元年(1862)非咸豐年間。而亂事波及地區為鹿港、大甲、嘉義及斗六門一帶,未聞有臺南府城,此其一。

　　姚瑩任蘭廳通判乃是道光元年正月二十四日，由臺灣知縣陞署，同年因丁憂去職，由羅道於道光元年九月初一以斗六門縣丞護理。姚瑩後改發江蘇，歷金壇、元和、武進，遷高郵知府，擢兩淮監掣同知、護鹽運使。道光十八年擢分巡臺灣道，閏四月十六日到任。其間因鴉片戰爭殺俘之冤於二十三年三月二十四日，奉旨革職，逮入京審訊，貶官川、藏，尋引疾歸。咸豐初，復起瑩為湘北武昌鹽法道，未行，擢廣西按察使，卒於官。[66]則姚瑩任職臺灣，在臺灣時間是道光元年，與道光十八年至二十三年，試問如何會遇上同治初年戴潮春之亂，此其二。

　　而黃纘緒於咸豐年間平亂之事若非空穴來風，真有其事，則在宜蘭或臺南二地較有可能之事件有二：

　　（1）咸豐三年（1853）之林恭事件，時林恭與楊汶愛等人於六月三次進攻臺灣府，幸臺灣道徐宗幹、總兵恒裕等急令兵弁及鄉勇守禦。

　　（2）另一個人認為可能性較高者為同年噶瑪蘭吳磋之亂。咸豐三年九月，蘭廳通判董正官會營兵剿捕梅洲圍地方匪徒。林汶英、吳磋等人糾眾拒捕。九月十六日，吳磋率眾於斗門頭地方樹林內，伏埋殺害董正官，次日哄入衙署，搜索倉庫。時臺灣道徐宗幹獲悉本案，迅調

66　《臺灣省通志》卷七人物志（臺灣省文獻委員會，民國 59 年 6 月出版），宦績篇〈姚瑩、父騄附〉，頁 103～105。

澎湖廳通判楊承澤為噶瑪蘭通判，並先派頭圍縣丞王衢
代理。王衢在數千鄉民護送下進城，隨即誘殺林汶英，
並派兵勇義首搜捕餘黨。楊承澤到任後，會同參將帶兵
入山，窮搜痛剿，於次年三月在中心崙一地逮捕吳磋歸
案。[67]

　要之，黃纘緒平日為人恬和溫柔，遇事擔當，深得社番、
鄉民之敬重，故其逝也，「遠近哀之，葬之時，士庶咸來祭奠，
所經衢道置香案，表哀悼者尤眾，亦足見其慈惠感人深也。」
（頁二十四）若黃氏者，真不枉為宜蘭人之典範也。

第六節　小結

　黃纘緒生平史實，茲爬梳史料，稽考如上，相信能予以較
信實完整之面貌敘述，於本節不擬再度濃縮重複，以免佔篇幅
過多。末了，謹將黃氏生平史實傳聞失誤予以歸納，以免繼續
以訛傳訛，再誤導下去。

　（一）宜蘭黃氏家族應與士林黃氏家族系出同支。而乾
　　　隆末年全家遭林爽文亂之波及，致邅大禍，舉家不幸，

---

[67] 徐宗幹《斯未信齋文編》（臺銀文叢第八十七種）〈上春巖制軍書〔五〕〉，頁6
　～9。

僅存活劉氏一人。此一亂事非《家譜》所記之漳泉械鬥，而是林爽文之亂。

（二）劉氏恐是入蘭前已領養一子黃猛，並隨其入蘭，非俗傳入蘭後才領養。入蘭時間則應在嘉慶元年之後。

（三）家譜記黃氏「生六歲怙恃俱失，見撫於大嫂張氏」，後出諸文皆輾轉抄襲錯誤。其父黃猛卒於道光三年，母簡氏景死於道光二年，而黃纘緒生於嘉慶二十三年，則應是六歲喪母，七歲失父，非六歲俱失怙恃。

（四）民間傳聞與某賴氏寡婦同居，賴其謀生。家譜世系圖（一）亦謂其娶妻五房，其一是賴氏月，皆誤。事實是：賴月為其五哥黃潭之妻，或因叔嬸兩人年紀相當，同居一宅，致有此誤會。

（五）中舉返籍後，或云任宜蘭仰山書院教授，或云與陳淑均等人合編《噶瑪蘭廳誌》志書，皆誤。蓋書院無「教授」一職，黃氏只是代為管理書院之膏伙田業。而陳淑均編纂志書時，黃氏尚未膺選府學生，正在刻苦勤讀，資格不符，其後刻印志書，方才擔任「彙校」一職。

（六）同治九年擔任福州教諭，四年任內，謂曾參與修撰福州府志，經查考此時期福州府並無修志之舉，此說有待進一步證實。

（七）家譜記咸豐年間，黃氏在臺南助姚瑩平戴潮春之亂，時、地、人皆錯，牴牾失實不可相信。

員山周振東武舉人宅

文化資產局網站基本資料介紹

文化資產類別	古蹟		
級別	縣(市)定古蹟	種類	宅第
歷史沿革	周振東於同治九年（一八七〇）官拜武舉人，中舉後於員山鄉湖東村蜊碑口建築合院宅第。當時面積達一點五公頃，四周環繞圍牆，左右兩邊各有銃櫃一座。		
歷史沿革資料來源	宜蘭縣古蹟調查研究計畫調查表		

評定基準	具歷史、文化、藝術價值 具稀少性，不易再現者 具其他古蹟價值者		
指定/登錄理由	就其創建年期、歷史文化意義、建築特色，稀少不易再現。		
法令依據	文化資產保存法第二十七條暨古蹟審查處理要點第八點		
公告日期	2003/06/12	公告文號	府文資字第0920002959號
主旨	公告本縣「員山周振東舉人宅」為縣定古蹟		
所屬主管機關	宜蘭縣政府		
所在地理區域	宜蘭縣　員山鄉		
地址或位置	東村蜊碑口五十溪旁		
經度	121.700988	緯度	24.750473
主管機關	名稱：宜蘭縣政府文化局 聯絡單位：文化資產課 聯絡電話：9322440 聯絡地址：宜蘭縣 宜蘭市 復興路二段 101 號		
管理人／使用人	關係　　　　　名稱 管理人　　　　祭祀公業周振記管理委員會		
土地使用分區或編定使用類別	非都市地區　鄉村　林業		
定著土地之範圍	銃櫃及現存建築殘跡（員山鄉大湖段大湖小段12之8號）		
所有權屬	關係　　　　公私有　　名稱 土地所有人　私有　　　祭祀公業周振記管理人		

創建年代	清同治年間		
創建年代 （西元）	西元 1870 年	竣工年代	清同治年間

資料來源：

http://www.boch.gov.tw/boch/frontsite/cultureassets/caseB
asicInfoAction.do?method=doViewCaseBasicInfo&caseId
=GA09602001063&version=1&assetsClassifyId=1.1&me
nuId=310

清代宜蘭周振東家族與古宅的
歷史研究

第一節　周氏家族之先世與原鄉

　　宜蘭周振東家族，堂號「霞山」，「霞山周」源出黃姓，周黃一脈，茲先略述黃姓淵源。據《黃氏大宗譜》載：以陸終長子昆吾之子高，為一世祖。又云：十三世石，佐周有功，賜姓為黃，世居江夏，從此傳衍各地，族人遂以「江夏」為郡號。其後南遷，據譜載：世居江夏郡，後遷河南光州固始，至六十八世黃珣郎，仕晉，徙江西信州。七十三世黃志，由信州遷福建邵武，再分居晉江。八十八世黃肅，生四子，分居福州及江西南劍。九十世黃峭，乃宋太祖乾德三年（965年）進士，累官至天章閣直學士，取三妻，各生七子，八十三孫，諸子孫散處各地，遺囑裔孫一詩：「駿馬匆匆出異方，任從勝地立綱常，年深外境猶吾境，日久他鄉即故鄉，朝夕莫忘親命語，晨昏須

薦祖宗香，但願蒼天垂庇佑，三七男兒總熾昌。」凡黃姓子孫能念上詩，有譜書相同者，同是苗裔，各認親屬，即請升堂入室，勿以客人相待；如無此譜書，無詩以對者，便非峭公枝葉，乃是歇公之流裔也，也不可以簡慢待之。至九十五世黃久隆，生子三：長黃江，居晉江，支分南靖；次黃元，居建寧，移漳浦，支分平和；三黃詔居平和，支分詔安及潮洲等地。九十五世另有黃久安其人，有子三，三子建聯遷河南固始，適值金禍，又徙杭州，遂為杭州著姓，支分漳浦、饒平、陸豐等地。

又據《文水派黃氏族譜》載：先世居河南固始，至晉，中原板蕩，南遷入閩，而黃元方仕晉，卜居侯官（今福州市），是為黃氏入閩始祖。至唐，有黃岸、黃崖兄弟，分傳二支，黃岸居莆田，黃崖遷泉州，崖子黃守恭於唐武后則天垂拱二年（686年）捨宅捐建泉州名剎開元寺，寺成，屢見紫雲蓋頂，靈異常顯，後裔遂以「紫雲」為堂號。守恭生子四：長黃經居南安；次黃綸居惠安；三黃綱居安溪；四黃紀居同安，號稱「四安公」。

再據《檗谷黃氏族譜》載：奉唐末黃岸為遠祖，南宋初，有稱檗谷公（或稱檗谷逸叟）黃龍者，居泉州仁和里，其子仙舉遂以檗谷為地名。而《粵香黃氏族譜》載：原居永定，至二世宋末時遷廣東，再傳遷大埔、海陽及南靖。又《長樂尖山黃氏族譜》載：宋代，黃峭裔孫良臣，因官瓊州太守，遂居廣東

梅縣。明英宗時，裔孫懷亮遷長樂梅林尖山開基。[1]

以上為黃氏世系蕃衍及播遷大概，至明清二代，黃氏族人渡海來臺者日眾，要之，多屬黃守恭派下。宜蘭員山周氏原籍為福建省漳州府平和縣下寨社霞山人，後移居臺灣宜蘭縣員山鄉大湖蜊仔埤庄。按下寨即霞寨，今為中華人民共和國福建省漳州市平和縣霞寨鎮人民政府駐地，在小溪鎮（今平和縣人民政府駐地，在縣境東北部，花山溪與小溪匯合處，以小溪河名取為鎮名）鎮西十四公里，花山溪上游（圖一）。明朝正德年間為防寇盜，在霞山築寨，故名，聚落成塊狀，人口約有一萬五千人，有農機廠、農貿市場。郊柏公路經此。[2]

員山周氏以「霞山」為堂號，稱「霞山周」，所編《霞山周氏族譜》與大陸霞寨周姓珍藏祖傳之《霞山周姓世系文輯》和臺灣另一《霞山周東美族譜》，三本族譜參詳，淵源世系，幾乎完全吻合，可以互證互補。霞山周的一世開基祖，原為霞寨大坪黃姓第六代孫黃均祿，均祿謚肇基，贅於周氏而因其姓。其弟均仁，謚啟基，不忍別居，隨兄入籍，因此後裔六代，複姓「周黃」，從第七代起，單姓周，此所以「霞山周」有「周

---

[1] 按，黃氏族譜所記錯綜複雜，頗有牴異，即黃峭所傳詩句諸書亦有出入，本
  文非探討黃姓族譜世系，不作深入考證，此節主要據（一）楊緒賢，《臺灣區
  姓氏堂號考》（臺灣省文獻委員會，民國 68 年 6 月），〈黃姓〉，頁 188~193。（二）
  周宏基編，《霞山周氏族譜》（祭祀公業周振記印行，2002 年 3 月），頁 1~70。
  二書參酌改寫而成，不一一分註。

[2] 參傅祖德編，《中華人民共和國地名詞典福建省》（北京，南務印書館，1995
  年 2 月一版），〈漳州市平和縣霞寨〉條，頁 229。

黃姓」、「周皮黃骨」之說，宜蘭霞山周也以黃嶠「遺子詩」作家族相認之「認祖詩」，改稱「周祖訓言二首」（其實應是同一首）：「駿馬同堂出外疆，任從隨地立綱常，年深異境猶吾境，身在他鄉即故鄉。」、「且夕莫忘親命語，晨昏須薦祖宗馨，但願蒼天隨庇佑，三七男兒總吉昌。」對聯亦清楚點出周黃一脈關係：「緒纘周家後胤昌天之長地之久，基縱黃祖先靈遠木有本水有源。」

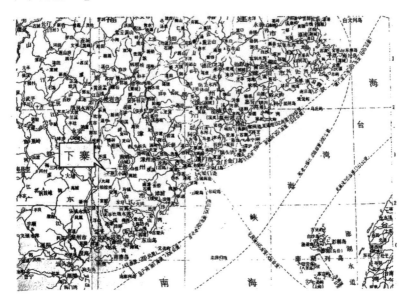

圖一　福建省漳州府平和縣下寨社霞山位置圖

（資料來源：參考文獻-1，頁 85）

霞山周聚居生息於霞寨之白灰樓、獅子樓、迎暉樓、西奎樓、寨里、群英、寨北、內坑、聯榮、彭林、下尾、馬跳、坎

墟、林口、洋坑、大湖等村社，家族棲息傳衍在霞寨的群山之
中，故立「霞山」為堂號，如今人口早已超過一萬之眾，全族
在海內外有七萬餘人，是霞寨僅次於黃姓的第二大姓。霞寨周
姓人家，明清年間多以圓樓、寨堡為居處，產生許多建築別致，
風格獨特之樓寨，如西奎樓、獅子樓、迎暉樓………等等，更
成為當地地名而沿用至今。尤其是寨里，最為特殊，偌大一個
樓寨群，建在一個平坦的山頭上，四面城門堅固無比。走入寨
中，房屋櫛比鱗次密密匝匝，有近兩千人口居住在內，西南兩
座寨門的匾額「奎垣」、「霞陽」鑲嵌牢靠，閃耀生輝，歷盡歲
月。[3]霞寨是地處閩粵交界的山間盆地，據傳宋末明初社會不
靖，當地黃守易等人倡領族人，依霞山的自然形勢，修築住宅
於寨垣周邊，形成一寨堡的守衛格局，並設立東、西、南、北、
水五門，分別命名為寅賓、奎垣、霞陽、玄武、水門。寨內依
山形地勢，逐層興建住宅，多為二層青磚青瓦小樓，高高低低，
錯落有致，曲巷幽徑，如詩如畫。而寨周是碧綠池塘，宛若辟
雍，既顯景致，又可圍護城寨。在寨西南角落，至今仍存一方
古井，井邊以石條砌成，井沿刻有寸楷文字「景泰乙亥年立，
崇禎甲戌年重修」，景泰乙亥年即明景帝六年（1455），崇禎甲
戌年為晚明思宗七年（1634），則早在五百多年前，周氏所居
寨里，已是人丁旺盛的聚族城寨。周氏祖祠興宗堂是在寨里

3　見劉子民《尋根攬勝漳州府》（福建，華藝出版社，1990 年 10 月），第三章第
　　八節〈霞寨望族霞山周〉，頁 304~306。

村，建於明中葉，至今已有五百年歷史，位在寨里風水核心，坐辛向乙，背靠祖山雙髻梁，前朝粗坑林頂文筆峰。興宗堂及整個寨里城寨屋宇，乃是按照風水要求設計，據風水師稱，興宗堂四周山脈，來龍去勢遠大，惜正面山場低窪，形成兩山之間凹缺之煞口，周氏先人居然以人工方式填土造山，建立一尖峰，聳立天際，形似文筆峰，從此文運大開，中式連連。早在清代該族就創辦了龍文書院，有書田租十數石。後周振貴一房渡臺，五位麒兒先後考取舉人、秀才，有「五子登科」之美傳。一九一四年創辦新式小學，一九二五年又創辦龍文中學，為當年平和縣第二所縣立中學。總之，清末民初，霞寨之寨里是平和縣內，與九峰、琯溪（即小溪鎮）三足鼎立的文化教育中心，培育大批人才，洋洋灑灑，令人稱羨，風水之說，或則不誣。

興宗堂占地面積兩畝有餘，建築面積約一千平方米，曾分別在清乾隆十八年（1753）、嘉慶八年癸亥（1803），有兩次維修，但祠內梁柱及屋瓦主牆等均保持原貌，上下兩堂仿古明堂太廟形制，大廳中梁高近七米，總深約五十米，面寬約二十二米，粗柱大梁，風格樸直厚重，為典型明代祠堂特色。堂後華臺，左右陰巷，俗稱「覆鼎金」之風水地形。興宗堂供奉的一至五世祖均為黃姓，而非周氏。其緣故即前文所述。南宋時寨里開基祖為黃元吉，原為閩西上杭金豐里人，於宋末時遷平和琯溪，娶何氏，傳子八人。三子黃榮睿，娶何氏生五子，其中長子均祿即為今霞山寨里周氏所奉一世祖。明洪武初，均祿入贅周氏，生三子：得福、得成、得信。從六世開始黃元吉一支

在霞山寨里的後裔改從周姓。而從黃元吉起到八世，該族凡入祀琯溪祖祠黃姓家廟者，均書「周黃公」。在寨里興宗堂之周氏祖祠，至今在大門內懸黃府，外懸周府大燈籠各一對。[4]

第二節　周氏入臺與發跡

霞山興宗堂周氏，自九世開始，便使用清康熙二十一年壬戌科（1682）進士周天位制定的二十字昭穆：「良能希繼志，文仕振家庭，時思存可守，德業秉天榮。」[5]明清時代周氏後裔即有人遷臺拓墾謀生，茲先述周振貴一支。

據譜載，清道光十九年（1893），西奎樓的周振陂、振貴、振降三兄弟相攜渡臺，幾年之後，大哥周振陂回故土，老三振降不幸病故。獨存老二振貴艱苦創業，經營竹木買賣。二十六歲時，振貴娶柳營吳財主之女吳胞娘為妻，並落腳今臺南柳營鄉果毅後，建宅安家。夫妻恩愛，生育六子一女，六子分別為：家印、家禧、家元、家臨、家全、家簡；除家印於十二歲時夭折外，其餘五子先後考取舉人、秀才，所以有「五子登科」的美譽。家禧後來擔任恆春縣令，家元當了彰化縣宰（按，今查

---

[4] 詳見（一）劉子民前引書，（二）林嘉書，《生命的風水－臺灣人的漳州祖祠》（臺北，海峽學術出版社，2002 年 11 月初版），〈霞山興宗堂〉，頁 351~355。

[5] 按，諸書所記字勾昭穆略有出入，《霞山周氏族譜》為：「良能熙繼志，文仕振家庭，時思存可守，百德秉天行。」劉子民前引書則記：「良能希繼志，文仕振家庭，書詩存可守，德業秉天榮。」

鄭喜夫《官師志武職表》並無二人是項記載,其真實性頗成疑問?),而家禧更與劉銘傳合作,在清法戰爭中立下戰功。周家從此人文鼎盛,事業興旺,裔孫分衍於新營、柳營、六甲、麻豆一帶,進而臺北縣市、高雄市、嘉義縣、臺南縣、臺中市等地,自立堂號曰「霞山」,成為望族。再據族譜記載,周振貴發達後,曾攜家帶眷回鄉省親,尤其是五子登科後,於花甲之年,攜五、六兩子回鄉謁祖掃墓,同慶功業,不忘根本,並將其父周仕建、祖周文仲、曾祖周志拋骨灰遷往臺灣埋葬,六代相傳。一九八〇年,後代子孫又將墓葬由果毅後南湖山,遷葬到濁水陂西面的山丘上。周振貴世家編修的族譜,以「霞山」堂號冠首。又因懷念老家西奎樓朝迎紫氣東來,暮接夕陽西照,美不勝收景色,而名之為:《霞山周東美族譜》。[6]

　　提到在臺灣的霞寨望族「霞山周」,似乎大家只注意到周振貴此一支派,卻忽略了在宜蘭員山的周振東這一支派,誠屬遺憾疏忽,茲詳述考釋如下:

　　員山周氏奉黃均祿為開基祖,《霞山周氏族譜》(以下簡稱《員山周譜》)記:均祿乃仁夫公三子,諡肇基,生於元順帝至正元年(1341)二月八日,卒於明太祖洪武二十九年(1396)五月四日,亨壽五十六歲。公於洪武初年,入贅周氏,隨周為姓,而定居霞寨。祖妣周氏衍緒,生卒年不詳,生子三:長德

6　參見(一)劉子民前引書及(二)劉子民,《漳州過臺灣》(臺北,前景出版社,1995 年 11 月初版),第五章〈漳臺家族文化〉第四節「教育│興家裕族的途徑」,頁 268~269。

福、次德成、再次德信。嗣後分衍蕃昌，至十二世祖周存仁，員山周氏各房由此世開始奉祀，在此我們不妨稱周存仁為員山周氏之「唐山祖」，而周均祿為「開基祖」（圖二）。

（一）員山周氏前九世

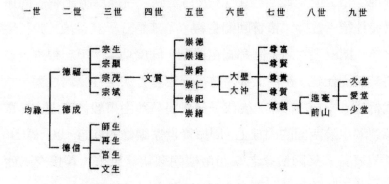

（二）員山周氏九世～十六世

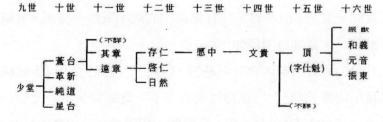

周存仁乃遠章公之長子，生於清康熙七年（1668）七月初四，卒於清乾隆五年（1740）七月二十四日，春秋七十三歲。娶妻朱淑貞，生一子名愿中。周愿中諱信，生於康熙五十年（1711）九月二十一日（按，換句話說，即周存仁在四十四歲才生下獨子，老年得子，一則可反映其可能晚婚及生活之艱

辛，再則可想見其欣喜。），卒於乾隆五十一年（1786）十一
月六日，享年七十有六歲。娶妻盧盛諱慈順，生一子名文貴。
周愿中骨金由十五世周仕魁從唐山遷移來臺灣，又於民國八十
年（1991）遷葬在宜蘭縣員山鄉大湖村蜊蛤埤山新建之周氏大
公墓園內。周文貴生於清乾隆十九年（1754）二月十五日，卒
於乾隆五十二年（1787）八月初四，得壽三十四歲，葬在二湖
庄土名水井仔自有之山場，後由十五世仕魁公從唐山遷移來臺
安葬，於民國八十年再遷葬在宜蘭員山大湖之周氏大公墓園
內。周文貴娶妻朱惜，諡勤慈，生子二，長仕魁，次不詳。

　　周仕魁為文貴之長子，亦今員山周氏之開臺祖，諱頂，生
於清乾隆四十三年（1778，亦即周文貴於二十五歲生下長子，
於當時年代可謂晚生，反映出或因生活艱辛致晚婚，因而晚生
子女，也說不定。）十一月廿一日，卒於咸豐四年（1854）十
一月二十日，享壽七十又七歲，先是葬在蜊蛤埤山大壠頂，再
於民國八十年遷葬周氏大公墓園內。仕魁娶妻鄭諒，諡素貞。
鄭氏生於乾隆六十年（1795）四月廿四日，逝於同治元年（1862）
十一月廿八日，春秋六十八歲。死後葬在大壠頂，於民國八十
年再遷葬周氏大公墓園內。

　　仕魁生四子五女，長子振猷、次和義、三元音、四振東，
即本文之主人翁周振東。仕魁生平，《員山周譜》有傳略，略
謂：

仕魁公為我來臺之始祖，從福建省漳州府平和縣下寨社
霞山渡臺，先居三貂堡溪尾寮庄（今臺北縣雙溪鄉泰平
村），後再遷甲子蘭頂（今宜蘭縣員山鄉大三鬮）開墾
荒地。當時頂大三鬮至粗坑一帶，廣大平野，柯木成林，
蘆葦密布，水鹿成群；公在唐山學設陷阱獵獸，遂抽籐
吊鹿，當時鹿茸貴田地賤，擁有良田七百多公頃，年收
租穀一萬五千多石。公雖富甲蘭陽，平素身穿舊衫破
裘，曾被自家佃農誤認為乞丐；公勤儉致富，當時傳頌
為「周頂不知富，買田起瓦厝」，實堪我們後代子孫之
楷模也。（下略）[7]

　　周仕魁傳略，出於周家後人追記，年久事湮，不免有所失
真浮誇之處，茲略將時空背景作一補充，以了解究竟。傳略中
提及仕魁捕鹿出售之事，所得不薄，因此進而買田致富，此說
可信，按《臺灣通志》〈物產〉「鳥獸類‧附考」轉錄諸書，記
鹿有數則資料，如：

　　（一）臺山無虎，故鹿最繁，昔年近山皆為土番鹿場。
今漢人墾種，極目良田，遂多於內山捕獵。……角百對，
只煎膠二十餘觔。鹿雖多，街市求一臠不得。冬春時社
番截成方塊，重可觔餘，皆用鹽漬，運至府治，色黑味
變，不堪下箸，而價亦不輕。

7　見周宏基編，《霞山周氏族譜》，頁82。

（二）福州東島視澎湖為近，內惟產鹿，千百為群，島人捕得，取其腸胃連糞食之，以為至美，其全體則鬻之，福州人今所鬻鹿脯、鹿筋，皆東島物也。

（三）鹿皮，春皮毛淺而薄，冬皮毛深而厚，為褥溫而去溼。又有鹿胎皮，殺牝鹿將乳者，毛片方鮮麗，計得一佳胎皮，殺鹿子母甚夥，非先王不麛、不卵、不殺胎之意也。（下略）

（四）鹿脯，生番切鮮鹿肉，下鹽、壓石、曬乾成塊，出以易物。然多襍以牛腩、猴肉，須細辨其紋。

（五）鹿肚，草鹿肚中所食之草，能治噎膈。[8]

而唐贊袞《臺陽見聞錄》卷下〈獸類〉更詳記之：

臺地多鹿，皆出內山生番地，內地人以至臺灣必飫饜鹿肉，不知欲求生鹿肉一鬻不可得也。光緒十七年十二月，予在道任，聞某店內一鹿將殺之，購一肘食之，味亦不甚佳。鹿茸不及川產，而價數倍；鹿筋、鹿脯價亦昂。就鹿皮取其皮，謂之胎皮，長不盈尺，其毛似有似無，梅斑點隱隱，文采可觀。往時皮一張價不過銀二、三錢，近因採取過多，計皮一張價至番銀二、三十大圓，

8　見《臺灣通志》（臺銀文叢第 130 種，民國 51 年 5 月），〈物產鳥獸類〉，頁 181；〈雜產類〉，頁 221~222。

且無市者。《使槎錄》云……。（下引文與上引文同，茲略之）[9]

綜合上引，是可知臺鹿全身上下都是寶，鹿茸、鹿皮、鹿肚、鹿肉、鹿筋皆可售賣，而且愈到晚近所產愈少，價值愈高。不僅如此，捕鹿固然不易，而與原住民競爭捕鹿更是一大挑戰。柯培元《噶瑪蘭志略》纂修著手於道光十一年（1831），較貼近周仕魁時代，茲摘錄數則資料以想見當年捕鹿之艱危。柯書敘原住民之日常生活有關鹿者，如：

（一）「生番披髮裸體，其私處掩以鹿皮。……生番所食，非魚、蝦、蟹、蛤，即麋、鹿、熊、豕，伴以鹽少許，即生吞活嚼。……冬日出草，所得野物，亦知為乾脯，以備不時與漢人互市，如熊膽、鹿茸、鹿筋、龜筋、鹿肚草、鹿膽石、番布番錦之類。」

（二）「番婦昏取，各社不同，要皆備卓戈紋、鹿、豕至女家以為聘，置酒飲眾賀者。」

（三）「……越蛤仔難以南，有猴猴社，云一二日便至。其地多生番，漢人不敢入。各社夏秋劃蟒甲，載鹿脯、通草、水藤諸物，順流出近社，與漢人互市。」

（四）「番婚禮：富者以鹿以豕送婿家，群就飲食肉。」

---

[9]　唐贊袞，《臺陽見聞錄》（臺銀文叢第三十種，民國 47 年 11 月），卷下〈獸類〉「臺鹿」則，頁 177。

（五）「……故俗又謂之平埔番……其耕種田園，尚不知蓋藏，人每一田，僅資口食，刈穫連穗，懸之室中，以俟乾舂旋煮，仍以鏢魚打鹿為生。」

（六）「番出草，率三、五十人執鏢攜弓矢，番犬隨之。以火藝草，遍山烈燄。鹿起處，以鏢射去，無不立獲。倘鹿奔逸，番矯捷如飛，起澗越嶺，可以生打。」

（七）「捕鹿之具，有鏢有弓矢，俱以竹為之。鏢長丈餘，鐵鏃銛利，長二三寸不等。弓無弰，背纏以藤，苧繩為絃，漬以鹿血。箭舌長至四寸不等。又有雙鉤長繩繫之，用時始置箭端。」[10]

觀以上數則資料，顯然可知其時原住民仍以鏢魚打鹿作活，鹿之一物，視為珍寶，為婚聘之資，服飾之用，生活之食，亦可出售互市，以資生計。如此勢必與周仕魁成競爭之勢。這裡可以再舉二則珍貴史料以說明其時情境：乾嘉年間一佚名之〈呈甲子蘭紀〉，乃某一民人向官方稟呈，建議將噶瑪蘭收入圖籍，准予招人開墾，內容如下：

茲三貂社外甲子蘭假蔡社番老名完吶之姪婿，熟通番語，同抵其地，具見番人馴篤，草地寬肥，大社五處，小社二十餘處，中有小河足資灌溉，又有大港可以通洋

> 船，內有河洲以塞水口，外有龜山，更壯形勝久矣！海
> 外巨觀又一境地也。……今甲子蘭毗連淡水，道路相
> 通，與其荒湮蔓草，永作抽籐吊鹿之場，何如雞犬桑麻，
> 長為衣租食稅之地。……合將甲子蘭地圖備粘呈電，仍
> 墾准某挾林隨再入番境，令其和好，書之墾單，另行呈
> 請簽名給示，招人開墾，俟成後呈請清丈。……（下略）

此呈文所提到其時「與其荒湮蔓草，永作抽籐吊鹿之場」
正是原住民生活最真實寫照。不過認為原住民「番人馴篤」、「令
其和好」，以為漢人入墾噶瑪蘭就會一路平安，無風無波，那
是一廂情願，自以為是。果不其然，在乾隆五十三年（1788）
林爽文事變後，廣東嘉應州義民古吉龍在向福康安報告的〈陳
臺灣事宜十二則〉中的第十一則即提到「漢番」之衝突情形：

> 淡防所屬連界之甲子爛請聽民呈墾也。……乾隆四十九
> 年，潘分府自八社闢路至三貂，漢人聚處不下四五千，
> 厥後漢人生心焚燒番社，至第五社，番人亦焚燒漢人房
> 屋，事遂中止。……（下略）[11]

總之，周仕魁入深山，赴水澤，抽籐吊鹿，冒生命之威脅，
險惡之情境亦是意料中事。所幸隨著蘭陽日闢，人民日聚，「自
蘭城至艋舺一百二十五里，凡所經過內山，素無生番出沒，一

---

[11] 詳見林文龍，〈淡蘭資料雜錄〉，《臺灣風物》28 卷 4 期（民國 67 年 12 月），
頁 36~38。

概做料、煮栳、打鹿、抽藤之家。而大溪、大坪、雙溪頭一帶，
皆有寮屋、民居，可資棲息，故安溪茶販往往由此。」[12]《員
山周譜》記仕魁先居三貂堡溪尾寮庄（今臺北縣雙溪鄉泰平
村），後再遷甲子蘭頂（今宜蘭縣員山鄉大三鬮）開墾荒地。
泰平一地昔稱「大平」或「大坪」，位在今雙溪鄉南境，位處
北勢溪上游，地區遼闊，連岡疊嶂，占全鄉三分之一多。基地
之開拓，始於乾隆末年有安溪人陳梓乎，為採金石釚藥草而入
境，發現土地肥沃，遂率眾進墾。嗣後移民續至，悉安溪籍人，
安溪人擅於山耕，俗稱「作山」，以種茶、植大菁為活。推及
道光，峰仔峙莊（今汐止）漸次繁榮，安溪茶販由保定坑、鵠
鵠崙入平溪後，復闢道路經過柑腳、大平，抵頭城，為通噶瑪
蘭之一途。道光年間，開闢週遍，後至者墾地難找，始以受招
為佃人擇此而墾。大平既墾，佃人及後至者或由噶瑪蘭進入，
有由原鄉渡臺即轉進，或自闊瀨溯流而上，抽藤伐樟，次種大
菁，並開山田。[13]大菁植物，葉可製染料，俗名靛青，可資染
藍色布匹。雙溪鄉境內之山坡地及南境之大平，均其產地，菁
園漫佈，山耕農戶，自設化澱礐，製成菁澱，售與染坊，或轉
口販售至彰泉一帶，其利富溥。[14]惟有明白此一層地緣及經濟
作物之關係，才會了然何以後來周家在宜蘭市十六坎開設玉振

[12]　柯培元前引書，〈雜識志〉，頁197。

[13]　詳見唐羽，《雙溪鄉志》上冊（臺北縣雙溪鄉公所，民國90年9月）卷之三
　　　〈開闢志〉，頁111、116。

[14]　唐羽前引書卷之五〈經濟志上〉，頁283。

染房之淵源。再按，柯培元前引書〈風俗志〉記：「臺地毛烏布最善彈染，雖蘭在萬山之後，亦不減於牛罵頭諸市。……每疋長二丈八尺，其白布原由同安金絨莊來，經有六百數十餘縷，視他處密強三分之一，故細縝停勻。然淋染之後，與內地莫辨真贗，好事者取寸許而火之，以灰如雪白者為正，內地謂之臺青」，並續記：蘭地居民「夏尚青絲，冬尚綿綢……其來自泉南者有池布、井布、眉布、金絨布諸名目，盡白質。至金絨為毛布、井眉為淺藍、為月白，皆蘭所彈染也。」[15]是可知清代宜蘭之染彈技術不輸先進之牛罵頭、安平、艋舺地區，甚至染色之後，回銷閩南，莫辨真假，有「臺青」之稱呼。凡此皆有助於明瞭周家開設玉振染房之時代背景的淵源。除此，尚可進一步申論者，族譜記周仕魁移民至甲子蘭頂後，在頂大三圍至粗坑一帶抽籐吊鹿，時間地點都嫌晚些，揆以當時情境，大可以往前推移些。按雙溪鄉漢人進入開闢前，南境森林茂密，北境一片洪荒，名義上雖由三貂社之土目管轄，實際上應屬三貂、大圭籠、金包里、北港等四社共有之鹿場。蓋此四社同為凱達格蘭族（Ketagalan）之平埔番社，地理近、族群同、習俗似、共鹿場，且是共祖之族親，其間關係可由諸多古契文字印證。其後因三貂社乏銀兩完納公項、丁餉，社眾同意將此鹿場埔地招徠漢佃開墾。[16]仕魁初居三貂堡溪尾寮庄，此一地

---

[15] 柯培元前引書，頁 117~118。

[16] 唐羽前引書卷之三〈開闢志〉，頁 90、113。

區既然原是三貂社之鹿場，彼又具備他人所少有之捕鹿技術，焉有不大展身手之道理，或再觀摩學習三貂社人捕鹿技巧，可能因此技術更加精進，日後再遷居甲子蘭頂，遂能得心應手，抽籤吊鹿，大有斬獲，終於因此致富，留下傳奇。

總之，周仕魁青年來臺謀生，知曉捕鹿技巧，副業所得遠勝正業，然亦是冒險犯難，克勤克儉，點滴累積，中年不斷購田收租，至晚年成宜蘭巨富，傳略中記仕魁擁良田七百多公頃，年收租穀一萬五千多石，不免有誇大估計過高之嫌，或為數代努力積累之功，但應離事實不遠，並非無稽之夸說。

按王世慶大作〈清代臺灣的米產與外銷〉記：乾隆末至嘉慶初，深入噶瑪蘭墾殖者漸眾，墾地日廣。嘉慶十七年（1812）正式設廳治理時，已有墾田二千一百餘甲。

嗣後至道光初報陞墾田更急增，道光九年（1829）通計報陞在額田達五千八百餘甲之多。若以每甲平均產量六十石計算，是則噶瑪蘭廳常年歲收，當在三十五萬石之譜，堪稱為臺郡主要產米區之一。[17]而道光元年（1821），噶瑪蘭廳穀價每石售番銀一元，約合紋銀七錢，即米每一石為紋銀一兩四錢。至道光末年內地與南洋之貿易急速發展，南洋米傾銷內地沿海各地，臺米市場被其取代，臺米滯銷，不問豐歉穀價賤甚，每石價番銀一元五角至七角左右，約合紋銀一兩五分。同治年間，

---

[17] 詳見王世慶，〈清代臺灣的米產與外銷〉，收入《清代臺灣社會經濟》（臺北聯經出版公司，民國83年8月初版），頁99。

始漸升揚，每石價番銀二元，約合紋銀一兩四錢之譜。光緒年間，最貴時每石價銀三・七三兩，常時則每石在銀一兩六錢五分至一兩八錢。但光緒年間，制錢更形貶落，紋銀每兩可換制錢一千五百文。[18]

　　周仕魁渡臺年紀，據其後裔言約莫十來歲，[19]仕魁生於乾隆四十三年，則乾隆末年（六十年，1795）約十七、八歲，則仕魁頗有可能是在乾隆末嘉慶初隨吳沙率領三籍移民入墾噶瑪蘭時進入，換言之，他應該是歷史上第一波進入今宜蘭拓墾的漢人移民群。至晚年成巨富，公卒於咸豐四年（1854），則所謂晚年應指道光末咸豐初之際，其時米價北臺約每石番銀一元七角，合紋銀一兩一錢九分，田地年收租穀一萬五千多石，換算之，是則年收入約番銀二萬五千五百元，紋銀一萬七千捌百伍十兩之譜。擁有田地以道光九年噶瑪蘭報陞科田園為總數除之，亦約占全廳田地八分之一，總之，這一切一切的統計換算，說明周仕魁是蘭陽巨富還不足以形容，稱之全臺巨富當仁不讓。

　　更重要的是周仕魁於晚年發達後，返鄉祭祖並將伊祖伊父骨灰金甕從唐山遷移來臺安葬，這一舉動不僅符合祖訓遺詩，「年深異境猶吾境，身在他鄉即故鄉」，也代表將立足宜蘭，開枝散葉，繁衍子孫。

---

[18]　詳見王世慶，〈清代臺灣的米價〉，收入前引書，頁 76~79。

[19]　詳見張文義編，《話說員山》（宜蘭縣員山鄉公所，民國 90 年 3 月），〈湖東村耆老座談會〉，頁 152。

　　另，周仕魁生四子五女，長子振猷生於清嘉慶廿一年（1816），換算之，其時仕魁三十九歲，妻鄭諒廿二歲，據此可知仕魁亦是晚婚晚生子。參諸其前之諸祖伊父幾乎都是晚婚晚生子，又是獨子單傳，皆可想見其時生活之艱辛困苦。而入蘭力墾，抽籐吊鹿，勤儉致富，方得娶妻生子，生養子女，並返鄉祭祖，攜先人遺骸安葬臺灣，展示從此立足宜蘭之決心與信心，發跡如此艱辛，周氏後裔當長記在心！

　　《員山周譜》續記仕魁諸子生平，長子振猷，諱旋政，字丕謨，生於清嘉慶廿一年（1816）十月初一，逝於同治八年（1869）五月廿九日，享年五十四歲，葬於大房小公墓園內。娶妻林氏龍，生一子名國成。振猷善於經商，在三結街十六坎（今宜蘭市中山路郵局對面），經營周振記錢莊及玉振染房，凡此行業皆需雄厚資金，也可反證周氏家族之善於經商，家境已大有改善。另，在今員山鄉永同路一段 262 號旁之大眾廟前路旁有一石碑，立於同治五年（1866）六月，內容略謂：西勢新城仔庄原有存留塚地一所，竟有附近庄民在塚地縱放牛、羊、豬、犬踐踏牧草，損壞塚墓，又有游手之徒藉乞祭餘不遂，用糞塗污墓碑，或將后土抽匿，引起公憤，所以同年五月二十五日宜蘭城諸士紳如李春波、林國翰、楊士芳、黃纘緒、李逢時、黃鏗、李望洋等人僉稟上憲立碑著文，出示嚴禁，以除禍根。碑末捐題名單中有「周振猷捐銀伍角」之紀錄，捐銀雖不多，亦顯見關心鄉梓事務，不落人後（時周振猷五十一歲）。不僅如此，在道光十年（1830）二月之「鋪造道路記」石碑赫

然出現「玉振號……以上捐銀一元」之紀錄，[20]此碑原立宜蘭市東門路畔，今已佚，幸留有拓本藏宜蘭縣立文化局。此紀錄之可貴在於：

（一）確定道光十年二月周家已開設玉振染房，時周振猷才十五歲，於常情論此年紀似乎不可能就擁有如此財力創辦事業，若非其父周仕魁出資贊助，即是原為仕魁創辦（時周仕魁五十三歲），再轉交長子振猷經營。再對照上引嚴禁塚地放牧毀墳碑記，一捐銀一元，一捐銀伍角，反映出周仕魁與周振猷父子秉性省儉，否則即是其時經營辛苦，尚未有成。

（二）為周家在宜蘭所存最早之可信文獻。以上諸石刻史料，多少可補族譜之不足，襞績補苴，其珍貴可知。

仕魁次男和義，早逝無嗣，生卒年月不詳，葬在周氏大公墓園內，由各房傳嗣。

三子元音，諱琴，字丕承，諡堅鏘，誥封例贈朝議大夫。生於清道光十年（1830）正月十一（時仕魁五十三歲），卒於光緒二十二年（1896）五月初十（國曆六月二十日），享壽六十有七，葬在員山鄉竹頭崎山，民國八十年再遷葬周氏大公墓園內。元音娶妻林靜一，諱寶涼，生二子，長家端，次家瑞。族譜所記實在匱乏，幸在今礁溪鄉中山路協天廟之香客大樓文物館尋得一資料。該館藏有光緒十三年（1887）冬月所立的重

20　碑文內容詳見何培夫，《臺灣地區現存碑碣圖誌－宜蘭縣、基隆市篇》（國立中央圖書館臺灣分館編印，民國88年6月初版），頁99、274。

修捐題碑，內中名單在地方官員、士紳、商號及眾善信，其中第一名即是「知府銜周元音捐銀四拾元」，下多為清代宜蘭地方名紳，如「同知銜李及西捐銀三拾元，大成館林吉記捐銀三拾元，總理黃纘緒捐銀拾六元，進士楊士芳捐銀拾元，舉人李春波捐銀拾六大元，河州府正堂李望洋捐銀四大元」等等，[21]此碑文可以析論如下：

（一）《員山周譜》未記載周元音有任何科舉功名，則「知府」官銜可能是如同其時眾多臺灣家族人物一樣，是捐納得來，依慣例，知府銜是從四品，捐納銀數至少要五千兩以上，是可知其時周家已是宜蘭巨富，並且在協天廟此次重修工役，出手大方，捐四十銀元，獨占鰲頭。

（二）其年周元音已是五十八歲，並非年輕之輩，參酌前述周家之創業史，在在可見當年創業之艱辛，非一夕致富之暴發戶，因此直到此刻家境富饒，才較積極參與地方事務。

（三）周元音排名首位，不僅是因彼捐款獨多，更是因為「知府」官銜，這充分說明光緒年間周家已晉身宜蘭地方上流社會，名列士紳階層這一事實。而譜載其「誥封例贈朝議大夫」，朝議大夫為從四品，正符合其知府銜，而且「誥封」一詞也說明了是生前所封，凡此俱可反映周元音其時之社會地位，再對照其弟周振東在同治九年中武舉，則同光年間周家之風光之富有，可以想見了。

21　見何培夫前引書，頁82~83。

第三節　周振東中舉及其事功

　　周仕魁四子即周振東，字冠西，生於清道光十八年（1837）二月三十日，（時仕魁六十一歲）歸空光緒十年（1884）八月十五日（國曆十月三日），春秋四十七歲，葬在大湖山墓地，民國八十年再遷葬周氏大公墓園。振東一娶林氏英敏，生子家芳，養子家宜；續娶林氏諱愛，生子家儒。公之生平，《員山周譜》有傳：[22]

　　　　振東公於清穆宗（載淳）同治九年（民前四十二年，1870）
　　　　庚午，時年卅三歲，官拜武舉人，賜騎督尉（按，應為
　　　　都字之誤），任職噶瑪蘭廳，後調淡水廳。振東公中舉
　　　　後勘擇宜蘭縣員山鄉大湖村蚋仔埤口獅子弄球，後依高
　　　　山前有小溪之吉地興建府院，面積達一點五公頃，四面
　　　　圍牆，牆高丈餘，兩邊築砲堡各一座，內各置大砲；前
　　　　門樓有自家勇守衛，後築月眉，中落有宮殿式大廳，後
　　　　落有廟宇般的公媽廳（祠堂），東西建兩院，其中又設
　　　　東西兩廳，皆雕樑畫棟，其堂皇燦爛，規模蓋蘭陽，名
　　　　聞遐邇，臺灣光復後因受政府實施土地改革政策之影
　　　　響，族人相繼他遷，府院疏於修繕，民國六十一年夏波
　　　　密拉強烈颱風侵襲，造成宅前船仔頭溪氾濫，沖潰宅
　　　　院，現僅存砲堡遺跡。

---

[22]　見周宏基前引書，頁 107。

　　此傳略頗顯簡略，可以探討問題頗多，茲逐項稽考鉤沈如後：

　　（一）科名部分：傳略記周振東是同治九年庚午科武舉人，由於柯培元《噶瑪蘭志略》修於道光年間，其後之陳淑均《噶瑪蘭志》亦修於道光末年，二志書中自然不會有同治朝之記事。幸修於光緒十八年（1892）之薛紹元《臺灣通志》〈選舉，武舉人〉記載有：「同治九年（庚午）：淡水廳周振東（噶瑪蘭籍，原籍平和）」，[23]是可確知周振東中舉之年代無誤，不過，在此個人想對清代武舉制度作一略述，以明究竟，兼可瞭解若干有關問題。

　　武舉又稱武科，是古代科舉制度中專為選拔武藝人才而設置的科目。武舉創始於唐代武則天長安二年（702），詔令廢於清代光緒二十七年（1901），前後實施近一千二百年。中國歷代科舉項目常因時損益，至明清時，國家選士惟重文、武兩科，其他科目則偶而為之，並非常設。其中，清代武舉考試從順治三年（1646）至光緒二十四年（1898），實施了二百五十餘年，武科考試類同文闈，亦分童試、鄉試、會試、殿試四級。茲將與周振東有關之童試、鄉試制度中之考試方法、場地器械、錄取情況等等概略分述如次：

　　（1）武童試

　　清朝規定，初次參加武舉考試的人，都稱武童，並非指幼

23　薛紹元，《臺灣通志》，頁410。

童應試。武童童試報名手續極嚴格，要在試前令本縣擔任教習的武舉、武弁或武生將所教武童姓名開明具結，並需將同姓者匯聚一處，併為一牌。其他規定與文科同。外省武職與本省員弁隨任子弟，必須回本省本縣應試，不得在任所之縣報考，以免循情。各地駐防之馬步兵丁有願考者，則可在駐地之縣考試，但須取得本營參將、守備印結同意，與五人互結作保，才准報考。大體而言清代武舉考試，就考生身分而言不限於武臣子弟，毋須官吏保舉，出身限制較寬，如番役子孫，不准由文途考試出仕，但准應仕武場，出任武職。

武童之童試三年一次，由各省學政於歲試考文童後再考武童，科試之年則不試武。童試三場，一二場稱「外場」，三場稱「內場」，先考外場，後考內場。外場由督撫、提鎮、總兵於就近副將、參將、游擊內選派不同省籍者一人，會同學政考試。頭場考馬射，馳馬發箭三枝，全不中者淘汰（即只要中一箭就通過）。二場為步射，連發五箭，全不中或僅中一箭者不許再考。馬射、步射通過者，接著試開硬弓、舞大刀、掇重石三技勇。三場早先試策論，後因武人文理不通、粗疏者太多，嘉慶年間起改為默寫武經七書中一段，約百餘字。所謂武經七書即《孫子》、《吳子》、《司馬法》、《尉繚子》、《黃石公三略》、《姜太公六韜》、《李衛公（李靖）問對》等七書。

武童應試外場時，必須先親自填寫姓名、籍貫、年齡、上三代姓名、職業，到錄取時再填寫一次，以便驗對筆跡，防止槍手頂冒。各省學政錄取新武生後，造冊送呈兵部，同時將錄

取名單轉發各縣學，無武學處，附文學教官管轄，該教官造冊移送同城武職，每月在各學射圃會同考驗弓馬。除騎射外，還教授《武經七書》、《百將傳》、《孝經》、《四書》等，與文科不同的是武生只有歲試而無科試；如有騎射不堪、文理荒疏及品行不端者，許該教官詳陳學政褫革。

武生錄取數額，清代屢有變化，先是無定額，至康熙十年（1671）規定照各省文童例，分大中小學名數考取，府學二十名、大州縣十五名、中州縣十二名、小州縣七、八名；但因咸豐同治年間，允許捐納增加名額，例如同治七年（1868）捐銀四千兩者，增府州廳縣文武一次學額各一名，捐二萬兩者，永遠定額增各一名，後怕其浮濫，硬性規定不得逾大學七名、中學五名、小學二名，以示限制。

（2）武鄉試

武童試通過者為武生，鄉試中式者稱武舉人，榜首為武解元。武鄉試三年一次，以子、午、卯、酉為正科，凡天朝有喜，覃恩及民，逢慶典之年舉行的為恩科。武生應試，首先要有州縣地方官出具印結擔保，再要求同省同考的五人互結作保，才准入場。報名時，考生姓名、籍貫、年貌、三代冊結等都要事先由地方官負責造具，並要符合定制。

武鄉試分三場進行，頭場試騎射，二場試步射及弓、刀、石等技勇，稱外場。騎射時，用蘆葦裹蘆席為「的」，外包紅布，形如圓筒，高約五尺，直徑約一尺五寸。考時，在馬道旁設三個「的」，各距三十來步；而馬道挖成壕溝，深及馬腹。

考生縱馬三次發九矢，中二合式（其間又有中三；中四方為合格之變化）。乾隆年間又增騎馬射地毯一項，毯圓大如斗，直徑約二尺，用皮或氈做成，放在馬道旁的土墩上，土墩高約一尺，平臺約三尺，發一矢，中者球要落在墩下，否則即使射中未落下以不中論。嘉慶年間將此項另款開注，不列入馬箭冊內。

二場為步射，步射時樹布侯為「的」，所謂布侯即內裝穀物布製的箭靶，高七尺寬五尺為長方形，初距離八十步，後改為五十步，發九矢中三箭為合格（其間又有中二、中四為合格之變動），但是要中靶中心為準，如果是中靶根、靶子旗者不合格。

馬步箭之後，再開硬弓、舞刀、掇石以試技勇。弓分八力、十力、十二力三種，每力十斤，是重量單位，力氣大者可以增加二、三力，但以十五力為上限，稱為「出號弓」。

刀分八十斤、百斤、百二十斤三種，石有二百斤、二百五十斤、三百斤三種。以上皆以三號、二號、頭號分別。弓必三次開滿，刀要在胸前後舞花，掇石需高舉過頂，或離地一尺為中式，三項至少要有一項且是頭、二號通過方才合格，不合式不能試三場。合格者初在面額上印記，後以有礙觀瞻，又改為印在小臂，以杜頂冒。康熙時規定考生要親填姓名、籍貫、年齡在印冊上，前二場合格時再填寫一次，筆跡相同的方准入三場，甚至考中後再將試卷與前冊磨勘核對筆跡內容，不符的要追究真假，是否頂冒。

三場試策論，清初試策二篇，論一篇，康熙時改為策一篇，

論二篇；乾隆時再改為策、論各一篇，內容限制在《武經七書》，不考《四書》。到嘉慶十二年（1807）以應武試者多不能文，遂裁策論不試，改為默寫《武經七書》一段百餘字，凡不能書寫、塗改、錯亂者為不合格。

　　武鄉試錄取名額前後不一，但大體而言，福建省有五十四名，變化不大。清初各省武生在本省城鄉試，考試安排在文場之後，十月舉行，日期則前後有變，外場初在十月初九至十三日舉行，十四日試內場。後以期限過於緊迫，乾隆時改為外場初七開始，大省人數多的可以提前到初五開始；內場十三日入闈，十五日試策論；後來又有以初五日開始連試外場和內場，十一日出榜。武鄉試發榜後，慣習上考官及新科武舉人，要參加慶賀他們的「鷹揚宴」，取中式武舉人威武宛如老鷹飛揚之意。據此可知同治九年的十月，周振東人在福州應試，九、十這兩個月極有可能在前往福州及返回蘭陽的旅途中。

　　清代武舉出路，一開始除官品級高於文科進士，蓋因清人尚武之風及以武開國之影響，待武人甚厚，例如文科狀元例授翰林院修撰（從六品），而武科狀元授參將（正三品）、榜眼授游擊（從三品）、探花授都司（從四品），二甲授守備（正五品）、三甲授署守備等等皆是顯例。[24]不過，武舉一開始除官雖高，

---

[24]　以上有關武科考試內容主要是參考下列三書改寫而成，（1）黃光亮，《中國武舉制度之研究》（作者印行，民國66年6月），（2）許友根，《武舉制度史略》（蘇州大學出版社，1996年12月），（3）郭松義等，《清朝典制》（杏林文史出版社，1993年5月）。茲不另一一分註。

但仕途之順暢卻不能與文科比，或因武人須憑軍功上升，天下太平則無功可升，天下有事，戰亡者多，再加上以中央朝廷立場而言，尤忌武人因功專權，把持一方，形成軍閥，武人之出路，難矣！

　　明白了武科考試有馬步箭射、開弓、舞刀、掇石等項目，才會有員山鄉湖東村耆老之回憶談到：「周舉人因練武需要，設有跑馬道提供其騎馬之用，寬度約五、六尺，沿著五十溪一直通到山腳下。聽說當年還有一把大刀，因為他是武舉人，所有擁有很多各式各樣的武器，這把大刀現在流落何方並不清楚。」、「周舉人是武舉人，家裡擺有很多練武的道具。」正因周家曾中武舉及注重武事此一尚武之風，才會明白何以對主祀武神關公之協天廟在光緒十三年重修時，周元音肯大手筆捐四十銀元，獨居首位之背景。但是周家尚武之風尤有環境因素之影響而成，眾所周知，清代宜蘭地區，治安不好，匪氛未靖，「漢番」關係又極其緊張，周家既為首屈一指的大富，更易為匪徒覬覦，與其招募壯勇防守，求人不如求己，不如自身勤練武功，以嚇阻匪徒。此一大環境因素影響所及，當然不止周家一家，整個宜蘭社會在清代明顯的有濃厚尚武之風，為臺灣其他地區所少見，一般史家文學家卻僅注意到其文風，未免不足。舉例而言，光是員山鄉所知的人物，除周舉人振東外，尚有武秀才游應蘭（守強）、林朝英（舜如），又如前引「協天廟重修捐題碑記」名單中尚有「武生林兼材捐銀拾大元」、「武生林德邦捐銀乙元」；光緒十七年（1891）的「石頭橋重修捐題

碑記」中有「武生吳舜年捐銀參元」等等。[25]其他如前引書《臺灣通志》除記錄周振東外，其他宜蘭人中武試者尚有：「同治元年（壬戌）恩科（兼補行咸豐辛酉正科），淡水廳李輝東（噶瑪蘭籍，原籍詔安）」、「同治九年（庚午）、臺灣府胡捷登（噶瑪蘭籍，原籍南靖）」、「同治十二年（癸酉），噶瑪蘭廳周元泰（籍漳浦）」、「光緒八年（壬午），宜蘭縣潘振芳（原籍漳浦）」、「光緒十七年（辛卯），宜蘭縣陳遐齡（原籍漳浦），李濬川（原籍詔安）」、「光緒十九年（癸巳）恩科，宜蘭縣陳朝儀（原籍漳浦）」。[26]

另，林萬榮《宜蘭鄉賢列傳》記中式鄉賢有：武秀才陳掄元（光緒三年丁丑）、武秀才陳朝鏘（光緒三年丁丑）、武秀才黃如金（光緒年間）、武秀才游應蘭（光緒年間）、武秀才陳明甫（光緒年間）等等。又謂「宜蘭自同治元年（1861），至光緒十九年間，武舉人有李輝東、周振東、胡捷登、周元泰、陳遐齡、李濬川、陳朝儀、江錦華、潘振芳、陳文德等十三人，均考中武舉人。」[27]則同光年間，宜蘭應武試者，平均三年每一科均有中武舉一人。再以開蘭文舉人黃纘緒為例，先生軀體壯偉，讀書之餘，旁通山醫命卜五術，雖是文人，武術亦佳，族譜稱他「素諳拳技」，民間傳聞他平日返回東門家中，不喜

---

25 胡培夫前引書，頁 85、86、88。

26 薛紹元前引書，頁 410~411。

27 林萬榮，《宜蘭鄉賢列傳》（宜蘭縣政府民政局，民國 65 年 5 月），（清代噶瑪蘭廳科舉），頁 65~68、82。

叫家丁開門，輒躍牆跳入，一展武功。[28]以上所引種種，皆是明例顯證，則清代宜蘭地區尚武之風可知矣！

（二）家庭部分：振東生於道光十八年（1838）二月，逝於光緒十年（1884）八月，享壽四十又七歲，不得謂之高壽。先娶林氏英敏，生子家芳，養子家宜。再娶林氏愛，生子家儒。

林氏英敏，生於道光二十年（1840）十二月，卒於光緒二年（1876）九月，享年三十七歲。長子家芳，乳名勝夫，生於咸豐九年（1859）三月，是知渠生時，父振東二十二歲，母林氏二十歲，則振東應該在約莫二十歲時結婚，視其父祖輩之晚婚晚育，已大不相同，乃早婚早生子。

家芳前後二娶，前林氏羌，生子庭標；次李氏份，養子庭壽（阿生）、生子坤成，二女阿美、阿省，計三子二女，而庭標生於光緒九年二月，振東猶在世（時四十六歲）欣喜之情，弄孫之心，自可想見。

次子家宜，字蕃薯，生於同治十三年（1874）三月，（時振東三十七歲），逝於日據大正六年（1917）三月，享年四十四歲。家宜為螟蛉子，可能因振東娶進林氏英敏，雖生下一子，但此後長年不孕，為擔心孤子單傳，香火不盛，遂領養家宜，以增子嗣。而再納林氏愛，或則也是基於相同原因。家宜娶妻林鳳，生三子：木火、庭生、錫錂，三女：阿濺、阿梅、阿滿。

28　詳見卓克華，〈清代宜蘭舉人黃纘緒生平考〉，收入《從古蹟發現歷史－卷之一家族與人物》（臺北，蘭臺出版社，2004 年 8 月），頁 181~232。

長孫木火生忌年月不詳無傳，次庭生生於光緒二十年（1894）十月，振東已仙逝不及見矣！

　　林氏愛，生於咸豐二年（1852）七月，小振東十四歲，若以當年習俗十六至十八歲出嫁為計算基準，則振東其時約三十一至三十三歲，則極有可能在中武舉之後，納娶進門，雙喜臨門，增添家口。林愛生子家儒，乃振東三子，生於光緒二年（1876）正月（時父振東三十九歲，母林愛二十五歲）。同年九月林氏英敏仙逝，先喜後戚，頗有哀樂中年之嘆！家儒娶妻江品，生子海原，養子駿猷。海原生於光緒二十七年（日明治三十四年，1901），時振東駕鶴多年，也不及見。

　　總之，振東在世二娶，子嗣三子一媳一孫，計家中人口五男三女八口。

　　（三）事功部分：傳略中計周振東於同治九年中武舉後，任職噶瑪蘭廳，後調淡水廳，所任職官應為武職，惜未明確記明何職，且任職地點皆在臺灣，應是守備以下職位，今翻遍檢索鄭喜夫所編撰《官師志武職表》，均無周振東（或冠西）之任何記載。傳略又記周振東賜騎都尉，按，清制有宗室封爵及世爵、世職制度。世爵世職有公、侯、伯（以上超品）、子（正一品）、男（正二品）、輕車都尉（以上又分三等）、騎都尉（正四品）、雲騎尉（正五品）、恩騎尉（正七品）九等，分別用以賞功酬勛，獎勵陣亡官兵，推恩外戚，甚至加賞其他有特殊作用的人員，如優遇孔孟等先聖先賢後裔，封賜前朝功臣子孫等等。

　　騎都尉一名之由來，始於漢代統領騎兵的高級軍官，本監羽林騎，秩比二千石，與奉車、駙馬并稱三都尉。唐以後騎都尉為勛官，清代以他喇哈番改名騎都尉，為世職之一，位在輕車都尉之下，又分騎都尉兼一雲騎尉，和騎都尉二等，為正四品。上述世爵，以雲騎尉作為基礎等第，以後凡有軍功或其他勞績，或原襲父祖世爵，本人又因功得爵，都可合併計算，加等進襲。例如合兩雲騎尉可進升騎都尉，再加一雲騎尉則是騎都尉兼一雲騎尉，不斷累積，積至二十六次雲騎尉，即是一等公爵。凡屬合併得來的世爵，也可呈請給應襲的兄弟子姪承襲，但若是只為一人所立而合併的爵位，則不在分襲之列。爵位的承襲有兩種，一種是世襲罔替，屬於特典。通常的世爵定有承襲次數，即每承襲一代減一等，最後減無可減，賞給恩騎尉，并世襲罔替。但若因軍功而非陣亡得世爵，或因傷亡得襲者，以及是旁系子孫承襲者，襲次完畢，世爵便取消，不再給予恩騎尉。凡屬規定有成襲次數的世爵，所發憑證都稱「敕令」。本人因犯罪革爵，可准許子孫繼承，但若犯的是「惟犯枉法贓、侵盜錢糧者，則廢其嗣」；另外，本人死後無嗣，亦查銷爵位。[29]

　　在清代，授予世爵的，一開始多以軍功為主，而且偏向八旗世家，直到乾隆年間有感於綠旗諸將的戰功，才下詔准許他

---

[29]　參見（1）郭松義前引書，頁279~281，（2）徐連達編，《中國歷代官制大詞典》（廣東教育出版社，2002年12月），「爵位制」條，頁1210~1211、「騎都尉」條，頁1060。

們子孫襲爵時可世襲罔替。迄及清末咸同以後，因八旗腐化，軍隊不堪作戰，平定內亂幾全靠各地駐防綠旗軍隊及招募的兵勇，於是漢官中取得世爵人數才大增。周振東可能即在此時代背景下，因軍功而取得世爵，敕賜騎都尉。振東於同治九年（1870）十月中武舉，而於光緒十年（1884）八月物故，則立下軍功應該即是在此期間，其間臺灣之內憂外患主要有同治十三年之牡丹社事件，光緒十年之清法戰爭、光緒二年（1876）「七月，基隆山民吳阿來等，聚眾稱亂，掠人勒贖。淡水同知陳星聚、游擊樂文祥率眾平之。」[30]及同光年間開山撫「番」，諸次剿撫諸社戰役，揆以當時情勢，應以參與開山撫「番」而立下軍功較為可能。

　　這裡可舉一史實作為旁證：光緒十二年（1886），十月巡撫劉銘傳抵達大嵙崁，與士紳林維源商議剿「番」，並從基隆調來防軍三營駐紮南雅、義興一帶（今桃園復興鄉），幾番剿撫，所有淡蘭交界，未降之二十餘「番社」一律歸化。不料翌年內山疫癘大作，「番社」被疫嚴重，以出草殺人禳災。於是劉氏再下令進剿。當時都司鄭有勤即刻帶勇剿辦，並牒請「宜蘭防軍」扼紮「林望眼社」（在今烏來鄉福山村）以為聲援，靠著火砲轟擊，二社「生番」紛紛出降。[31]諸如此類事蹟所在多有，同光年間撫「番」闢路，一批批淡蘭兵勇深入窮荒，披

30　詳見李汝和等，《臺灣省通志》〈卷首下大事記〉（北市，臺灣省文獻委員會，民國 57 年 6 月），同治九年～光緒十年，頁 94~100。

31　詳見劉銘傳，《劉壯肅公奏議》（臺銀文叢第二七種，民國 47 年 10 月），頁 231。

荊斬棘，衝風冒雨，瘴癘交侵，展開一頁壯麗淒涼的開拓史詩，
艱險萬狀；勞苦之餘，加以疾疫，物故者不少，其勞瘁艱苦過
於戰陣，因此長官泰半上奏朝廷，擇優請獎，以鼓勵人心，振
東因此立功獲獎之可能性極大，惜族譜未能明確記載。

　　中舉為人生一大喜事，不僅揚名立萬，且光宗耀祖，因此
昔年中舉成名，新科舉人回鄉，率多祭拜祖先祠堂、廣蓄妻妾、
購置田產、大興土木，以大振家聲，誇耀鄉邦。振東大興土木，
建築舉人厝，將於下文探討，此處不贅。茲先從購置田產談起：

　　據說周家極盛時擁有幾百甲土地，且遍及宜蘭，如礁溪二
龍村、田城等地。[32]今祭祀公業周振記所擁有之十一筆土地，
集中在雙溪鄉溪尾寮，共計十四公頃多，加上員山鄉、冬山鄉
諸多土地，周家之財富可謂驚人，今在未得周家提供土地文書
作研究，資料缺乏之下，自然無法深入分析，僅能大概略述。
林萬榮前引書記：「員山鄉大湖埤，四面環山之一大水庫，此
湖在清季並未開發，迨至光緒二十一年，臺灣割予日本，貢生
李昭宗，乃與舉人周振東、士紳呂青雲，合力出資開墾，計闢
水田一百八十甲，並招佃農耕種，且在大湖埤畔興建大禹王廟
一座。」[33]此說有誤，一則周振東早在光緒十年已逝，如何能
出現在光緒二十一年與李、呂二人合作闢圳，二則陳淑均《噶
瑪蘭廳志》記：「大湖圳：在廳西十二里。寬丈餘、長二百餘

---

[32]　張文義前引書，頁149~150。

[33]　林萬榮前引書，頁37。

丈。其圳由民合開，引接大湖山腳大埤水，灌溉本莊田約一百五十餘甲。各佃每年貼納圳長水租，以為修圳填補埤岸之需。」[34]是知該圳早在道光年間之前已有，並非遲至光緒年間才開鑿。

　　另有一說，略謂：光緒十九年（1893）時金大安圳股份全歸周家所有，周家土地遍及員山地區，據稱清末時多達二千甲。此說大體可信，茲詳細翻查《宜蘭廳管內埤圳調查書》，確有相關文書記載。按，金大安埤圳在昔員山堡大湖莊，初大湖圍總結首江日高及眾佃立約，傭工人古玉振等出頭辦理，開築成圳，不料因水氾沖壞無存。嗣經員主公判取回原約字。於嘉慶十七年（1812）三月，另行僉舉張興、徐番、林致等為圳首，自備工資、伙食、器具，仍照舊基開挖陂圳，以資灌溉，各佃遵郡例（臺南府）每甲按年納水租穀二石五斗。股份初分十一股，嘉慶十七年十二月，林治（及林致）退出，乃變為十股。灌溉面積約一百七十二甲。後來幾經轉賣，到光緒年間由周家取得九股，另一股本是由江日高所得，後來為何人繼承或賣出，皆不詳。茲將相關文書摘錄於後，以明究竟：

（甲）

仝立杜賣盡根大埤連水圳，契字人呂傳輝、丙南兄弟等。緣有承祖父遺下并自置埤股連埤岸、水圳及圳地，址在西勢大湖庄。該埤股原十股，公號金大安，輝等應

---

[34]　陳淑均，《噶瑪蘭廳志》（臺銀文叢第160種，民國52年3月），〈卷二上規制〉「水利」，頁39。

得九股之額，將四股半連水圳，東至埤岸并田、西至山、南至山、北至埤岸并田，各為界，四至界址面踏分明。又透南勢羊蔡尾泉圳水，通流灌足，併帶埤寮厝參間、連地基及埤底生魚、陡門、水涵、浮梘、竹木、家器等件。今因乏銀別創，輝等相商，願將埤股水圳什物，壹應在內，盡行出賣，先盡問房親人等，俱不欲承受，外托中招得周振三出首承買。當日三面議定，時值盡根，價銀壹仟貳佰正，其銀即全中交輝等親取足訖，隨全中將此業踏明四至界址，盡交買主前去掌管，收租納課，永為己業。……（中略）口恐無憑，全立杜賣盡根大埤連水圳契字壹紙，并帶印契連司單貳紙，買契壹紙、退股字壹紙、永耕字壹紙、舊合約貳紙，計共捌紙，付執為照。／即日全中，輝等親收過杜賣盡根大埤連水圳契字內佛面銀壹仟貳佰大元正是實，再照。……（中略）／光緒十九年十一月□日。……，計開／業戶周振三買呂傳輝等埤岸及圳地，坐落大湖庄，用價銀八百貳拾八兩，納稅銀貳拾四兩八錢四分／布字壹仟壹佰參拾捌號，右給宜蘭縣業戶周振三准此／光緒十九年十二月□日。

（乙）

仝立杜賣盡根埤蔡田、連水圳，契字人呂傳輝、丙南兄弟等。緣有承祖父建置遺下埤蔡田壹段，址在西勢大湖庄，號金大安，其田東至圳、西至埤岸、南至圳、北至

土圍地，各為界，四至界址俱載單契字內明白，原配埤圳水，通流灌足，又透茄苳林魚鰍斗水圳，及圳地水涵、浮梘、竹木等件，壹應在內，……外托中招得周振三出首承買，當日三面議定，時值盡根價銀陸佰肆拾大員正。……計開／業戶周振三買呂傳輝等埤蓁田壹段，坐落大湖庄，用價銀四百四十乙兩六錢，納稅銀乙十三兩二錢四分八厘。……（下略）

（丙）

欽加同知銜補授宜蘭縣正堂兼辦撫墾局稽查腦竈事務汪（按即汪應泰）為給諭辦理，以專責成事。本年十二月十八日，據大湖埤頭庄圳主周家芳等稟請，伊承買呂傳輝該業圳底，經已聯埤田投稅價銀三千元水圳約字，自大湖埤墘一帶，以至茄苳林各佃戶，每甲田逐年食水，應納圳主水租穀貳石五斗，底約明明。其舊戳係是上年間前憲任內給發刊刻「西勢粮圳戶金大安長行戳記」，以垂久遠。蓋串收租，歷縣數任未有換給，接辦如斯，底案煌煌，並不是呂家私名，故承買接辦，照舊行用，未曾請換，情實可原。至於舊鈞諭一道，在呂家手遺失，尋無蹤跡，亦無向其取討，仰懇憲恩作主，憐念圳務工本浩繁，兼之課命攸關，賜准給發鈞諭一道，以專責成，俾竭力築鑿，實心防顧，而逐季旱田免愁翻犁播種之苦，而佃戶亦可照常輸納，斯感戴靡。既緣蒙批示，爰敢不揣冒昧，瀝情再稟，伏乞憲恩電察施行，

沾感切叩等情到縣。據此，除批示外，合行諭飭，為此諭仰，該圳戶周家芳等，即便遵照務將圳道修築完固，灌溉田畝，各佃戶配食圳水，自應照納圳租，不得拖欠，該圳戶亦不得藉端需索干咎，凜之慎之，切切此諭。光緒貳拾年貳月□日諭。[35]

綜觀上引資料，我們可以得到下列二點認知：

（一）金大安埤圳的水租權是周家芳在光緒十九年年底買下的，約莫花費近二千銀元。

（二）其時周家對外的公號是「周振三」不是「周振記」，而且是由周振東長子周家芳主其事。周家芳也迅即向官府納稅登記在案，並發給執照，自可想見其為人謹慎周到，治事勤敏的作風與個性。

周家所擁有的水租與田地，尚有其他，茲據前引《調查書》，再羅列摘錄如後：

（一）羅東堡三堵庄（即今冬山鄉三堵村，冬山河上游，包括頭堵、二堵、三堵三小村，此地居民多陳姓，從事水稻業及蔬菜、豬、鴨之生產）有三堵圳係咸豐年間陳再旺等人之祖父開築，灌溉面積九十二甲，每年每甲收水租穀二石，計年收水租總穀約一百八十五石五斗。陳家先是於同治四年（1865）十一月分家立鬮書約字，再於光緒六年（1880）十二月立鬮書

35　臨時臺灣土地調查局，《宜蘭廳管內埤圳調查書》下冊（明治三十八年三月發行），頁39。

合約字，內容略是：「仝立鬮書簿人長房長和，次房長安、三房胞姪天祥、四房胞姪天南、五房長成等，緣有承祖父遺下，自置陡門、水圳租谷捌拾石零七斗。今因兄弟叔姪分爨，邀請公親到家妥議，水租谷拈鬮為定。按作五房均分，各房應分水租谷壹拾石，並留存壹拾石，以為看圳之資。尚存留貳拾石零七斗，以為母親布疋什用之需，此係遵母親同堂配定。佃戶條目，逐一登明在賬，開于左：」，其下為佃戶名冊，其中一條紀錄：「一、批明，看圳工資議定水租谷，其佃戶姓名：『七份，黃阿凸／六石；八份／邱助／貳石八斗；六份／周振東／壹石貳斗；全年共水租谷壹拾石。按房輪流支收，自壬午年（即光緒八年，1882）長房值年輪，周而復始，批照』」。[36]

　　是可知周家在今冬山鄉也有土地，但是佃戶、小租戶之類並非業戶、大租戶。且極有可能是在同治九年前即已擁有，若謂周振東在同治九年中武舉後，再去三堵庄購買小租永耕權，擔任佃戶看守修護埤圳，獲取一年壹石貳斗之微薄工資，是不合情理的，不過，天下事無奇不有，理所必無，事或有之，余之論，但論其常也。

　　（二）

　　又有金同春圳（原吳惠山圳），在四圍堡。嘉慶十六年（1811）四月，四圍辛仔罕等莊（約今宜蘭市新生里，辛子罕有寫新仔罕、辛那罕、丁仔難、辛也罕、新仔羅罕等，皆譯自

---

[36]　同註34前引書上冊，頁129。

卡瓦蘭平埔族社名，Sinahan 據說是人名，一說是河邊之意。）
墾戶吳化，結首賴岳同眾佃人等，因乏水灌溉，難以墾築成田
耕種，乃公議請出吳惠山等出首為圳戶頭家，自備資本鑿築大
圳。至同年九月，改為懇請吳惠山個人出資開鑿圳道，於嘉慶
十八年（1813）十月竣工，圳水疏通，並約定各佃田畝，逐年
每甲完納水租谷四石二斗，此圳灌溉面積約二七〇甲。另有金
和安圳，又名金佃安圳，或名五間圳、充公圳，在四圍堡，係
道光初年楊石頭之祖先所開築。後因圳破，無力續修，被佃人
控告，經官斷改為佃圳。光緒年間，楊石頭攜帶前之斷諭再訴
於臺北府，乃經裁斷充公為仰山書院所有，故名充公圳。其每
年所收水租四百石中，一五〇石歸書院，二百石歸佃人充為修
築費，二十石為管理人之辛勞資，三十石為圳底租歸楊家。灌
溉面積約二二〇甲。其始末原擬勒碑立於圳頭，因割臺未果。
《調查書》所收相關古契第十三件亦有提及周家：

> 仝立合約字四圍堡辛仔罕、五間等庄（五間約今壯圍鄉
> 美城村部分，為十三股大排水溪流域。）圳戶金同春，
> 暨車路頭庄（約今礁溪鄉玉田村部分，地當打馬烟河上
> 源，往昔為宜蘭城赴頭圍街之中途要站，因得名。）張
> 永賢、大塭底庄（約今礁溪鄉時潮村部分，介於得子口
> 溪和打馬烟河流附近，包括塭底、大塭、王通塭三小村。
> 大塭昔稱奇武蘭塭，在奇武蘭溪南岸，此一帶居民多從
> 事養殖業，多魚塭，故得名。）眾業佃等。緣因車路頭

庄、併張永賢、大塭底庄之田畝，原有承接金佃安圳尾之水灌溉，亦有配納水租。其源自五間庄溪邊堤岸築造木栒，引水上圳，以灌土圍、八股、車路頭、張永賢、大塭底等庄之田塭。迨前年間（指明治三十二年，光緒二十五年，1899 年）天降洪水，堤岸沖崩，萬難修造。兼之五間庄以下溪道，遂變沙埔，無水可決，則源頭既決，田地拋荒殆盡。慘實難言矣！茲於去年間，土圍及八股庄，請林新科辦理圳務，已經圳水充足，眾等念及水圳因身家之所係，亦課命之所關。爰審機度勢，觀其金同春水源甚盛，引水以灌眾等之田畝，實為便利；又兼之圳主林新科，素嫻水圳之事務，亦洽人眾之佃情，堪以辦理。於是邀公酌議定妥，再僉請金同春之圳主林新科出首辦理。加用工本，重修圳道。該圳將有餘之水尾，暫撥灌溉車路頭庄，並張永賢、大塭底庄之田畝。其逐年修理圳道，自土圍庄分下水以下起，概係佃人自修，與圳主無干，若傭工巡圳，以及分下水止以上，俱係圳主自理，與業佃無涉。至於業佃應納水租票，即日亦仝公明義，立約為憑。該田每甲逐年願配納圳主水租，並圳長粟，共壹石貳斗正，分為早七晚三，兩季交納……（中略）該圳有損壞。欲行買地，疏鑿圳道，該地價銀，按作圳戶三分，業佃七分，攤繳足數，各不得挨延退諉仝立合約字參紙一樣，稟官存案壹紙，永遠為照。……明治三十四年一月□日／仝立合約字人大塭底

等庄眾業佃羅奇英；林福山、周振三、吳戀花、陳奇才、張國安、張戀慶外三十五人。[37]

據此古契，可知周家在今礁溪鄉時潮村一帶也有土地，並且以「周振三」公號登記，則顯然是在振字輩或家字輩時購進，並非周仕魁時代買入。

綜合上引諸契書，總的來說，可歸納如數項：

一、周家土地之購買，並非全在周仕魁時代，振字輩、家字輩時代也有，並且是以「周振三」公號登記，主事人是周家芳。「周振三」公號以取名，或是因周仕魁生四子，夭折其一，遂以第三房名義命名。

二、周家之土地遍布今宜蘭市、礁溪鄉、冬山鄉、員山鄉大湖村、北縣雙溪鄉等等為主。而且所謂擁良田七百多公頃，年收租穀一萬五千多石，頗有可能將清代所擁有埤圳灌溉之土地面積誤為周家所擁有之土地，即水租之土地，與田租之土地混淆在一起。

周振東中武舉後，果然如同清代新科舉人慣習，回鄉祭拜祖先、納妾購田，並且大修祖墳，時周家大公公墓經地理師勘定，選擇在三貂堡溪尾寮庄之龍穴吉地，於同治十年（1871）營葬，內供祀有開臺祖仕魁公、祖妣鄭氏諒、十三世祖愿中、十四世祖文貴、十六世祖和義等五位。嗣後因每年清明掃墓，

---

[37] 同註34年引書下冊，頁289。

輪值祭拜之房親，因交通不便，往返費時，遂經公議，於民國三十三年（1944）遷葬在宜蘭縣員山鄉湖東村蜊蛤埤山大壠頂。其後又因墓園年久失修，加上山坡地濫墾，不僅破壞地理，更造成土質鬆軟，地基欠穩，岌岌可危，乃再於民國八十年，由各房親合資另擇吉地，於蜊蛤埤山今址重建公墓。內供奉除上述五位祖妣外，另有十六世祖元音及林氏寶涼、振東及林氏勤（大媽）、林氏愛（二媽）等人，共十位祖妣。今周氏大公公墓園猶存中舉之旗杆石，左右曲手仍有弔唁聯屏，一為「同治十年，周振東武舉人立」、一為「同治辛未年吉旦／雨水迴環長毓秀」、「千山遙護盡忠靈／恩姪黃鏘拜題」，即是明證。（旗杆石仍為舊物；曲手之聯屏雖是新塑，但文字內容諒不致憑空捏造。）

按，黃鏘其人係黃豐泰長子，拔貢生黃學海之侄，原名鏗，諱鏘，字佩卿，號百亭。生於道光元年辛巳（1821）六月十三日，少時聰敏，有才子之稱。與陳學庸（文賓）、李春波（心亭）、李逢時（泰階）為總角金蘭，時人雅稱蘭邑四公子。及長，科舉不遂，遲至道光二十一年（1842），二十二歲時始入蘭廳學，越兩年補廩膳生，道光三十年登歲貢。後為賑濟山西旱災。例捐訓導，加軍功六品職銜，恩准分發臺灣府學訓導。光緒元年（1875）任教仰山書院，隔歲接蘭縣儒學正堂教諭。黃氏一族素有「五貢七秀才」之令譽，名噪宜蘭，可謂閥閱世家。其生平尚義有信，熱心文教，不僅捐地興建孔廟；同治三十年（1874）又與楊士芳、李春波、王藍石、蔡國琳等稟請沈

葆禎建臺南延平郡王祠；又參與續修噶瑪蘭廳志。晚年興學盡瘁，積勞成疾，遂於光緒十六年（1890）正月十三日謝世，享年七十，卜葬於四圍堡荊仔崙山麓，貤贈奉直大夫。[38]黃鑽既然願在周氏祖墳題祝頌，顯然平日與周振東有所往來，由此類推，依人情常態振東或與四公子也有交遊。自會形成一綿密之人脈網絡關係，建立塑造周家在蘭邑社會之身分、地位與聲望。

（四）建厝部分：前言周振東中武舉後，不僅祭拜祖先祠堂、購置田產，大修祖墳，並且大興土木，建築舉人厝，為周家創建一頁風華歲月，也留下多少傳奇，成為鄉人的共同記憶。

關於周宅興建之探討，茲分：（1）選址因素、（2）興修沿革，作一稽考論述。

（1）選址因素：周宅的建築配置面向原本應是坐北朝南，但為配合基地前方五十溪的流勢，以及「獅咬球」的風水穴位，因此坐向稍偏西北，其山川形勢，前引蚋仔埤溪與來自大湖的溪流，二水會合，由西向東流經宅第前方，宅第後方為高山環伺，即為形勝之獅子頭，整體面積廣達一公頃以上，規模宏偉壯闊，但位在山區，交通感覺不便。因此不免令人產生一個疑問：即周振東為何當初會選擇此地大興宅第？

前引《話說員山》周釧波回憶道：「周家前來臺灣開墾時，……還在宜蘭街上開設布店，這在當時已經相當不容易了。後來因為擔心住家距離街上太近，子孫好逸惡勞易學壞，

38　參林萬榮前言引書，頁 49。

所以才決定往山裡交通不方便的地方蓋房子，免得家道中落。所選定的地方，堪輿學上叫『獅弄球』，房子後山看似一頭獅子，房子前面則有一個突起地面的土丘，有如一顆球，是一個很好的風水。」[39]歸納分析此段話語，即周振東考慮的因素有二：一為風水因素，一為避免子孫沾染浮華逸樂風氣，避居山區，遠離誘惑。但我們也不可不考慮尚有其他可能因素：

其一：周振東在赴試之前，必有一番苦練，但試問若住居在宜蘭城熱鬧街肆中，舞刀弄槍、騎馬射箭，豈不駭人耳目，兼且稍一不甚，易傷人畜，惹出一身麻煩來，勢必選擇一僻靜地區，鍛練武藝，一則遠離塵囂，安心練武，不引人注目，再則可避免誤傷人畜。前引耆老回憶：「周舉人因練武需要，設有跑馬道提供其騎馬之用，寬度約五、六尺，沿著五十溪一直通到山腳下。」正是最好的註腳。因此此地極有可能是當年周振東練武住居之地，也即是他個人發跡之處，在此度過多少快樂、痛苦的晨昏，自有一番濃濃懷念之情，這是我們不能不設想推論的可能因素之一。

交通是否便利，其實亦是考慮的因素之一。宜蘭是個多山多水的地區，早期生活與交通，與河道航運脫離不了關係。周宅面臨五十溪，清時今溪北地區的五十溪、大湖溪、大小礁溪、金面溪、福德坑溪及武營溪等上中游溪流均匯注於西勢大溪，流量豐沛，流繞宜蘭市北邊，流向北方的頭城，最後從烏石港

---

[39] 張文義前引書，頁149。

出海。由於西勢大溪如長蛇般，繞過宜蘭城的北邊，所以從頭城到宜蘭城北門，或下渡頭等地，諸如竹筏、舢舨、𦩻仔、鴨母船等小型河船、駁船皆可航行，直接相通，甚至沿著宜蘭河溯流而上，可以通達員山鄉大湖的船仔頭，以及更遠的內城村等地。也就是包括今日的員山鄉、宜蘭市、壯圍鄉、礁溪鄉、頭城鎮都屬於清代西勢大溪流域範圍，整個宜蘭平原溪北地區的種種物產、可利用這條水系，匯集在頭城街，並由烏石港載運販售至外地。反之，日用品從烏石港進入，透過西勢大溪的河道航運可載運至溪北各地運補銷售。因此整個溪北地區成為烏石港的腹地，形成一個整體的、共同的商貿圈、交通圈與經濟圈。職是原因，早期的河船，可以自員山鄉大湖的船仔頭，沿著河道直通宜蘭城的西門和北門，再東抵壯圍，或直達北方的頭城，從烏石港出海。這條河道航運不過蜿蜒二、三十公里，一日可往返，是當年宜蘭平原最主要的也是相當方便的交通經濟動脈。[40]這裡，我們舉一個實際例子以為印證：坐落在員山鄉尚德村的武秀才林朝英「林家古厝」已有百年歷史，其後人回憶說：

「房子蓋了三年多才完成，當年的房子又雕刻又畫花，（工匠）師父都從唐山來的。當時只有帆船可以搭，不順風的話，一趟路甚至要一個月的時間。」、「據我所知，他們到烏石港後，

---

[40] 詳見張文義，《河道、港口與宜蘭歷史發展的關係》（北縣，富春文化公司，2003 年 6 月一版），一書中的考證與論述。

沿著水路在宜蘭北門口上岸。至於蓋房子所需的木材磚瓦等也都用水運載來的，之後再以人力或牛車搬運。所需的石材都放在船艙裡，一來可以穩住帆船；二來可以賣錢，所以當時唐山來的帆船都會裝載石頭。[41]」不過，這條內陸河道卻於光緒十八年（1892）改觀，一場大水沖刷，河水改道，使下渡頭至古亭、大福間的河道不再相通，失去運輸交通功能。中游不通，只剩上游的員山鄉至宜蘭城西門間，以及下游的大福、東路頭至頭城街還可以相通，功用大打折扣，由於此非本文探討主題，茲不贅。

綜合上述，可知周宅雖位居山區，卻並非交通不便之處。易言之，周家可利用這條河道將租戶佃農所繳交的米穀山產運到宜蘭城去販售，反之也可透過這條水道載運日常所需的用品，更不用談可以利用清澈水質飲用、梳洗及捕撈魚蝦等豐富的水產。

總結地說，周振東之所以選擇該地建宅，是有種種考慮的，早期基於練武需要，後來大興土木，歸納原因，至少有四：一風水寶地、二遠離塵囂、三紀念發跡、四航運便利。

（2）興修沿革：周振東決定在此興建宅第，自是大興土木，當然也會考慮到立地原則與住宅功能、防衛措施。依據訪談及實際田野測繪，我們可以得知周宅坐北朝南，基地周圍有一層厚重的圍牆包圍保護住整個建築群，基地前方僅有的一座

---

[41]　張文義編，《話說員山》，頁39。按，周家後人口述補充，此石頭為福州石。

門樓則為進出的主要管道，門樓與主建築群之間是外埕，前方面臨五十溪，是當時周宅對外聯繫的主要交通通道。（在此又可以印證前述選址原因有交通因素的可能性）。屋後無路可通，且過於逼仄山陵，需要從前門進出繞到屋後才可。

基地內的主建築群格局為「二進一院二護龍」式的四合院建築。正身左右各建有內外兩列護龍，外側護龍較內側護龍長約一個廂房距離，又形成一道保護作用。兩列護龍中的巷子可通往銃櫃，出入方便。建築的配置上，由外而內有門樓、外埕、門廳、內院、護龍、穀倉及正廳等等。前方門樓兩側各有小房間，門樓供奉有神明，正身則為公媽廳，屋後則以圍牆作後壁使用。屋宅與後牆約有四公尺寬隙地，使東西兩銃櫃可互通往來，作機動性的彼此支援聯絡。東西外牆末端各開二門，以便進出。據說在圍牆外的山腳下，另築有高丈餘的土垣「月眉堵」，以防止土石流塌方，設想周到。內外側護龍皆是周家起居、待客之所，外側護龍則是壯勇、家僕居住空間及工作場所。宅院後方左右各有一座銃櫃，旁邊亦有二口井水。這些都與臺灣傳統合院住宅的布置內外前後不同，形成周宅一大特色。

總之，周宅的立地原則，防禦保護功能重於其他功能，宅外的五十溪不僅是交通動脈，本身即是一具有隔絕對岸入侵的防禦層，再次岸邊宅外為一片竹叢，又可以阻擾宵小或盜匪入侵以保護家宅。宅院外面則是外牆與門樓，牆上有銃孔可窺伺可放槍，門廳有神明鎮宅押煞保護闔宅平安。外埕有壯丁巡守、往內又有一內牆防護，外側護龍長於內側，將其包住，又

形成一道防禦工事。屋後的銃櫃則防衛由山區方向前來偷襲的宵小匪徒及原住民。寫至此，或許後人會懷疑此種傳統式防禦的有效性，在此筆者可舉一實例，可說明其功效。同治初年的載潮春亂事，吳德功有《戴案紀略》以紀實，在同治二年二月記：

> （戴）賊退紮後港仔黃阿起竹圍，岸高如牆，竹密如簀，外布竹菰，官軍連戰數月，以草把卷其竹釘，賊以大杙釘之。（曾）玉明又造孔明車，外覆以綿被，用水漬之，以避鳥銃。群賊以銅為子，如橄欖核，用油炒之，其子可穿過孔明車。官軍死者三十餘人。玉明又造土堡，高五丈，以安大炮，止離西門三里許。然准頭不靈，不能攻堅破銳。

文末作者發一議論評此事：

> 臺灣竹圍之密者，火不能燒，刀難進砍，四面築銃樓，內圍以土牆，其堅牢勝於城。所以玉明曠日持久，攻之不克。…… 彈丸之地，攻打三年，不能制勝，是亦未知竹圍之難破至於此也。[42]

可見昔年的竹圍的確頗能有效抵擋火砲之攻擊。至於周家之防禦武器，以當時常情推知，應不外乎傳統的刀槍、棍棒、

---

[42]　吳德功，《戴施兩案紀略》（臺銀文叢第 47 種），頁 38。

弓箭之類及舊式火繩槍（matchlockguns）。同治末年牡丹社事件，時任職紐約前鋒報派在日本之記者美籍愛德華豪士（Edward H. House）曾隨日軍來臺採訪，曾記錄當時琅嶠平埔族的住家狀況及武器配備，報導中有：「每座房子的後棟，屋內供奉神龕、神像、神桌。最特別的是每家都有木製武器架，上面插滿擦得閃亮的舊式火繩槍、單邊包鞘的短刀、長弓、鐵鏃箭、長矛、標槍等武器。這些隨時可取用的武器意涵即使並非有備戰的意向，也表示隨時有戰鬥的準備及可能。[43]」火繩槍為前膛槍，由前裝填鉛彈、鐵片、圓石，以引火線點燃藥室內火藥，再引爆擊發的舊式火槍，是清軍早期主要的輕火器武器，也是當時臺灣漢人與原住民常用之武器，俗稱「鳥槍」。

另據洋行茶商陶德（John Dodd）記載，光緒十年的清法戰爭，當時的「淡水則聚集了很多（清）政府招募的山區客家人，拿著火繩槍準備抵抗西仔入侵，他們無知的認為火繩槍優於洋槍，對近距離固定目標倒稱得上是神射手，而且是肉搏戰的使刀好手。他們是福爾摩沙的開拓先鋒，沿著西海岸山區邊界，與原住民有頻繁的接觸。……他們戰鬥是像足半個原住民，不論狡詐、堅強或勇氣方面，都不輸原住民，而且喜著原住民服裝。……二十年來，有了這些能幹的客家移民，足足比官方再開山撫番一百年還拓墾出更多的土地。他們對付原住民綽綽有

---

[43] 詳見陳政三譯述，《征臺記事》(原民文化公司。2003 年 12 月一版)，頁 55~56。

餘，可是在平地上與法國步兵對打，恐怕死無葬身之地。[44]」據以上兩位外人記載，可知在同光年間，漢人與原住民擁有火繩槍是相當普遍現象，而此年代正與周宅興建年代相仿，自然足供參考。另周氏後人言周宅同時配備擁有若干門山砲，一併記錄，作為參考。

簡單地說，周宅北依山南臨水，再輔以東西兩銃櫃，復加上宅門前的一片刺竹林，外圍牆，內宅壁，形勢固若金湯。整個周宅結合自然與人工，神明與人力的防禦措施，形成一重又一重，綿綿密密的防禦層保護網，其目的不外乎保護家族的安全與自身的財產，進而也可保護周遭田園及佃農之身家財產安全，周振東的設想不能不說是深遠，考慮不能不說是周詳，充分反映了周振東的武將性格與軍人作風，當然這也形塑了周宅與臺灣其他眾多四合院宅第不同的風格與面貌。

周宅的建築材料以磚材及石材為主，其中磚塊有兩種尺寸，工法有三種，一為砌石加砌磚，即下層為亂石（卵石）砌法，上層為紅磚順砌法（例如左邊內側護龍），一為砌石加斗砌磚，即上層紅磚砌法為盒狀的斗子砌法（例如左側銃櫃、左邊外側護龍），一為純磚砌（例如南側廂房內牆），更有在磚牆外貼上一層磁磚，這是近代新式工法，兼具美觀及保護壁體作用。據此調查分析可知內外護龍工法不同，顯然周宅當初不是一次施工完成的，至少是分兩階段完成的，而且銃櫃與外側護

龍建材、工法皆相同，是同一時期作品。簡單地推論如下：同治九年年底周振東中武舉後，可能在翌年大興土木，完成正身、內側護龍及內圍牆工程。以後隨著家產日增、人口增添，加上地方不靖，及振東本人任職在外，遂有再度擴建之舉，以保護家人、容納日增的家族，此次擴建增添了外側護龍、銃櫃、水井、外牆、門廳等，時間或在光緒初年。而就宅第的空間使用分配而言，據說左側外護龍歸長房，內護龍屬二房；右側內外護龍皆屬三房，可見並非全按傳統長幼尊卑的家庭倫理分配使用。或許振東中舉，因而凸顯三房的地位。不僅如此，由於各房人口眾多，不得不充分利用空間，從權使用。日後並將內外護龍間的過水門，改建成私廳使用，並往內退，退出的空地作「小埕」使用，使得整體宅第形成一公廳八私廳的另一建築特色。

以後隨著歲月的變遷，屋體有所損壞，當有隨時的小型修繕工程，（例如左邊內側護龍下方壁體的亂石砌，中間雜有小石塊填隙，更有近代的水泥沙漿來填固穩定石塊皆是明證，但修理的確實年代不詳），日據時期更曾在左邊外側護龍磚牆上外貼白色磁磚，下方則鋪設洗石子踢腳，（其建材與工法頗似宜蘭市之昭應宮與城隍廟的正殿壁體，個人推測或同是在1930年代修建），這些新建材應該在周宅近代後期的修建常會出現，可惜也留存不多。對於此一時期周宅的共同記憶，耆老們回憶著：「小時候周舉人家的厝相當漂亮，現在已化為一片塵土。周家全是紅瓦厝，房子四周設有銃孔，做為防衛之用，整

個周舉人厝就像一座城，前後有三落，且派有專人防守巡邏。」、「日本時代我們就讀員山第一公學校時，由於戰爭的關係，日本政府要徵用民間金屬品以作為戰爭物質，曾經動員學生挨家挨戶勸導人民捐出家裡的金屬器具，當時我們即曾經前往周舉人厝勸募。他們也曾拿東西給我們到學校繳交。……每年的端午節，他們都裝飾彩船在河上吹簫打曲，好不熱鬧，因他們家門前即五十溪，晚上則有人在庭院拉胡琴唱歌等，有時甚至聘請藝旦前來助興，周家的有錢別人是無法比的。」、「比較有錢的人家屋頂蓋茅草，貧窮人家則蓋甘蔗葉，更有錢的人像周家則是紅瓦厝。」、「我們周家挖有古井，寬約三、四尺，深約一、二丈，這個井主要供自己飲用。但是做大水溪水混濁時，附近人家也會前來利用這口井汲水。……日本時代，我們周家另外蓋了兩、三間房子，並花錢聘請漢文先生前來教導子弟讀書，這位先生的名字叫做王阿連。除了周家子弟以外，其他人也可以讀。當然讀書要繳學費，但並不需要很多。……我沒讀過漢文，那是比我們年長一輩的事。[45]」可知周宅給予員山鄉人士的強烈印象，形成日後共同的記憶，諸如「有錢」、「大宅」、「端午節扒龍船」、「古井汲水」、「紅瓦厝」、「習漢文」、「土地很多」、「銃孔」、「城仔」、「練武道具」……等等，皆是耆老常提及的概念或記憶語彙。

　　歲月無情，臺灣光復後因受政府土地政策之徵收，周家損

45　同註 41 前引書，頁 149、152~154。

失大批土地，雖換領五大公司股票（臺泥、亞泥、工礦、臺紙、農林），但對彼等行業不熟悉，無法介入經營，平白損失不貲，家計財富不免皆受影響，加上子孫蕃昌、人口眾多、開枝散葉，族人相繼外遷，宅院遂疏於管理修繕。民國六十一年（1972）夏天在波密拉颱風吹襲下，宅前大水氾濫，後方又發生土石流，沖潰宅院，大片屋宅從此掩埋在土礫堆中，只留下左側殘破護龍、銃櫃、片段圍牆遺跡，大宅門竟成一片荒土，令人唏噓不已。直至民國九十二年（2003）六月十二日宜蘭縣政府公告將其指定為縣定古蹟，古宅露出一線曙光，但願能善加修復及規畫，將再如鳳凰般浴火重生，展翅高飛！

第四節　後裔事蹟及節義

　　本調查報告的主體為周宅，歷史研究部分自然不得不涉及周氏族人，但並不是要寫成周家家族史，個人希望本文以人物為載體，以家族為場景，以周宅為場域，也即是以人寫家，以家族透視社會，因此行文之中要時時關注著周氏家庭、家族與清代宜蘭社會場域的互動、交織與影響，因為人是家庭、也是社會的產物，反過來說，當然人也在影響著家庭與社會。

　　一個家族興衰大約可透過三代來考察，若以一代人在世主要活動時間約有三十年來估算的話，三代的起落大致也有一百年之久，這一百年的歷史，通過家族三代主要成員的人生歷程，諸如理想抱負、求學過程、學術思想、創業成就、子弟教

育、際遇命運、性格特徵、婚姻家庭等等面向，足可全方位反映整個家族的興盛衰落，進一步更可通過一個家族透視近百年的社會、風俗、政治、經濟、文化、科技、教育等等的發展與變化。

　　家族的興旺發達，固有賴天時地利，更需人和，簡單地說有賴家族中出現優秀傑出人物來振興家族。周氏家族開臺祖周仕魁青年渡臺，憑著捕鹿技巧，克勤克儉，累積資產買田致富，在困苦歲月中，奠下周氏家族在宜蘭地域社會的立足基礎，完成他那一代的責任。振字輩一代，大哥振猷努力經商，經營周振記錢莊及玉振染房。老三元音雖無甚事功流傳，但也捐納知府，提升周家的社會地位。而么子周振東尤能登科武舉，出仕武職，大振家聲，確立鞏固周家名望。直到光緒十年，振字輩前後作古，重責大任轉到家字輩。

　　前言振東二娶，生子家芳、家儒、養子家宜。振東歸西，周家產業大計，由家芳管理主掌，《員山周譜》稱其「為人厚道，有人無米向其賒借，慷慨佈施，從不與人計較，人稱忠厚長者」，[46]不僅如此，前文考證周家芳處理水租田地，勤敏幹練，思慮周到，亦凸顯其明練厚道的性格。而清法戰爭中妥善處理被逼「苛勒派捐」一事，尤能表現力抗惡勢、挺護家業之手腕，《員山周譜》詳記其事，不過其文節抄自廖風德《清代之噶瑪蘭》一書，廖文又出自《劉壯肅公奏議》一書，輾轉抄襲改寫

46　周宏基前引書，頁108。

結果，造成頗多錯誤，茲還原一手資料，引劉書，詳其始末如次：

> 再，臺灣餉項支絀，曾奉特旨，捐借以濟危軍。……據宜蘭縣殷戶周家芳稟稱，縣令王家駒派令捐洋八千元，周家芳自願募土勇二百人，帶赴基隆助剿，自備口糧四個月，需餉銀六千元外，復認補繳捐洋二千元。宜蘭縣知縣王家駒不問助剿勇費，仍勒令捐繳洋八千元。疊據周家芳稟控，以伊兄周家祥（按，即家芳堂兄周家瑞）被該縣拘押，並有縱差淩辱等情。當經臣批令該縣將周家祥開釋，仍令補繳二千元，以歸原派之捐。該縣始則不稟復，繼謂周家芳募勇助防基隆，越桑梓之鄉，舍近圖遠，請撤去所募勇丁，照補捐款。周家祥依舊管押，抗不釋放。
>
> 查本年（指光緒十一年）正月底，正基隆法人猖獗之時，周家芳不避艱險，自備餉需，率勇助剿，認縶前敵，可謂勇敢急公，該令獨肆摧殘，殊難索解。經臣飭委訪查……惟該縣辦捐所派本地貢生楊德英幫同辦理，諸多不公，各捐戶或因狗情而減，或因私賄而除，並未一律照章辦理。……
>
> 且據委員訪查該令謂周家芳捐勇助剿基隆，非剿宜蘭，本縣所捐勇餉不准抵銷，仍令勒繳八千元之款。奉批

後，仍行抵押周家祥不放，實係剛愎任情，意圖苛勒，
應請旨將宜蘭縣知縣王家駒即行革職，以肅官方。[47]

　　奏上，結果奉旨：「王家駒著即行革職」。文中所謂「曾奉
特旨，捐借以濟危軍」指的是光緒十年八月朝廷電旨：「臺北
各軍，糧餉軍火，款項短少，先向紳商暫借，解到即還，成功
後奏請優獎，均即行曉諭等因，欽此。」據此可知周家芳曾在
光緒十一年正月底，率領宜蘭土勇二百人、自備餉需，前後花
費洋銀近六千元，親自帶赴基隆助剿法軍，事後蒙劉銘傳贊譽
他為「勇敢急功」，卻不料居然仍被勒捐洋銀八千元。

　　此事件為典型地方土豪劣紳勾結官府，意圖勒索殷富之家
案例。事件背後有地方派系、士族之鬥爭，也隱然有皇權與紳
權之緊張關係存在。清法戰爭中，被迫苛勒之事，全臺富戶頗
不乏其例，如板橋林家也是一例。當時臺灣道劉璈等人向林家
勸捐一百萬兩，林維源被迫之下，報繳二十萬兩，另捐月米三
千石，折價計銀，維源不願續捐，含怒避匿廈門不理。直到戰
後，經劉銘傳好言相勸，才慨捐五十萬兩為清法戰役善後。閩
南俚諺：「有錢無勢最可憐」確為寫實之語，此所以清代臺灣
富豪之家，紛紛援捐納例以求爵賞，藉可交通官府，企圖苟且
自保之道，其人其事之多，所在多有，在宜蘭周家又得一實證，
清末吏治之腐敗從此可知。由此反推，說不定周元音之所以捐

47　劉銘傳，〈宜蘭縣勒捐革職片〉《劉壯肅公奏議》（臺銀文叢第二十七種，民國
　　47 年 10 月），頁 333~334。

納知府，亦是曾經經歷類似慘痛經驗，遂激發周振東力求上
進，高中武舉，進而保護龐大家業也說不定。更重要地是此事
件凸顯出在周振東死後，家族中驟失一位實力人物，遂有土豪
劣紳覬覦周家財富，勾結官府苛派勒索，振東之逝，對周家而
言實為一大損失。不過，此一事件又充分顯示出周家芳不避艱
危、勇於任事之作風，尤其事件發生時，周家芳只要稍一軟弱
或妥協，息事寧人，認捐了事，自然不是不可以。但他不採此
道，強力抗爭，一再上稟控訴，最後獲得勝利，這種據理力爭，
挺身勇拒的「硬頸」精神，絲毫不遜乃父。

　　末了，此事件之討論仍可作一申述：周振東卒於光緒十年
八月，而翌年正月，周家芳即親率土勇二百人，協同官軍駐防
基隆。其時振東仙逝不過半年，不免令人設想：該不會是振東
憂心憂國，臨去之前猶關心國事，令伊子率領家中壯勇及新募
之勇丁前去協防。若然，則周家之熱愛國家、保護鄉邦之壯舉
實令人感佩，而周家芳其時二十六足歲，正是青年有為，彼之
勇於急功從戎殺敵，正可謂虎父無犬子，壯哉周氏父子！力能
摜甲禦敵，宅能廣庇周氏，而行足以承先啟後，其事功允足矜
式鄉邦，垂範後世，功德永懋，此其一。

　　其二，此事件也十足反映出清末之官場與社會重文輕武的
集體心裡。中國自宋代以後，社會重文輕武，武官不如文官，
齊如山回憶清末的武舉考試及社會對武秀才的觀感，頗有一番

深刻描述：[48]

「從前考武童生的，識字的人，絕對到不了百分之三十，連自己的姓名都寫不上來，在縣中寫姓名三代的時候，多是求人寫；問他的姓名，他還說得上來，但是那一個字，也弄不清，一問三代，不用多說是一直脖子，有的知道的，也都是乳名……叫狗兒，這種名字，實在不便寫到履歷上，再同他商量……他說請你隨便寫罷，或者找幾個吉利字就成了。……這種程度的人，使他默寫武經，他怎能寫得上來呢？大致都是求人或雇人寫。……到光緒年間的卷子，至少得寫三行，否則便算交白卷。……武舉人、武進士，不識字的人，也多的很。」

「倘取中進了秀才之後，更麻煩。本縣教官有許多剝削之處，給錢給不夠，他就不給出結。……遇到有功名的人家，如家中有舉人進士等等，他不好意思，也不好勒索，……倘遇到土財主，或新發戶，那就該他發財了，……尤其是對於武秀才，更勒索得多，因為考武秀才者，多是有錢之家。……有許多人家有錢，怕人欺侮，而子弟中又沒有能讀書之人。於是便考武試，進了武秀才，雖然不及文秀才被人恭維，但見官不跪，遇打官司

48　齊如山，《齊如山回憶錄》，（中國戲劇出版社，1989 年），頁 20~24。

> 被傳問時不許鎖，這在鄉中就是不得了的身分了。所以
> 有錢人家，都要使子弟巴結一個武秀才。」

　　個人引述此文，目的絕不是在暗喻隱諷周振東是個不識字的粗魯武人，或者周家在清末是個土財主，相反地，從周振東的字號（「振東」、「冠西」）可知其志不小，絕非等閒之輩，而其後的行事作風更可想見其人風範。個人所要表達的是清末社會對武人之心裡觀感與集體意識是如此的輕鄙，因此才會有在周振東過逝不久，便有土豪劣紳勾結官府，利用清法戰役，意圖勒索周家之事發生，周家幸有周家芳克紹箕裘，沉著不屈一再上稟控訴獲勝；否則其後周家必會麻煩層出不窮，成為一再被勒索要脅之對象。

　　家儒為振東么子，生於光緒二年（1876），振東作古時才九歲，幼年失怙，實人生不幸。生平事蹟留傳不多，《員山周譜》記：「公年輕時常在宜蘭市岳武王廟有所貢獻」、「逝後奉祀於宜蘭市碧霞宮偏殿正中央騎都尉周府振東公令郎周副董家儒君長生祿位」[49]按碧霞宮一名岳武穆王廟，在宜蘭市城隍街 52 號。其前身之淵源可追溯至同治初年創設之坎興鸞堂，後於明治二十九年（光緒二十二年，1896）四月正式開堂，並由陳祖疇等十數人籌建碧霞宮，祭祀岳武穆神像。可能在明治三十年初動工，於十一月完成主殿建築。時另有楊士芳、李紹

---

[49] 周宏基前引書，頁 120。

宗等人，因有見於乙未割臺之際，宜蘭地區，兵荒馬亂，地方不寧，人心惶惶，乃共同組織「勸善局」，宣講忠孝節義，警頑立廉以安定人心，期盼能進而光復疆土，重回祖國懷抱，並且有意建廟，求有一固定集合場所。雙方不謀而和，遂有楊士芳出面主事，在明治三十二年六、七月時向日本宜蘭廳長申請擴建。並經核准，終在明治三十二年（光緒二十五年，1899）完工，為兩殿式建築物，外有圍牆，擁地百坪，建物占地九十八坪，採坐北朝南方向。[50]日據時期有幾次的增添翻修，如大正四年（1915）增建東西左右兩廊、左右兩廂房，所祀神明，中為岳王像、東西廊祀其部將，左右廂房合祀五文昌。到了大正十一年壬戌（1922）又在廟埕置左、右屯旗神兵營壁。此次添建工程留有「碧霞宮屯旗神兵營捐題碑記」兩塊捐題石碑勒名以昭信，其中捐獻者有「周家儒六円　」。今該宮功德堂仍有周家儒之長生祿位，以及《員山周譜》主編者也是今祭祀公業周振記管理人周宏基尊大人周火金之牌位，家儒曾任該廟副董一職，火金總辦財務及司饌，兩人均在該廟扮演重要角色，可見周家在宜蘭之分量及與該廟淵源之深。令人玩味者家儒之長生祿位仍尊稱為「周府振東公令郎」，而不是直稱其名諱，顯見若不是周振東生前與該廟有相當之關係，即是在宜蘭享有相當高的社會地位，死後仍為人懷念尊重，因此周家在日據時

50　詳見拙著〈宜蘭碧霞宮〉《從寺廟發現歷史》（北市，揚智文化公司，2003 年11 月），頁 274~300。

期，後代猶享受振東之恩澤與光環。在此要附帶一筆說明者，「長生祿位」之奉祀乃針對對該廟有重大貢獻者才供奉，是在生前，不是死後，「長生」不是「往生」，是祈禱神明保佑該人長命百歲，永享福祿的虔誠祝禱之心意。

周家儒信仰之虔誠，不僅如此，今宜蘭市慈安路七十七號奉祀觀音菩薩之慈安寺，在正殿右壁之捐題碑記中有記錄「謹將慈安寺建築諸金樂捐芳名列明于左，但每分金壹圓」，其中有「二十分周家儒」、「五分周家芳」，[51]慈安寺此次重修是在大正十二年（1933），翌年正月立碑昭信，兄弟倆同時捐獻，一捐二十日元，一捐五日元，而其時家儒四十八歲，家芳六十五歲，家芳逝於大正十四年二月，往生前一年仍踴躍樂捐，皆可見兄弟二人信仰之誠心。

周振猷獨子周國成、周元音二子家端、家瑞三人，其中家瑞諱國珍，官章家祥，曾誥封例贈鄉飲大賓，生於咸豐九年（1859），逝於光緒十九年（1893），享壽三十又五歲，諡徵甫，葬於下田寮周家私墓。由於《員山周譜》並無較值得一記之重大事蹟，經檢索其他文獻，也無三人相關記載，待他日採訪補輯，只好暫時闕之，本節家字輩事蹟之探討，就於此打住。

51　以上諸牌位及碑文，除個人前往實際田調外，可另參何培夫前引書，頁 36、42。

第五節　小結

透過本文之研究，大體可了解霞山周氏族人渡臺入蘭之經緯及早期宗族營生、提升社會地位之概況，進而重建清代宜蘭開發的社會生活史，及一個地域化的宗族是如何加強擴大家族的力量以及其背後所反映的意義。

經研究得知：員山周氏原籍為福建省漳州府平和縣下寨社霞山人，原是黃姓苗裔，開基祖黃均祿於明初入贅周氏而因其姓，所以「霞山周」有「周黃姓」、「周皮黃骨」之說。至十二世祖周存仁成為員山周氏之唐山祖，又至十五世祖周仕魁從唐山遷籍來臺，成開臺祖。

周仕魁之前數代祖先，均是晚婚晚生，且數代多是單傳，仕魁亦是如此，反映出在原鄉生活之艱辛困苦，及初時入臺謀生之困頓。仕魁初渡臺，先居三貂保溪尾寮庄（今臺北縣雙溪鄉泰平村一帶），後再遷甲子蘭頂（今宜蘭縣員山鄉大三鬮）開墾荒地。幸知曉捕鹿技巧，抽藤吊鹿，副業所得遠勝正業力墾，然亦是冒險犯難，克勤克儉，點滴累積，中年時期不斷購田置產，至晚年成宜蘭巨富，立下周氏基業，亦形成周氏勤儉家風。

周仕魁生四子五女，長子振猷克紹箕裘，善於經商，於宜蘭城開設經營周振記錢莊及玉振染房，攢積家產。三子元音捐納知府，提升地位。么子振東於同治九年（1870）高中武舉，出仕武職，大振家聲。一透過捐納異途晉升，一則尋正途晉身，

穩定在宜蘭鄉邦領導地位。振東中舉後，循俗祭祖修墳，購置
田產，大興土木，建築舉人厝，即今之周氏古宅。

周宅建築形制為「二進一院兩護」的四合院形式，內外二
層圍牆，前方為門樓，再進為門廳供奉鎮宅神明，正身為公媽
廳，後方有兩座銃櫃，加上座落「獅咬球」之招財風水寶穴，
形成層層綿密防禦體系之保護網，與臺灣諸多大宅截然不同之
風貌，形成周宅一大特色。振東逝後，長子家芳不辱家風，平
日樂善好施，名聞鄉里。而清法戰爭時，親率土勇，前赴基隆
前線，協助官軍，助剿法夷。尤能力抗惡吏，勇保家業，更顯
硬頸作風。么子家儒虔誠宗教，篤信岳飛，兄弟倆於改朝之際，
節氣凜然，不圖仕晉，以視為此時期其他士紳名流，或擔任官
職，或同聲附和，或成御用紳士，彼此行徑直如霄壤。而日據
時期子孫雖無甚事蹟，猶能有為有守，家族同居一宅，上下和
睦，長幼有序，善持家業，不墜家風，尤其義不帝秦，不願接
受日本教育，也不屑與日人交際，只是自設書房，請先生教授
子弟漢文，不免無法透過日式教育，接觸現代新知。以致思想
觀念日趨保守，長久下來，不利家業發展。此時期佼佼者，以
周木全為代表，雖幼時清寒，小學畢業後，無能進一步上學，
被迫去當學徒，維持家計，唯仍自力向學，終以三年時間修完
早稻田大學商業財務經營函授班。嗣後於羅東經營百貨有成，
光復後再轉而經營布莊，全盛時擁有兩家大店面，為當時宜蘭
縣最大布商，並先後當選為縣商會常務理事、縣布商公會理事
長等職。如今又有二房周添城，苦學有成，取得比利時魯汶大

學經濟學博士學位，回國後，為著名財經專家，並曾擔任國立
中興大學經濟研究所所長，現膺聘景文技術學院校長乙職。要
之，從十九世起，周家各房日漸重視子女教育，二十世一輩，
取得博碩士學位者，比比皆是，家族之再度振興指日可待。

　　可惜的是光復後，族人開枝散葉，遷居他處，力謀發展，
古宅遂疏於管理修繕。民國六十一年（1972）因受波密拉颱風
之侵襲，掩埋土石之下，殘存左側護龍、銃櫃及若干圍牆，令
人咨嗟感傷。不過，周氏三大房子弟目前雖散居各地，猶能經
常保持聯繫，且成立了「周振記祭祀公業管理委員會」，每年
定期召集各地宗親返回宜蘭祭祖掃墓，是個凝聚力很強的家
族。而民國九十二年六月古宅指定為縣定古蹟，現正規畫修復
之中，想必不久將來，古宅將重復舊貌，並進而規畫改設成宗
祠，供作祭祖活動及保存展示周家文物之場所，以凝聚族人，
重現周氏門面與家風。且可結合員山福園舉辦的法會活動，成
為該鄉特有之祭典文化活動特色，馨香禱祝之。

　　總之，依本文之研究可以發現宜蘭周家從清代以來發展的
特色有如下幾點：

　　一、出身低微，力爭上游。

　　二、捕鹿致富，留下傳奇。

　　三、經營有方，生財有道。

　　四、克勤克儉，忠義傳家。

　　五、篤信武神，虔心信仰。

　　六、家族團結，內聚力強。

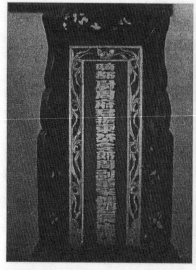

照片一：碧霞宮內功德堂之
周家儒長生

訓鸞生　吳勝陽
右鸞生　林籐祥
副刪洲務　游如圭
協辦總務參柬　林金鐘
右協辦務　楊火土
常務監察　簡子鑫
正總理講生　周火生
協辦總務枝正　李及西
正顧講生　藍接枝
協辦工廚　許長春
副總理正誦生　潘阿泉
司地道　胡林良
副魏堂　游德龍

照片二：碧霞宮內之周火金
功德牌位祿位

蕭清茂
正講生　黃順坤
吳黃勳
右鸞生　李友璋
林以成
正講生　黃琮璜
陳及元
副講董生　周家儒
李桐柏
副講生　潘益謙
潘永鏘
正理堂生　江大川
游聯甲
校正右　李煥章

照片三：碧霞宮內之周家儒
功德牌位

照片四：右屯旗將吏神位
（旗杆石正面）

照片五、六、七：周振東舉人故宅

（資料來源：毛帝勝攝於 2015/11/1。）

後記

　　這本論文集搜輯了我歷年有關宜蘭古蹟史研究的六篇論文，計有古道類：淡蘭古道；寺廟類：碧霞宮、振安宮；人物家族類：黃纘緒與周振東；產業類：頭城老街新長興樹記等，原本以為只是一本小書，不料編輯起來，居然有 320 頁，近15 萬字。

　　我與宜蘭淵源殊深，福星國小四年級時的暑假，即在我家鞋店的店員阿姨頭城老家度過，成為一輩子不會抹滅的鄉居童玩記憶，暑假結束返回學校，還在班上上台述說暑假如何渡過的樂趣。時隔三十年，民國八十二年接到淡蘭古道金字碑的研究案，開始涉獵宜蘭史的研究，而當年的小學生已變成四十歲的壯年人了。而這篇文章經我事後改寫增補，發表在《台北文獻》，日後成為我升等副教授的主論文。最讓我心動的案子是頭城老街，步行其中，試著回憶、捕捉童年對頭城鄉下的記憶，可惜人變了，景物變了，歲月也變了，童年再也回不來了。

民國八十九年年底前往佛光大學籌備處的宜蘭市蘭陽別院，參加一場地方性事務的研討會，擔任評論人，不料一番言語往來衝突，我腦血管溢裂中風，當場倒地，急送宜蘭市仁愛醫院，再轉送羅東博愛醫院，昏迷三日才醒，不久又轉送台北中興醫院，前後治療、觀察、復健近三個月，直到那年除夕前一天，才勉強同意我出院回家過年。這期間發生了若干靈異事件，兩度病危，及三、五不識人士來探望我、關心我的溫馨感人故事，點點滴滴我都銘記在心。而當時我也明白了我不會死，因為在人間任務未了，尚要奉養老母及養育兩稚兒（時一小二，一幼稚園大班）。

民國九十一年佛光大學創校校長龔鵬程教授力邀拉角，聘我到礁溪佛光大學任教。從我住家台北市士林區到學校至少要轉四趟車，加上我行動不便，不免考慮再三，最後卜卦決定，得了一個「遯」卦，下艮上乾，大意為君子要及時隱遯，才能通順，簡單說要我離開繁華的台北市，隱遯在山明水秀的宜蘭縣礁溪鄉林美山上的佛光大學。於是我應聘了，並將研究室取名為「三書樓」，寓義單純，來到佛光大學這裡讀點書，寫點書，教點書，如斯而已。

不料來此一轉眼已十五年，前年家母乘鶴仙逝，這二年二子先後順利大學畢業，也順利就業，我家庭責任已了，想為自己過往著作做一番整理，留下紀念。遂陸續有了幾本著作的刊行，學術市場也反應不惡，出版社也願意繼續支持。今年是我任教佛光大學的第十五年，「十五」為一整數，為一吉祥年數，

短短人生有多少個「十五」年，所以遂有了將有關宜蘭古蹟史研究，匯集出刊的意圖。十五年來，我在宜蘭中風，在宜蘭任教，在宜蘭完成博士論文，拿到廈大學位，在宜蘭升等正教授，也在宜蘭慶和廟每周二晚上為信徒解籤算命，整整二年。如今也快在宜蘭在宜蘭退休，宜蘭於我後半生結緣太深了，我愛宜蘭這一方土地，這裡的朋友，這裡的風光、美食，只可嘆我行動不便無法尋訪山巔海陬，走遍大街小巷。

　　暑假將近尾聲，適值本書出刊在即，倉促中勉強三位宜蘭好友寫序，為敝書生輝，無任感謝，宜蘭人之有情有義，於此可見一端，拉雜寫來，只是簡單一句結語：昔我何往，戀戀蘭陽，今我將歸，悠悠我心，是為後記。

卓克華

于三書樓 105.9.1

國家圖書館出版品預行編目資料

宜蘭古蹟揭密－古道‧寺廟與宜蘭人 / 卓克華 著
-- 初版. -- 臺北市：蘭臺, 民 105.09
　　　面；　公分. -- (臺灣史研究叢刊；15)
ISBN：978-986-5633-49-3(平裝)
1.古蹟 2.宜蘭縣
733.9/107.6　　　　　　　　　　　　　　105017109

臺灣史研究叢刊 15

宜蘭古蹟揭密——古道‧寺廟與宜蘭人

著　　者：卓克華
執行主編：高雅婷
執行美編：林育雯
封面設計：林育雯
出 版 者：蘭臺出版社
發　　行：蘭臺出版社
地　　址：台北市中正區重慶南路 1 段 121 號 8 樓之 14
電　　話：(02)2331-1675 或(02)2331-1691
傳　　真：(02)2382-6225
E—MAIL： books5w@gmail.com 或 books5w@yahoo.com.tw
網路書店：http://bookstv.com.tw/、http://store.pchome.com.tw/yesbooks/、
　　　　　http://www.5w.com.tw、華文網路書店、三民書局
經　　銷：成信文化事業有限公司
電　　話：(02)2219-2080　　　 傳 真：(02)-2219-2180
地　　址：台北市中正區重慶南路 1 段 121 號 5 樓之 11 室
劃撥戶名：蘭臺出版社　帳號：18995335
網路書店：博客來網路書店 http://www.books.com.tw
香港代理：香港聯合零售有限公司
地　　址：香港新界大蒲汀麗路 36 號中華商務印刷大樓
　　　　　C&C Building, 36,Ting, Lai, Road, Tai,Po, New,Territories
電　　話：(852)2150-2100　　　傳真：(852)2356-0735
總 經 銷：廈門外圖集團有限公司
地　　址：廈門市湖裡區悅華路8 號4 樓
電　　話：(592)2230177　　　 傳 真：(592)-5365089
出版日期：中華民國 105 年 9 月 初版
定　　價：新臺幣 380 元整

ISBN　978-986-5633-49-3